La Silla Vacía

Análisis estratégico del fracasado proceso de paz del presidente Andrés Pastrana Arango con las Farc

Coronel Luis Alberto Villamarín Pulido

Al heroísmo de los soldados fallecidos en cumplimiento del deber, o lisiados, durante el periodo 1998-2002, debido a la debilidad de carácter y ausencia de concepción político-estratégica del entonces presidente Andrés Pastrana Arango, quien cedió a las Farc 42.000 km^2 del territorio colombiano y permitió al grupo terrorista imponer el ritmo y los tiempos de las sin norte conversaciones de paz en la Zona de Distensión.

www.luisvillamarin.com
www.conflictoColombiano.com
info@luisvillamarin.com

Segunda Edición, Enero de 2013

ISBN: 978 - 148 - 25095 - 1 - 9

BIOGRAFÍA

Luis Alberto Villamarín Pulido, natural de Fusagasugá Cundinamarca, coronel de la reserva activa del Ejército colombiano, con 25 años de experiencia militar, más de la mitad de ellos dedicado a las operaciones de combate contra grupos terroristas en el país.

Distinguido entre sus compañeros de armas en los quehaceres operacionales y académicos, castrenses pues, además de ser un brillante comandante de tropas en el campo de batalla, ha plasmado su visión investigativa en 21 libros y más de 600 artículos de su autoría, relacionados con el complejo conflicto colombiano, el terrorismo internacional, la geopolítica, la defensa nacional y la historia patria.

Miembro de la Sociedad Bolivariana de Colombia, la Academia de Historia del Huila y la Academia Colombiana de Historia Militar; este oficial lancero, paracaidista y contraguerrillero rural ha recibido los galardones **"Latino Literary Awards 2003"** por el libro La Silla Vacía en Los Ángeles-California; **"Verdadero Orgullo Hispano 2006"** por la obra Delirio del Libertador, en Elizabeth New Jersey; y **"Premio Internacional de Literatura, Jairo Hoyos Salcedo 2009"** en Washington D.C, por el texto Complot contra Colombia.

Algunas de sus obras han sido traducidas al inglés, portugués, alemán, francés y polaco. Su libro En el Infierno es base temática para una película en Hollywood-California, y los demás textos son utilizados como material de estudio en prestigiosas universidades del mundo, tales como Harvard en Estados Unidos, Complutense en España, Autónoma de México y Los Andes de Colombia, para la elaboración de tesis de pregrado, postgrado, maestrías o doctorados en temas afines a sus escritos.

Ha sido entrevistado como analista especializado para programas de opinión en estaciones de radio y televisión de diversos países, de manera individual o como participante en paneles de expertos internacionales en asuntos estratégicos.

El Instituto Colombiano de Ciencia y Tecnología de Colombia (Colciencias) avaló su registro en el CVLAC en las especialidades de Ciencias Militares, Ciencias Políticas y Ciencias Sociales, en la base de datos que agrupa a los investigadores científicos de Latinoamérica y el Caribe.

TABLA DE CONTENIDOS

Prefacio

La silla vacía

El 7 de enero de 1999, 150 días después de asumir la presidencia de la república, el dirigente conservador Andrés Pastrana Arango soportó resignado en nombre de todos los colombianos, el primer desplante de las Farc no obstante la política de mano tendida y bonachonas concesiones por parte del gobierno nacional, frente a las aspiraciones políticas de la guerrilla comunista más antigua y más sanguinaria de Latinoamérica.

Durante el bochornoso espectáculo que empañó la ceremonia oficial de la iniciación de las conversaciones de paz entre los terroristas y el gobierno nacional, permaneció vacía la silla en la que debería tomar asiento el terrorista Pedro Antonio Marín más conocido con los alias de Manuel Marulanda Vélez o Tirofijo —cabeza visible de las Farc— para acompañar en el acto al presidente de la república.

Después de casi cuatro años de sinsabores y tropiezos, forzado por impostergables circunstancias, el presidente Andrés Pastrana suspendió las conversaciones de paz con las Farc, para declarar la guerra total, contra aquellos que días antes tratara como insurgentes políticos, pero que luego volvió a llamar narcoterroristas.

Mono Jojoy A. Pastrana Tirofijo Ricardo

Las evidencias acumuladas a manera de estructura coherente, indican que Pastrana inició coyunturalmente y sin ninguna planificación, los diálogos con las Farc, a partir de un acto politiquero promovido por él mismo, cuando estaba en campaña presidencial.

En forma clandestina y sin avisar a las autoridades competentes, ni al desprestigiado presidente Ernesto Samper, que por partida doble, en silencio soportaron el desplante; Pastrana viajó con Víctor Gumersindo Ricardo hasta las selvas del sur del país, para visitar a Tirofijo y entregarle un reloj de pulso con la imagen de su campaña presidencial.

Pastrana nunca intuyó que las Farc gravitan alrededor de un plan estratégico y que ese gesto de oportunismo demagógico, solo favorecía a las intenciones de los terroristas.

Con un improvisado acto teatral de propaganda electoral, carente de estrategia y lleno de superficialidad politiquera, Pastrana asumió el peso de la búsqueda de la esquiva paz, reclamada por los colombianos mediante el mandato ciudadano, depositado en las urnas electorales por más de 10 millones de personas.

Sin duda, Pastrana asistió a ese encuentro, deseoso de proyectar su ego y su vanidosa ambición presidencial, cargo para el que ni tenía el perfil ni las capacidades; sólo porque necesitaba esa especie de guiño de las Farc, convertidas en factor determinante electoral, debido a las circunstancias del momento y a la ingobernabilidad de Samper, cuestionado por que el cartel de Cali financió su campaña electoral cuatro años antes.

Los hechos posteriores demostraron que ni Pastrana ni su equipo asesor, estaban preparados para sortear los avatares los avatares de las conversaciones de paz, porque no tenían programado ni planeado nada al respecto. No hubo un solo día del gobierno de Pastrana en que las Farc no cometieran algún acto terrorista contra Colombia.

En las postrimerías de su periodo presidencial y con el más bajo índice de popularidad, en un inesperado arrebato de inusual y aparente fortaleza con fingido temple para imponer la autoridad, el presidente Pastrana anunció la ruptura de las conversaciones de paz con las Farc.

Sin planeamiento estratégico, sin libreto programático, político-militar, Pastrana comprometió al país en una guerra total contra las Farc, pues al romperse las conversaciones, los terroristas atacaron de inmediato, mediante una preconcebida arremetida contra la infraestructura económica, orientada a inducir el reinicio de la farsa del Caguán.

La agresiva respuesta de las Farc coincidente con el desconcierto nacional, corroboró que así como al inicio del mandato, Pastrana y sus asesores no estaban preparados para concretar la paz con los terroristas, tampoco estaban preparados en el ocaso de su periodo gubernamental, para dirigir una guerra integral contra las curtidas guerrillas comunistas.

De las insulsas conversaciones, salta a la vista la incapacidad funcional de Andrés Pastrana Arango para imponer la autoridad y el orden, por estar pendiente de viajar a diferentes lugares del mundo, en búsqueda del Premio Nobel de Paz.

Tirofijo

Esas dos verdades sacaron a flote otra cruda realidad. Mas que la humillación del 7 de enero de 1999 en San Vicente del Caguán por el taburete que no ocupó Tirofijo, Colombia debió soportar resignada, durante el cuatrienio 1998-2002, el peso de haber tenido vacía otra silla de capital importancia:

El solio de Bolívar, del que Pastrana nunca estuvo a la altura.

Por satisfacer su ilimitado ego, Pastrana actuó alejado de la realidad, con actitud de canciller viajero, o de jefe de relaciones públicas de una multinacional.

Así, Pastrana olvidó su misión principal de gobernar el país, y con vacilantes actos de incapacidad personal y profesional, frente a la osadía de los interlocutores, corroboró que la única silla que estuvo vacía fue la suya como presidente, pues por su parte Tirofijo manejó la situación con mano de hierro. En medio de la oleada terrorista, el Estado colombiano marchó acéfalo.

Conscientes de la reiterada debilidad del establecimiento, instruidas y conducidas por la personalidad dominante de Tirofijo, las Farc recurrieron a la coerción terrorista para ablandar al gobierno nacional en la mesa de conversaciones y dilatar intencionalmente las negociaciones.

Mientras tanto entrenaron y equiparon nuevas columnas guerrilleras en la Zona de Distensión[1], para desde su óptica equivale a avanzar en el proceso revolucionario para la toma del poder.

Cual actores pasivos o activos, los demás componentes del tejido sociopolítico fueron inferiores al reto. El erosionado y cuestionado Congreso de la República fue incapaz de hacer un juicio político al presidente Pastrana, frente a la falta de resultados tangibles en las costosas y desgastantes conversaciones con los narcoterroristas, y hechos paralelos, tales como el creciente deterioro del orden público y la inseguridad diseminada en todo el territorio nacional.

Los organismos de control tampoco estuvieron a la altura de las circunstancias. Fruto de muchos esfuerzos y de superar la consuetudinaria guerra jurídica, las mal dotadas las Fuerzas Militares contuvieron la oleada terrorista pero no diezmaron a las Farc ni impidieron su crecimiento.

---

1 Zona desprovista de Fuerza Pública ni autoridades judiciales, aprobada en noviembre de 1998, exigida por las Farc a Andrés Pastrana, con el argumento de trabajar desde allí por la paz. 42.000 km^2 de los municipios de San Vicente del Caguán en

Inmersa en muchas funciones que en esencia diluyen su función principal, la Policía Nacional aportó esfuerzos y grandes sacrificios, pero tampoco logró debilitar el Plan Estratégico de las Farc.

La academia y los centros de pensamiento asumieron posiciones analíticas superficiales, sin consolidar estudios concretos acerca de cómo erradicar la violencia multiforme, ni mucho menos cómo se podría articular la paz entre los colombianos.

Los medios de comunicación se dedicaron a reproducir documentos, realzar declaraciones, retransmitir hechos sucedidos, pero tampoco aportaron ideas para implementar soluciones decisorias.

Con excepción del candidato independiente Álvaro Uribe Vélez los demás aspirantes a la Presidencia de la República y al parlamento colombiano, asumieron el problema, más con intereses electoreros que con proyectos consistentes y programas definidos, para buscar la paz o el debilitamiento de las Farc en el cuatrienio venidero.

Los aspirantes al Congreso de la República para el periodo 2002-2006 continuaron la línea politiquera del exministro de Defensa Rafael Pardo Rueda, quien sin ninguna lealtad con las Fuerzas Militares que lo sacaron del anonimato político con el inmerecido cargo (1991-1994), en el que inclusive fue el responsable del vergonzoso episodio de la fuga de Pablo Escobar de la fingida cárcel de La Catedral, tolerada por el gobierno de César Gaviria Trujillo (1990-1994).

Desde el momento en que Andrés Pastrana inició las conversaciones con las Farc en el Caguán, Pardo Rueda enrumbó todas sus actuaciones con politiquería y demagogia, en búsqueda de réditos personales que lo catapultaran como candidato a la presidencia.

Inclusive Pardo Rueda no tuvo problema en salir del Partido Liberal, buscar una curul en el Senado de la República a nombre del uribismo y luego de conseguir su cínico propósito, para traicionar a su jefe político, el presidente Álvaro Uribe.

Igual actuación a la que tuvo con las Fuerzas Militares. Ese es el concepto de lealtad enquistado en la mentalidad de los dirigentes políticos colombianos. Solo se preocupan por sus beneficios personales, aún a costa de utilizar las instituciones y sacrificar los objetivos supremos de la nación.

El desarticulado cúmulo de esfuerzos y opiniones variopintas incrementó espacios para la violencia en el país. No obstante las bajas sufridas en combate, los desertores, los fusilados por ellos mismos y los acciden-tes, las Farc aumen-taron su pie de fuer-za a casi 20.000 de-lincuentes armados.

Cobijado con el manto de guerrilla cenicienta, el Eln conservó en sus filas cerca de 5.000 terroristas armados, dedicados a la extorsión, el secuestro y algunos casos de terrorismo selectivo.

Ante el desorden político y administrativo, las cuadrillas dirigidas por Carlos Castaño Gil, aumentaron en hombres y armas hasta el grave extremo que diversos analistas de asuntos nacionales e Internacio-nales, promovieron la idea de reconocer estatus polí-tico a las AUC.

Álvaro Uribe recibió en agosto de 2002, un país asediado por el narcoterrorismo comunista y acosado por diversos agentes generadores de violencia.

En ese momento, Colombia tenía el más alto índice de desempleo en la historia nacional.

El Producto Interno Bruto crecía por debajo de dos puntos. El Estado acumulaba elevados gastos burocráticos y de carga prestacional, recesión industrial, abandono progresivo del agro, además de altos índices de desplazamientos forzados, cuestionamientos internacionales por problemas de derechos humanos.

La Silla Vacía

La opinión pública estaba polarizada a favor de la mano fuerte contra las Farc, pese a la insuficiencia técnica e incapacidad física de las Fuerzas Militares para cubrir todo el territorio colombiano.

Esa fue la herencia de la silla vacía, dejada por Andrés Pastrana a su sucesor.

CAPÍTULO I

LA ZONA DE DISTENSIÓN

Colonización Armada

Tirofijo en Marquetalia (1964)

Desde los años sesenta cuando los senadores Álvaro Gómez Hurtado y Víctor Mosquera Chaux instaron al presidente Guillermo León Valencia, para que actuara contra los feudos armados organizados por el Partido Comunista Colombiano en Marquetalia, Riochiquito, El Pato y el Guayabero, quedó claro que el objetivo intermedio de las Farc es sostener una mini-república independiente dentro del territorio nacional, para a largo plazo, proyectar desde allí un proceso político-armado que conduzca a imponer un régimen totalitario marxista-leninista.

Ospina Tirofijo Fayad Jacobo

Al ser desalojados los cabecillas de Marquetalia, Riochiquito, El Pato y El Guayabero, enclaves geoestratégicos para diseminar la guerra de guerrillas sobre las tres cordilleras, los departamentos suroccidentales y la capital de la república; con el visto bueno de la dirigencia nacional del Partido Comunista, Tirofijo y Jacobo Arenas instalaron las guaridas del Secretariado de las Farc denominadas campamentos de Casa Verde, en el Cañón del río Duda, área rural del municipio de Uribe-Meta en límites con la jurisdicción de Cabrera-Cundinamarca.

Este nuevo epicentro del terrorismo comunista floreció en esa zona, debido a la laxitud y debilidad de carácter del presidente Belisario Betancur (1982-1986), quien ansioso como Andrés Pastrana (1998-2002) por conseguir el Premio Nobel de Paz, sacó a las Farc del anonimato y les permitió figuración mediática nacional e internacional.

Al ser expulsados de Casa Verde en diciembre de 1990, durante la Operación Centauro II, los cabecillas trasladaron la retaguardia estratégica a las selvas de la Amazonía y la Orinoquía, regiones que por el abandono del gobierno central ya eran sedes de áreas bases de células comunistas de apoyo a las Farc, donde por coincidencia histórica las Farc encontraron en el narcotráfico la solución para financiar la guerra contra Colombia.

La nueva guarida de Tirofijo fue instalada en los Llanos del Yarí en el Caquetá, con el marcado interés de controlar más de cerca la producción de cocaína. Alrededor de esta estructura, fueron instaladas *"escuelas móviles"* de entrenamiento para cabecillas de escuadra, guerrilla, frente y fuerzas especiales.

Con la cesión de los 42.000 km^2 de la Zona de Distensión, las Farc continuaron empeñadas en la construcción de la república independiente no solo en los cinco municipios despejados, sino por extensión en los departamentos aledaños por los cuatro puntos cardinales.

El objetivo político de tal estratagema está ligado con la filosofía de la guerra revolucionaria comunista: Construir estructuras político-armadas, hasta cuando la población civil estimulada por las acciones guerrilleras articule una insurrección generalizada contra los centros de poder político, económico y militar del país, para instaurar una dictadura marxista-leninista.

Las zonas despejadas

La importancia de la Zona de Distensión para el desarrollo sistemático del proceso revolucionario de las Farc, favorecida por la carencia de reglas claras del Estado, es consustancial a la teoría de la guerra de Mao Tse Tung, según la cual las guerrillas necesitan zonas geográficas sin la presencia del adversario, para fortalecer el potencial armado y propagandístico, orientado como área base de logística y centro de mando y control.

El asilo de las guerrillas dentro de una zona despejada y libre de presiones u hostigamientos por parte del adversario, fue vital para el triunfo del Vietminh contra las tropas francesas en Indochina, gracias a que a partir de 1949 los comunistas vietnamitas se instalaron en las provincias chinas contiguas a Tonkín.

Consecuencia lógica de esa garantía de territorialidad ofrecida por un gobierno cómplice, adiestraron y apertrecharon guerrillas sin que las tropas francesas detectaran ni entorpecieran el proceso político-militar, que se urdía en su contra.

Además, los guerrilleros Vietminh almacenaron allí todos los recursos logísticos y bélicos necesarios, que después trasladaron por métodos clandestinos hacia todos los frentes de batalla.

La estrategia Vietminh de fortalecer una premeditada zona de despeje, apuntaba a construir paulatino reconocimiento internacional, como fuerza beligerante revolucionaria y anticolonialista, en nombre de la contradictoria visión de la democracia comunista:

—Aislar gradualmente a las autoridades centrales de su contacto directo con la masa popular y entorpecer seriamente la precisión de la información que se someta a las autoridades centrales con relación al Estado y la población[2]—

En desarrollo de las guerras nicaragüense y salvadoreña, los sandinistas y *farabundos*, utilizaron zonas aledañas a sus fronteras para implementar el flujo logístico, curar heridos, recibir material de guerra e intendencia, entrenar pequeñas unidades encargadas de realizar actos terroristas y estrechar contactos internacionales de apoyo político y financiero.

---

2. Idéntica pretensión tuvieron las Farc en la Zona de Distensión (1998-2002)

En Colombia las Farc han pedido con persistencia, zonas despejadas para dialogar, con el claro propósito de preparar acciones armadas de mayor envergadura que las anteriores. Esa es la lógica de su guerra.

A mediados de los años sesenta pidieron el despeje y la ausencia total del Estado en Marquetalia, Riochiquito, El Pato y El Guayabero, lugares en los que el Partido Comunista pretendía construir un estado paralelo.

Veinte años después pidieron el despeje militar del área rural de Uribe-Meta.

Posteriormente, las Farc lograron concesiones especiales en Cravo Norte-Arauca y el regreso seguro al país de todos los cabecillas, que negociaban la paz en Caracas-Venezuela y Tlaxcala-México[3].

En 1997, las Farc forzaron al desprestigiado gobierno de Ernesto Samper a despejar 13.000 km^2 en Cartagena del Chairá, para liberar a 60 soldados secuestrados durante el asalto a la base militar de Las Delicias, como epílogo de las marchas cocaleras de 1996, en Guaviare, Putumayo y Caquetá.

---

3 Mediante una carta filtrada a los medios de comunicación, en 1995 el general Harold Bedoya impidió que el presidente Samper cayera en el juego de las Farc y despejara una parte del departamento del Meta para conversar con las Farc.

Allí también fueron liberados 10 infantes de marina secuestrados en la selva chocoana. Sin margen de maniobra el presidente Samper cedió a todas las exigencias de los terroristas.

Iniciadas las conversaciones de paz con la administración Pastrana Arango, las Farc obtuvieron la generosa cesión de cinco municipios para delinquir a sus anchas.

Terroristas de las Farc en el Caguán

En esta zona durante cuatro años no hubo presencia del Estado, las Farc se paseaban disfrazadas de soldados y policías, construyeron campos de concentración, establecieron retenes ilegales, impusieron cuotas de pago por peajes y "otros impuestos" a los campesinos de la zona, reclutaron menores, traficaron coca, asesinaron a cientos de labriegos, escondieron secuestrados, industrializaron sus finanzas y cogobernaron el país, con la venia del presidente Pastrana.

Antecedentes de la Zona de Distensión

Varios antecedentes señalan la importancia política, estratégica y geopolítica de la Zona de Distensión. A comienzos de 1997, la Cuarta División del

Ejército desarrolló la Operación Destructor sobre la Serranía de Chiribiquete y los Llanos del Yarí contra el Secretariado de las Farc.

Dicha operación es recordada por las críticas que generó, debido a que pesar del gran despliegue de medios bélicos y de campaña, el único resultado tangible fue la captura de un terrorista herido y la baja de otro en combate.

En ese entorno de debilidad gubernamental las Farc fortalecieron su Plan Estratégico, materializado en acciones armadas con guerrillas organizadas como unidades fundamentales de infantería ligera financiadas por el narcotráfico; al extremo que el periódico The Washington Post calificó la Zona de Distensión como la segunda dictadura totalitaria y narcoterrorista de Latinoamérica, después de Cuba.

Pero desde antes de instaurar la Zona de Distensión, el suroriente del departamento del Caquetá ya constituía a la sombra de la clandestinidad y la ausencia del gobierno central o regional, una especie de Estado independiente dentro de Colombia, con carreteables que comunican por debajo de la exuberante selva, todos los laboratorios de coca e instalaciones de infraestructura directriz de las Farc

La capacidad bélica demostrada por los grupos de contención que a manera de anillos de seguridad de los cabecillas del Secretariado, enfrentaron a las tropas de la Brigada Móvil No. 2, reflejó el perfeccionamiento alcanzado por algunas cuadrillas de las Farc en técnicas de guerra regular e irregular a nivel unidad fundamental de infantería ligera, con apoyo de morteros, ametralladoras, campos minados y obstáculos de ingenieros.

Mono Jojoy con su escolta personal en San Vicente del Caguán

La sumatoria de varios fracasos tácticos de las tropas, permitió a las Farc reclamar la desmilitarización de una zona colmada de cultivos de coca, para fortalecer la retaguardia estratégica, aumentar los ingresos y manipular las conversaciones de paz.

De remate y sin que las Farc lo hubieran solicitado formalmente, de manera demagógica y apresurada, según las fuentes del periodista Roberto Posada, el presidente Pastrana cedió los cinco municipios que deseaban las Farc, sin que mediara una valoración geoestratégica por parte de las Fuerzas Militares, ni la aprobación del Congreso de la República.

Importancia estratégica de la Zona de Distensión

Basta con observar un mapa de Colombia para comprender la importancia estratégica del área desmilitarizada de 42.000 km^2, desde donde se desprenden varios corredores de movilidad hacia Bogotá, el Océano Pacífico, Venezuela, al Orinoquía, la Amazonía, Perú, Ecuador o Brasil[4].

Esta situación explica las razones por las cuales, se incrementó el accionar propagandístico y armado de las Farc en los departamentos de Cauca, Putumayo, Nariño, Huila, Tolima, Valle, Cundinamarca y el Viejo Caldas.

---

4 Con paciencia, durante 20 años las Farc, construyeron bases políticas e instalaron células del Partido Comunista Clandestino y las Milicias Bolivarianas a lo largo de esos corredores de movilidad, para garantizar los movimientos seguros de las cuadrillas de enlace con el Secretariado, la ubicación escalonada de abastecimientos, flujo de información y contra información.

Desde la Sexta Conferencia en 1978, el Secretariado de las Farc impulsó la idea de consolidar la retaguardia financiera y militar, conectada con corredores de movilidad paralelos a caminos de herradura utilizados para movilizar flotas murales con abastecimientos desde el Páramo de Sumpaz, el oriente del Huila y el sur del Caquetá.

Algunos de esos caminos fueron convertidos en carreteables clandestinos, protegidos de la observación aérea por el follaje de la selva, que unían ciudadelas clandestinas y 13 pistas de aterrizaje ilegales para comerciar armas y coca.

Guiados por un artículo publicado por la revista Time de Estados Unidos titulado La **Balcanización de Colombia,** algunos analistas, sugirieron la posibilidad de la creación de la república independiente del Caguán, para instaurar allí un gobierno marxista-leninista que dividiría a Colombia en dos.

Este concepto es parcialmente cierto porque las Farc no desean una parte sino todo el territorio colombiano, pero en una fase preliminar al proyecto final de la toma del poder, necesitan una retaguardia estratégica despejada de toda presencia estatal.

Prueba de ello es que por medio de la estratagema dilatoria, las Farc concentraron la atención mundial sobre la Zona de Distensión y los actos terroristas cometidos en los municipios circunvecinos, mientras de manera calculada las demás cuadrillas continuaron el desarrollo del Plan Estratégico en el resto del país.

Las Farc concibieron la Zona de Distensión como un paso más dentro del Plan Estratégico en pos de la toma del poder político.

Los negociadores de las Farc utilizaron este espacio para promover su línea de acción política y sus ardides publicitarios, iniciados con la calculada actitud de Tirofijo al aceptar el obsequio del reloj, con el logo de la campaña presidencial de Andrés Pastrana.

Así, los resultados parciales y finales favorecieron a Tirofijo, quien tuvo el concepto de hacer la guerra a partir de lineamientos tácticos y estratégicos, sometidos a permanente evaluación autocrítica, sin acudir a disculpas para eludir la responsabilidad primaria para resolver la guerra.

Experiencia acumulada para próximas negociaciones de paz

De la experiencia decantada del fracasado proceso de paz de la administración Pastrana con las Farc, se infiere que para eventuales reinicios de conversaciones con los terroristas, el gobierno de turno deberá evaluar el crecimiento armado, financiero y político de las guerrillas comunistas, con el propósito de desarrollar una estrategia integral que contrarreste la del adversario, con base en objetivos nacionales concretos y la disminución del sufrimiento de los actores del conflicto.

Las Fuerzas Militares se vieron obligadas a replantear la estrategia militar operativa, para quitar la iniciativa táctica y estratégica a las Farc, mediante la ejecución de operaciones aeroterrestres sobre objetivos de alto valor estratégico, representados en los cabecillas del Secretariado y de frentes regionales.

Por evidente falta de comprensión entre las Fuerzas Militares, la Presidencia de la República, el equipo negociador, el Congreso de la República, y el poder judicial, quedó entre el tintero abundante información de inteligencia que no fue procesada, ni unificada, ni utilizada para realizar operaciones, ni para judicializar a los terroristas.

Ninguna de las tres ramas del poder público, realizó la valoración geoestratégica y geopolítica de la Zona de Distensión, donde más del 50% de los integrantes de las Farc, estuvieron dedicados al fortalecimiento de las estructuras políticas y la tecnificación del arte militar en guerra de guerrillas.

Aunque durante la administración Pastrana Arango, las Fuerzas Militares recibieron un significativo apoyo en dotaciones bélicas, nunca quedaron claras las razones del marcado alejamiento de los comisionados de paz frente al alto mando militar.

En diferentes escenarios el general Jorge Mora Rangel, Comandante del Ejército expresó puntos de vista contrarios a los planteamientos del presidente de la república. No se entiende por qué Pastrana soportó esas pataletas de fingido inconformismo del mando militar, ni mucho menos cuáles fueron las razones para que el general Mora hubiera continuado en el cargo, si era cierto que estaba tan incómodo con las decisiones presidenciales.

Hubo evidente actitud egoísta compartida. Los diálogos fracasaron por culpa de la improvisación gubernamental incluida la inexistente y nunca solicitada ni ofrecida asesoría militar, para contrarrestar la actitud agresiva y violenta de las Farc.

El show mediático fue permanente. Producto de las consuetudinarias arremetidas terroristas de las Farc, en un arrebato publicitario calculado para aparentar que ejercía autoridad, Pastrana reclamó resultados contundentes a las Fuerzas Militares, pero al final el suceso se convirtió en una rabieta pasajera.

A la sistemática preparación militar de las estructuras de las Farc para hacer la guerra de guerrillas, las Farc utilizaron la Zona de Distensión para ingresar toneladas de precursores químicos destinados a los laboratorios de procesamiento de coca, introducidos por más de 50 trochas clandestinas en la selva, e importantes cauces hidrográficos que irrigan áreas controladas por las Milicias Bolivarianas de las Farc y redes de narcotraficantes asociadas con los terroristas.

El creciente deterioro del proceso de paz terminó por acostumbrar a los involucrados, a convivir con la estratagema de dilatación de las Farc, los consuetudinarios actos terroristas contra la población civil, algunos partes de guerra victoriosos de las Fuerzas Militares en contraste con la realidad de la guerra, los conceptos desenfocados de altos funcionarios públicos, el obsesivo deseo de figuración y protagonismo mediático de Andrés Pastrana, y el cinismo manipulador de las Farc.

Con oportunismo demagógico, el senador Germán Vargas Lleras denunció ante los medios de comunicación, la presencia de 40 militares venezolanos y cubanos, apoyados por 8 nicaragüenses, dedicados a entrenar en técnicas de combate a diversos grupos de las Farc dentro de la Zona de Distensión.

Por su parte el Ejército denunció que los ataques contra varios municipios del Meta, Guaviare y Vaupés, fueron cometidos por más de 1.000 terroristas que salieron de la Zona de Distensión y regresaron a ella, cuando las tropas los persiguieron.

Pronto la inteligencia militar detectó en esa zona, la existencia de pistas ilegales para aterrizaje de aeronaves, depósitos de municiones, repuestos, alimentos, combustibles y medicamentos; fábricas de uniformes, talleres para reparación de armamento, hospitales clandestinos para practicar abortos y curar terroristas heridos o enfermos, áreas de instrucción: vehículos, lanchas, avionetas, maquinaria de construcción, cárceles ilegales, concentraciones de secuestrados, cultivos y laboratorios de procesamiento de hoja de coca, además de una intrincada red de fortificaciones militares complementarias a la seguridad de los cabecillas del Secretariado de las Farc.

Pruebas entregadas por el Ejército Nacional

Por diferentes canales y en diferentes circunstancias el Ejército Nacional denunció irregularidades atribuidas a las Farc en la Zona de Distensión, algunas de las cuales fueron publicadas por los medios de comunicación, con el silencio cómplice del gobierno nacional que con mucha laxitud renunció a ejercer la autoridad constitucional, para seguir el calculado juego estratégico de las Farc y permitir la vigencia del territorio despejado, mientras los terroristas vulneraban la ley dentro y fuera de los 42.000 $km^{2.}$

El 1 de octubre de 1999 el alto mando militar presentó a los comisionados de paz un video con los extractos publicados por los noticieros, reforzado con el análisis jurídico pertinente, que demostraba las violaciones puntuales a la constitución y las leyes, cometidas por las Farc en la Zona de Distensión y toleradas por el gobierno nacional:

Artículo 11: El derecho a la vida es inviolable. No habrá pena de muerte en Colombia. Los generales citaron tres casos concretos: Primero el asesinato de un campesino en la vía que une a San Vicente de Caguán con Puerto Rico (Caquetá).

El segundo caso correspondió a las denuncias hechas por Pablo Elías González en relación con más de 100 ejecuciones extrajudiciales, perpetradas por las Farc en los cinco municipios despejados, contra personas ajenas o contrarias a los planteamientos político-ideológicos de los terroristas.

El tercer caso, fue la descarada aceptación pública de Raúl Reyes en entrevista con el noticiero NTC, que las Farc asesinaron a 11 personas y secuestraron a otras 45, para juzgarlas porque al parecer tenían nexos con las autodefensas ilegales dirigidas por Carlos Castaño. Tal información fue confirmada por la Defensoría del Pueblo.

Artículo 12: Nadie será sometido a desaparición forzada, torturas, ni a penas o tratos crueles, inhumanos o degradantes. El video sustentó este punto, en que la Fundación País Libre, denunció la existencia de "cárceles del pueblo" en la Zona de Distensión.

Los familiares de los secuestrados denunciaron que los terroristas los obligaron a negociar el pago de las cuotas extorsivas por las liberaciones, en Vistahermosa y La Macarena, e inclusive citaron los nombres de los secuestrados Guillermo Lara, Jorge Mariño, Edna Cabrera (jueza de la república), Guillermo Pérez, Jesús Díaz y Absalón Aldana.

Artículo 19: Se garantiza la libertad de cultos. El video señaló dos casos específicos. Uno el cierre de 300 templos de culto evangélico cristiano, por imposición de las Farc, y el otro, fue el drama e inmediato destierro de Angel Sena cura párroco de San Vicente del Caguán, porque manifestó en el púlpito su desacuerdo con las arbitrariedades de los terroristas contra la indefensa población civil.

Artículo 34: Se prohíben las penas de destierro, prisión perpetua, o confiscación. Según demostró el video, Jairo el cabecilla encargado por las Farc de la seguridad de San Vicente del Caguán, afirmó ante diversos medios de comunicación que los terroristas confiscaron los bienes a personas comprometidas con las Autodefensas ilegales (AUC), además del robo de más de 2.000 reses, perpetrado por las Farc en las veredas del mismo municipio.

Artículo 45: El adolescente tiene derecho a la protección y a la formación integral. En primer lugar el sacerdote Rufino Pérez de San Vicente del Caguán alertó al país acerca del reclutamiento de menores de 15 años de edad, engatusados para engrosar las filas de las Farc. Al mismo tiempo, la televisión peruana entrevistó en la Zona de Distensión a varios terroristas menores de edad.

Por otra parte las autoridades de Mesetas-Meta revelaron que de 400 alumnos que terminaron estudios en diversos grados de secundaria en 1998, solo regresaron a las aulas 40 de ellos, pues el resto, todos menores de 15 años, fue reclutado por las Farc.

La respuesta de las Farc se sintetizó en las declaraciones del Mono Jojoy ante unos periodistas:

—Nos importan un carajo la constitución y las leyes. Esas importan para el estado burgués. Tenemos nuestras propias leyes y nos regimos por ellas—

Delitos cometidos por las Farc fuera de la Zona de Distensión

Gracias a la tolerancia y simultáneo vacío de autoridad presidencial, innumerables hechos que tipifican delitos cometidos por las Farc fuera de la Zona de Distensión, aportan material suficiente para escribir muchos libros más.

A manera de ejemplo se cita el caso de Alfonso Duarte, quien forzado por las circunstancias para proteger su vida, fue obligado por las Farc a convivir en su casa ubicada en Bogotá, y a proporcionar dinero, transporte, medicamentos, víveres y otros elementos a los terroristas de la cuadrilla 53, los mismos delincuentes, que meses antes lo tuvieron secuestrado en los límites de Cundinamarca y Meta.

Después de permanecer nueve meses secuestrado y de que su familia hubiera pagado 500 millones de pesos (300.000 dólares de la época), Alfonso Duarte regresó a la capital de la república, pero los secuestradores le exigieron bajo amenaza de muerte que debería seguir aportando víveres, ropas o medicinas para los terroristas.

Amedrentado el comerciante cumplió al dedillo todas las exigencias monetarias y logísticas de las Farc, hasta el extremo de convivir en su propia casa con los terroristas Tomás y Yamile, dos de los mismos bandidos que lo tuvieron secuestrado en la montaña.

Los dos miembros de las Farc obligaron al comerciante Alfonso Duarte a dotarlos con un teléfono celular y a que suministrara los datos personales, direcciones y números telefónicos de potenciales víctimas de extorsión.

Con base en informaciones de inteligencia, unidades de la Fiscalía General de la Nación y del Departamento Administrativo de Seguridad (Das) allanaron la vivienda, capturaron a los dos delincuentes y pusieron al descubierto que en la casa de Duarte, las Farc habían instalado una oficina para coordinar y preparar secuestros, cobrar extorsiones y planear otros delitos, en los que participó activamente uno de los empleados del comerciante.

Elevada dosis de propaganda

La Zona de Distensión fue un mecanismo activo de propaganda armada, en el que todos los actores se equivocaron. La lectura de las Farc dedujo desde el principio de las conversaciones que el presidente Pastrana era débil, condición que mantuvo hasta el final de su mandato, sin concretar ningún proceso coherente.

Por la acumulación de los hechos, las Farc concluyeron que cada vez que ellos quisieran estancar las conversaciones, Andrés Pastrana toleraría y aceptaría que se repitiera el episodio de la silla vacía.

Por su parte, Pastrana creyó que en la medida que se desarrollaran las conversaciones, él ganaría prestigio político internacional que lo catapultaría para el Premio Nobel de Paz.

Por esta razón, en contraste con las bajas cifras de las encuestas que redujeron su popularidad al 28% de aceptación, Pastrana no se ruborizó para decir que al suspender las conversaciones arriesgaría su capital político y su nombre en la historia, cuando el efecto pretendido era lo contrario, porque intentaba ganar algún protagonismo para salir avante del creciente rechazo del pueblo colombiano, por su debilidad de carácter y falta de imaginación estratégica.

La visión de los dirigentes políticos y aspirantes a cargos de elección popular, fue creer que el tema de la paz podía ser manejado con fines electoreros, de la misma manera que lo hizo Andrés Pastrana para llegar a la presidencia de la república.

Entre tano, los colombianos soportaron con estoicismo, otra de las tradicionales etapas de la violencia desde su nacimiento como república independiente y soberana.

Por tales razones, nadie advirtió que la libertad de acción de las Farc en la Zona de Distensión favoreció en grado sumo los intereses de los narcotraficantes, máxime que los hechos demostraron que el 90% del narcotráfico que se movió en esa época hacia el Océano Pacífico, Ecuador, Brasil, Venezuela y Panamá, provenía de los cinco municipios despejados.

Capitulo II

Plan estratégico de las FARC

Ofensiva integral revolucionaria

La acción armada de las Farc es la vanguardia de la agresión contra todo el Estado y la sociedad civil, quienes por extraña casualidad no lo interpretan así, pues consideran que la guerra que asedia a Colombia es un problema bélico entre militares y guerrilleros, y que la paz es un asunto político que deben resolver las Farc y el gobierno nacional.

Dentro de esa línea de pensamiento, la mayoría de líderes regionales y municipales interpretan que para solucionar el problema del narcoterrorismo comunista, el esfuerzo principal corresponde al gobierno central y no a ellos.

Por ende, han sido ajenos a la participación activa en los procesos de negociación desde 1982 en adelante, y se han limitado a pedir o sugerir diálogos regionales con los terroristas, sin que tales propuestas obedezcan a un plan estratégico integral o una política gubernamental proyectada a largo plazo.

No obstante, el temor a que los representantes regionales sean manipulados por los terroristas, es un riesgo que podría correr el gobierno central con directrices claras y seguimientos concretos, pues en caso de llegar a un acuerdo negociado, los vacíos de autoridad dejados durante muchos años por parte del Estado colombiano, serán suplidos por otras fuerzas, y al final de la guerra las Farc reclamarán su tajada en la repartición de la torta burocrática, como un paso más hacia la toma definitiva del poder.

Si esto ocurre y no hay integración regional, los guerrilleros mejor organizados que el Estado y orientados por la férrea disciplina comunista de partido, impondrán condiciones prevalentes para continuar con la construcción revolucionaria del socialismo, pese a que en Europa este sistema político-económico, demostró ser inconveniente e inadecuado.

Es imperioso que la población civil y los dirigentes políticos comprendan que las guerrillas comunistas no combaten contra el sistema actual con el fin de obtener ganancias pasajeras, sino porque su gran aspiración es la toma del poder.

Y si negocian es para dar saltos cualitativos hacia el objetivo final, pues desde su óptica la negociación de paz, es uno de los pasos previstos para imponer el marxismo-leninismo en Colombia, por medio de la combinación de todas las formas de lucha.

Por esta razón, las Farc avanzan en su proyecto marxista-leninista con base en la doctrina y la práctica de la guerra revolucionaria, caracterizada por el paulatino desgaste de las Fuerzas Militares y del Estado, lo cual explica porque nunca hablan de entregar las armas o desmovilizar las cuadrillas.

Quieren el poder protegidos por las armas, que según las Farc, les dan representación política para confrontar el corrupto y retardatario sistema bipartidista, protegido por las Fuerzas Militares y los demás organismos de seguridad del Estado.

Actuar de otra manera, equivaldría a decir que las Farc habrían planeado unas líneas de acción en los plenos y conferencias guerrilleras, pero actuado diferente en las zonas de influencia, para parecerse al entreguista M-19 y otras guerrillas comunistas del continente. Y ese escenario no existe dentro de su proyecto político-estratégico.

Líneas de acción del Plan Estratégico de las Farc

El Plan Estratégico de las Farc gravita sobre cuatro líneas de conducta definidas: Estrategia Política, Estrategia Armada, Estrategia Financiera y Estrategia Socio-cultural.

De ellas se derivan todas las actividades y tareas tácticas, que por obvias razones deben apuntar al objetivo primordial de la toma del poder para instaurar una dictadura marxista-leninista.

Estrategia Financiera

El 70% de los ingresos monetarios de las Farc provienen del narcotráfico[5], obtenidos durante todo el proceso ilícito. El primer paso es la imposición de *cuotas de gramaje* a los laboratorios de procesamiento de coca, consistente en determinada cantidad de dinero que los narcotraficantes deben pagar a los terroristas, por cada kilo de cocaína procesada.

A este se suman las cuotas por ingreso de insumos, operación de pistas de aterrizaje clandestinas, movimientos de lanchas, retenes fluviales, cantidad de trabajadores en los cultivos y cristalizaderos, entrada y salida de prostitutas, y, ventas de alimentos.

De manera progresiva las Farc se convirtieron en cartel narcotraficante, entonces instalaron sus propias redes en Venezuela, Ecuador, Brasil, Panamá, Guyanas, Costa Rica, México, República Dominicana y Europa, encargadas de negociar los cargamentos de coca y adquirir armas en el mercado negro.

Con base en ese esquema, las Farc controlan los cultivos de amapola y los sitios de procesamiento de látex, e inclusive lo compran a los campesinos para venderlo a los demás carteles de la droga, como hacen

---

5 Entre 1998 y 2002, las Farc recaudaron en promedio, mil millones de dólares al año por concepto de narcotráfico.

con la coca producida en la antigua Zona de Distensión y áreas aledañas.

Tales controles se repiten en las áreas cultivadas con marihuana. La ecuación es recíproca y sencilla: hay presencia de las Farc donde se cultiva, procesa o comercia cocaína, amapola o marihuana; porque el fin justifica los medios. Y hay cultivos ilícitos porque las Farc los protegen.

Por su parte el Eln cuyos ingresos dependen en un 50% del narcotráfico, ejerce similares controles coactivos en sus áreas de influencia. Por esta razón se han presentado enfrentamientos armados entre las cuadrillas de los dos grupos terroristas.

De remate, durante el gobierno de Andrés Pastrana las autodefensas ilegales entraron a terciar en el asunto, con el consecuente incremento de la violencia multiforme desatada por las guerrillas comunistas, los grupos de justicia privada, los carteles del narcotráfico y la delincuencia organizada.

En entrevista televisada, Carlos Castaño Gil cabecilla nacional de las autodefensas ilegales (AUC), afirmó que se acabará la guerra en Colombia cuando se elimine el narcotráfico principal combustible del conflicto armado.

Y agregó, que por esa razón las Farc promovieron las marchas cocaleras, bloquearon el departamento del Putumayo, desataron una especie de guerra de nervios entre el campesinado comprometido con cultivos ilícitos, con el fin de auspiciar las condiciones sociales, políticas y económicas para una confrontación armada posterior.

A los ingresos por narcotráfico recibidos por las Farc y el Eln, durante las conversaciones con la administración Pastrana (1998-2002), agregaron las extorsiones contra comerciantes, ganaderos, industriales, mineros, agricultores o cooperativas campesinas denominadas proyectos autogestionarios, y otras organizaciones sociales.

En contraste con las previsiones de los economistas al término de la Zona de Distensión, ocurrió una sobrevaluación del peso colombiano frente al dólar, derivada principalmente al flujo en el mercado de dólares ilegales obtenidos por las Farc y legitimados en empresas de fachada del grupo terrorista.

"Las leyes guerrilleras y los impuestos revolucionarios"

La autodenominada "Ley 002 de las Farc", fue concebida por los jefes terroristas para extorsionar empresas y personas naturales dueños de patrimonios superiores al millón de dólares.

Tal "imposición tributaria" de los terroristas", incluídas amenazas de secuestro o asesinato, si la víctima escogida no efectuaba el pago de directo de millonarias extorsiones, resume trazas del triunfalismo del grupo terrorista que en desarrollo de su Plan Estratégico, consideró que el país entero estaba de rodillas frente a la barbarie de las guerrillas comunistas.

Pero por otra parte corroboró el desconocimiento de los representantes del gobierno nacional que a nombre del pueblo colombiano, buscaban concretar la paz con los terroristas, y de paso corroboró la falta de compromiso histórico y ausencia de objetivos nacionales por parte de quienes desde 1982 en adelante, han sido enviados por sucesivos gobiernos a negociar inconclusos procesos de paz con las Farc.

El procedimiento utilizado por las Farc para cobrar las jugosas extorsiones contra quienes poseyeran patrimonios que sobrepasaran el millón de dólares, era y es sencillo y directo.

Por medio de inteligencia táctica las estructuras urbanas de las Farc localizan a las víctimas en las ciudades y luego ubican a algún miembro de las redes urbanas cerca o dentro del objetivo seleccionado.

Este agente de inteligencia fariana acopia datos acerca de actividades financieras y rutinas de la víctima.

Con los números de la cédula de ciudadanía, piden antecedentes en las cámaras de comercio, las oficinas de registro de instrumentos públicos, y, con contactos infiltrados en instituciones financieras establecen las propiedades horizontales y cuentas bancarias; estructuran la información concreta e informan a los jefes de las cuadrillas.

Pocos días después aparece en la oficina o en la casa de la víctima un emisario de las Farc, que con toda la información en mano, inicia el intercambio de propuestas de pago so pena de secuestro, actividad que se prolonga hasta cuando el cabecilla del bloque respectivo, o un miembro del Secretariado de las Farc apruebe el monto acordado.

Un informe publicado por el Gaula del Ejército en abril de 2001, indicó que durante el lapso 1998-2001, habitantes de diferentes lugares del país reportaron 167 casos de extorsión, cuyos pagos a las Farc totalizaron 983 mil millones de pesos.

En el departamento de Antioquia las Farc enviaron por correo normal, cartas en sobre cerrado a 50 empresarios, con amenazas de extorsión y la instrucción de enviar a los terroristas, las copias de los últimos balances contables, con el fin de estipular los montos que debería pagar cada quien.

Otros ingresos a las arcas de las Farc

De acuerdo con un informe elaborado por la Dirección de Inteligencia de la Policía Nacional, entre 1992 y 2002, las Farc percibieron ingresos superiores a siete billones de pesos, por conceptos de narcotráfico y secuestros, sin contabilizar los réditos captados por medio de testaferros al colocar parte de esos dineros en negocios legales y en la banca comercial.

De otra parte, las estadísticas totales del Ministerio de Defensa indicaban estos ingresos de las Farc, para el lapso 1991-2001:

Concepto	Pesos colombianos
Narcotráfico	**3.9 billones**
Secuestro	**2.4 billones**
Extorsión	**1.9 billones**
Atracos	**1.0 billones**
Réditos financieros	**2.7 billones**
Total	**11.9 billones**

En este mismo informe los organismos de inteligencia militar indicaron, que 19 meses después de la fecha en que con la venia e indiferencia del presidente Pastrana, el Mono Jojoy anunció la imposición de la "Ley 002", las Farc recaudaron por concepto de extorsiones reportadas a las autoridades, la suma de 650 mil millones de pesos, mientras que por secuestros también reportados, la suma de 100 mil millones de pesos.

Estos datos no contabilizaron los dineros que entregaron otras víctimas de extorsiones y secuestros, que no denunciaron los hechos, así como tampoco fueron totalizadas las extorsiones pagadas por pequeños comerciantes, agricultores, o microempresarios con capitales inferiores al millón de dólares, a quienes también se aplicó la "vacuna" extorsiva.

En esencia el secuestro extorsivo practicado por las Farc es una industria criminal complementaria a las extorsiones, o dicho de otra forma, una extorsión es por lo general, la cuota inicial del pago de un posterior secuestro, casi siempre pagado en dólares, situación que complica más los análisis de los ingresos, pues es imposible cuantificar dineros escondidos en caletas en la selva, o inversiones financieras de las Farc en el exterior.

Pero los ingresos no se limitan a los enunciados en el cuadro anterior. Los hallazgos de las tropas en diferentes regiones del país, indican el amplio y audaz ingenio de los terroristas para conseguir recursos.

En desarrollo de operaciones ofensivas, la Fuerza de Tarea del Sur encontró una refinería clandestina de petróleo, enclavada en el alejado caserío de Teteyé en el Putumayo, la cual era operada por terroristas de las Farc, y producía 6.000 galones semanales de gasolina, vendidos a los narcotraficantes para el procesamiento de hoja de coca en los laboratorios ubicados en la Zona de Distensión.

Tampoco existen datos consolidados en referencia a las extorsiones de las Farc contra los operarios artesanales de las minas de oro, ubicadas en el noroccidente y suroriente colombianos, pero las cifras especulativas presumen que las Farc han duplicado sus finanzas con ingresos derivados de la minería ilegal y la extorsión a todo tipo de mineros.

Tampoco es posible cuantificar los montos que perciben las Farc por concepto de fincas, casas, vehículos, hoteles, flotas fluviales, estaciones de gasolina, ganado expropiaciones, atracos a mano armada, y otras transacciones comerciales fraudulentas.

Para completar el cuadro de complejidades para combatir las finanzas y los procedimientos logísticos farianos, no existe un diseño metodológico claro para medir en términos administrativos empresariales, la ventaja cualitativa que tienen las Farc frente al Establecimiento, para la adqui-sición de material de guerra, co-municaciones, sistemas e inten-dencia, reflejado en la rápida mo-dernización de las dotaciones de los terroristas; frente a las con-suetudinarias demoras derivadas de las normas legales y los pasos burocráticos, para abastecer las tropas regulares compro-metidas en combate.

Estrategia Armada

Con mayor potencial bélico y aumento sistemático de la disciplina interna, las Farc pretenden la toma del poder político por la vía armada, con base en la construcción de la retaguardia estratégica, asentada en los departamentos de Guaviare, Meta, Vaupés, Caquetá, Putumayo, Huila, Nariño y Cauca, con extensión a Amazonas, Casanare y Arauca.

El objetivo de la cualificación del "ejército guerrillero" es activar un centro de despliegue estratégico en la Cordillera Oriental para instalar allí a 32.000 terroristas armados y lanzar con ellos la ofensiva final, posterior al anillamiento sobre la capital de la república, mientras las demás cuadrillas realizan un proceso similar sobre otras 29 ciudades donde en concordancia con el Plan Estratégico de las Farc, se concentra el poder político, económico, social y cultural del país.

Para llevar a cabo ese ambicioso proyecto, el Secretariado de las Farc creó escuelas clandestinas para preparar terroristas, que luego partieron de estos departamentos hacia el resto del país, con el propósito de multiplicar la presencia geográfica y el accionar político-armado de las Farc.

A manera de ejemplo la novena cuadrilla de las Farc fue insertada en el suroriente antioqueño por terroristas vallunos, caucanos y caqueteños.

Las cuadrillas 42, 52, 53, 54, 55, Abelardo Romero, Joaquín Ballén, che Guevara y Policarpa Salavarrieta, llegaron a Cundinamarca, procedentes de las áreas rurales de los municipios que años después constituyeron la Zona de Distensión.

Del mismo sector salieron con dirección al nororiente del país dos columnas guerrilleras denominadas Arturo Ruiz. Una para incrementar el accionar de las Farc en Choco y Urabá; y, la otra para reasentar estructuras guerrilleras en el Magdalena Medio, pero estos dos grupos sufrieron un estruendoso fracaso en el área rural de Suratá-Santander.

Otra columna guerrillera salió del Caguán hacia el sur del Tolima con el fin de reforzar la seguridad de Alfonso Cano, e instalar allí el epicentro del Movimiento Bolivariano Clandestino con extensión al Valle y el Cauca donde se encuentran Pablo Catatumbo y Miguel Pascuas, puntales claves de esa estrategia política y armada.

Alfonso Cano en El Caguán

Al mismo tiempo, otra columna partió para las montañas del Valle del Cauca, con la tarea de fortalecer el corredor estratégico de las Farc hacia el Océano Pacífico. Desde mucho tiempo antes de iniciar las conversaciones con la administración Pastrana, el área geográfica que constituyó en su momento la cuestionada Zona de Distensión, ha sido utilizada por las Farc para entrenar terroristas en técnicas de combate y asuntos atinentes a la guerra revolucionaria.

Así, las Farc aplican con precisión los principios universales de la guerra. Para mantener la iniciativa las cuadrillas articulan los actos terroristas selectivos con acciones armadas masivas contra objetivos débiles. Por la naturaleza ágil de las acciones guerrilleras, las Fuerzas Militares ganan la ofensiva táctica, pero no logran resultados tangibles que inclinen la balanza estratégica.

Entonces, el Estado pasa a la defensiva estratégica, pues la irregularidad de las unidades guerrilleras, las convierte en objetivos imprecisos en el terreno, que a la vez tienen la capacidad de causar golpes tácticos con connotaciones estratégicas, con halo de agresividad y la pretendida argucia propagandística de la invencibilidad.

La estrategia armada de las Farc proyecta utilizar las guerrillas móviles como unidades regulares de infantería ligera, con capacidad de efectuar dispersión transitoria después de perpetrar los ataques, sin llegar a comprometer el grueso de la fuerza guerrillera en la desventajosa guerra de movimientos.

En forma simultánea y previa aprobación de las estructuras superiores, las cuadrillas tienen libertad de acción en cada área de influencia, para combinar actos terroristas selectivos y sincronizados, que causen la impresión que las guerrillas son incontrolables, crean malestar e incomodidad entre los estamentos civil y militar, y facilitan especulaciones de prensa, con base en toda clase de opiniones y críticas editoriales o noticiosas. En sana lógica, dividir para reinar.

Los métodos artesanales utilizados por las Farc para conducir la guerra corroboraron tal concepción.

Las Farc maniobran con el terreno a favor y ejecutan las acciones bélicas con ingeniosas armas artesanales construidas en talleres rudimentarios en la selva, que denominan artillería guerrillera, tales como:

Cilindros de gas cargados con explosivos y excrementos humanos para hacer más cruel el sufrimiento de las víctimas, rampas para lanzar cargas dirigidas, morteros hechizos denominados che 60, bombas fabricadas con superanfor, carros-bomba, granadas de fusil, y el empleo de bicicletas, motos, animales, cadáveres de seres humanos, trampas cazabobos, campos minados y "minas quiebrapatas".

Otro proyecto bélico contemplado en el Plan Estratégico de las Farc, es la preparación de pilotos para operar aeronaves cargadas con explosivos artesanales, que planean descargar sobre cuarteles y objetivos sensibles, de alto valor estratégico.

Este es un proyecto a largo plazo establecido en el Pleno Ampliado de 1989, cuando se definieron las líneas de conducta de las Farc para desarrollar el Plan Estratégico en ese momento denominado la Campaña Bolivariana por una Nueva Colombia.

El ambicioso plan incluye la construcción de la fuerza fluvial y naval guerrillera, con capacidad de operar en los ríos con naves protegidas con blindaje artesanal, para combatir contra las tropas de infantería de marina.

Al incremento del potencial armado y la correlación de fuerzas para el combate, las Farc adicionan el fortalecimiento de las redes de inteligencia con los milicianos, los miembros del Movimiento Bolivariano Clandestino y el Partido Comunista Clandestino

En esta fortaleza radican la espectacularidad de la fuga de unos terroristas que se encontraban detenidos en la cárcel La Picota, tres secuestros de aeronaves en pleno vuelo, el crimen del senador Turbay en el Caquetá, y los insuficientes resultados operacionales de las Fuerzas Militares, a partir del momento en que el presidente Pastrana suspendió la Zona de Distensión, hasta cuando el Ejército desalojó a las Farc de Cundinamarca entre 2003 y 2004.

El terrorismo fariano

Pese a que el Departamento de Estado de Estados Unidos y algunas organizaciones oficiales europeas, se habían manifestado en tal sentido, solo hasta después de ocurridos los ataques terroristas de la red Al Qaeda el 11 de septiembre de 2001 en New York y Washington, bajo la presión de dichos sucesos, la comunidad internacional aceptó que las Farc constituyen un grupo narcoterrorista.

Expresarlo de esa manera antes de los fatales ataques en Estados Unidos, era vedado calificar a las Farc como terroristas, dadas las connotaciones de grupo beligerante con estatus político, que Andrés Pastrana dio a las Farc, para iniciar conversaciones con sus cabecillas en aras de aclimatar la paz en el país.

El asunto es más profundo. Desde la Séptima Conferencia de las Farc realizada en mayo de 1982, el Secretariado del grupo terrorista delineó agresivas estrategias de guerra revolucionaria, orientadas a fortalecer el trabajo político del Partido Comunista Clandestino, el Movimiento Bolivariano Clandestino, las Milicias Bolivarianas, los Bloques de frentes guerrilleros y la diseminación de sus cuadrillas a lo largo y ancho del territorio nacional.

El proyecto se fundamenta en la acción intimidatoria o disuasiva de los terroristas, el incremento financiero, y la difusión propagandística del marxismo-leninismo, soporte de la combinación de todas las formas de lucha para alcanzar el poder político en Colombia.

Asimismo desde 1982, el Secretariado de las Farc adoptó imponer cuotas extorsivas a los carteles de narcotraficantes asentados en las selvas colombianas, que de manera paulatina han sido relevados en el procesamiento y venta de coca y látex de amapola.

Durante el tiempo que Raúl Reyes vivió en Costa Rica, las Farc establecieron contactos con narcotraficantes que envían drogas ilícitas a Estados Unidos y Europa, hasta integrar a las Farc con mafias de todo el planeta.

Para completar el ambicioso plan de copar la Cordillera Oriental y tomar por asalto la capital de la república, a mediados de la década de los noventa, el Secretariado de las Farc impuso a cada cuadrilla la obligación de conseguir elevadas sumas de dinero, las cuales inclusive superada la fecha tentativa de 1996 para concretar el objetivo, siguieron como conducta obligatoria por medio del secuestro, el narcotráfico, las extorsiones y otras actividades ilícitas.

En el ámbito armado, el Secretariado de las Farc emitió instrucciones a las cuadrillas para replantear las tácticas de la guerra de guerrillas, con el fin de ejecutar acciones masivas contra unidades militares y policiales aisladas o indisciplinadas, mientras que las milicias bolivarianas urbanas o rurales, se especializaron en tácticas de sabotaje, acciones terroristas, y típicas incursiones de comandos contra objetivos políticos, militares y económicos de trascendencia nacional e internacional.

Esa parte del Plan Estratégico de las Farc fue decantado y cualificado con el apoyo de terroristas europeos, que entrenaron en la Zona de Distensión a un grupo seleccionados de explosivistas.

Desde antes de conformar la cuadrilla Teófilo Forero, por medio de los cursos de pistoleo, las Farc han entrenado sicarios comunistas encargados de asesinar desertores de la organización terrorista, delatores, miembros de la Fuerza Pública, simpatizantes de las AUC, dirigentes políticos, o personas sindicadas por miembros del Partido Comunista Clandestino, de pertenecer a organizaciones cívicas, sociales o políticas o contrarias a los intereses de las Farc.

Por ende, las arremetidas terroristas de las Farc explican la lógica de la guerra revolucionaria comunista:

—Toda acción armada que contribuya a causar pánico, terror, zozobra, dentro del adversario es válida en la guerra popular—

El punto crucial de esta lógica maquiavélica, es que mientras el Estado y la llamada "sociedad civil" en general, consideran que las guerrillas comunistas solamente agreden a la Fuerza Pública y de manera colateral a quienes eventual-mente son afectados, las Farc ven estas acciones como respuestas legítimas del pueblo alzado en armas contra el binomio conformado por los dueños del poder político-económico y las fuerzas del orden que protegen a la burguesía anquilosada, con extensión a los civiles reaccionarios o indiferentes colmados de "lumpenescos" vicios capitalistas.

Por lo tanto, quien no milita dentro de una estructura fariana es potencial enemigo de clase y de los intereses revolucionarios.

Además desde esa óptica, cada acción armada de las Farc contra la población civil inerme, pretende la destrucción de la fuerza armada enemiga, con el mensaje anexo a los moradores de la región, que ante el evidente vacío de autoridad estatal, las Farc son cogobierno y tienen suficiente capacidad militar para eliminar al enemigo oficial, cobran impuestos, imponen la ley y el orden, en síntesis serían un Estado paralelo, como lo afirmó Simón Trinidad desde el Caguán.

Entrenadas por terroristas nicaragüenses, salvadoreños, cubanos, irlandeses, españoles y fundamentalistas islámicos, las Farc preparan "comandos terrestres" con rudimentos políticos marxistas-leninistas, pero con amplia destreza táctica operacional, basados en que no cometen acciones terroristas sino que sabotean la infraestructura económica capitalista.

Desde la óptica de las Farc, el habitante citadino colombiano es enemigo del proletariado campesino y causante de la miseria en el agro, pues la violencia persé en un extraño círculo vicioso, arrebata las tierras a los más pobres, los arroja a las ciudades a engrosar los cinturones de miseria, y facilita que el Estado envíe las tropas y los bombarderos para atacar al campesinado, que no tiene otra opción que defenderse.

Raúl Reyes en San Vicente del Caguán

A partir de esa lógica perversa, el terrorista de las Farc secuestra, roba, asesina, intimida, destruye poblaciones, arrasa ganaderías y sementeras, impone la justicia revolucionaria por su propia mano, comercializa drogas ilícitas etc., pero en contraste todo el tiempo es un abanderado de la paz, claro está, de la única paz posible para los comunistas, es decir la desaparición del capitalismo, pues mientras tanto solo habrá guerra de clases.

Cada acción terrorista de las Farc busca un objetivo político, con una carga de acción sicológica orientada a derruir la moral de las tropas adversarias y la identidad democrática del Estado y la sociedad civil en general. Para el efecto argumentan que por cometer actos de barbarie contra la población civil, las Farc no son enemigos de las víctimas, sino que estos hechos son el producto de la guerra.

Mediante respuestas simplistas las Farc pretenden convencer al campesinado, que el asesinato de labriegos indefensos, hace parte del proceso de limpieza social del lumpen antirrevolucionario, o que en otros casos esos crímenes son episodios desafortunados de la necesaria guerra de clases, razón por la cual, el interlocutor debe unirse o apoyar a las Farc para combatir a los criminales del Estado.

La destrucción de pequeños poblados realizada con reiterada insistencia por las Farc al mismo tiempo que hablaban de paz en la Zona de Distensión, hace parte de una línea de conducción estratégica, tendiente a retirar la presencia de Fuerza Pública de amplias zonas del territorio nacional, en particular de caseríos y municipios alejados del poder político central.

El objetivo de esta oleada de terror era imponer sus alcaldes y concejales, manipular los presupuestos locales, las regalías, y generar un clima de control coercitivo e intimidación, orientados a multiplicar las redes de milicias bolivarianas, y las estructuras de espionaje o futuros comités de defensa de la revolución, encargados de detectar y eliminar a los contradictores de las Farc.

El presupuesto básico de la fanática teoría de las Farc, es que la guerra de guerrillas contra el Establecimiento colombiano, es una lucha integral del pueblo contra la oligarquía, en la que las Farc son un "ejército popular" que combate contra el "Ejército oficial", con el fin de derrocar a la burguesía.

Con base en esa concepción, el Secretariado de las Farc aceptó la participación activa de sus cuadrillas en la voladura de oleoductos, puentes y torres de energía, acciones violentas que antes de la Zona de Distensión fueron casi exclusiva metodología del Eln.

El criterio de las Farc para justificar la inmersión en esta modalidad de terrorismo, actuación que las desprestigia y aleja de las supuestas razones políticas esgrimidas para el levantamiento armado, es que al atacar los epicentros que sustentan la economía nacional, afectan a los ricos, pues según su punto de vista, sino se produce una revolución socialista armada triunfante, las clases menos favorecidas serán cada día más pobres.

En cambio, si por ejemplo las Farc destruyen un puente, los afectados serán los grandes propietarios del capital y la tierra, los comerciantes, los transportadores, que con sus impuestos financian la guerra contra el pueblo, máxime que algunos de ellos apoyaron a las AUC de los hermanos Castaño.

Se puede cuestionar, si esa lógica es aceptada de buenas a primeras por los campesinos. Probablemente no, o por lo menos un alto porcentaje de la población afectada por el terrorismo fariano no la acepta, pero ante la ausencia del Estado y la imposibilidad física de las Fuerzas Militares para cubrir todo el territorio nacional, las Farc terminan por imponer su lógica macabra, por medio de la intimidación, el chantaje y la incansable repetición de sus postulados.

Durante el laxo gobierno de Andrés Pastrana, la línea medular de la estrategia armada de las Farc, se resumió en audaces incursiones de grandes masas guerrilleras, complementada por acciones terroristas puntuales contra objetivos de alto valor estratégico.

Por ende, antes que organizar cooperativas agrícolas, sindicatos campesinos, ligas de lucha solidaria o lo que el Eln denomina Poder Popular, el Secretariado de las Farc optó por la preeminencia de las acciones guerrilleras en todo el país, para causar sensación que poseen suficiente poder militar, pues una vez derrotada la Fuerza Militar del Estado, es más fácil someter a la población civil desprotegida.

Los análisis internos de las Farc realizados durante el Pleno Ampliado del 2000 en la Zona de Distensión, indicaron al Secretariado que para ganar la guerra, debían fortalecer todas las estructuras armadas y aumentar el número de cuadros de mando con capacidad para liderar estructuras guerrilleras, u organizaciones civiles de apoyo insurreccional integradas por 10 a 12 personas.

Esta conclusión de los cabecillas explica porqué pasaron por la Zona de Distensión, cerca de 1.000 terro-ristas con responsabilidad de mando dentro de las Farc, con la misión específica de recibir cursos de "comandantes de compañía", explosivos, comunicaciones, sanidad en guerra, cartografía, etc.

Quizás esa visión militarista del desenlace del conflicto a mediano plazo, explique la tendencia de las Farc durante los tres años y medio de insulsas conversaciones con la administración Pastrana, para no concretar nada, hacer lobby internacional, difamar de las Fuerzas Militares, exigir acciones fuertes contra los paramilitares, pedir depuraciones de la Fuerza Pública, etc.

Dicha estratagema facilitó que mientras los delegados de las Farc hablaban de aquellos temas con los comisionados de paz del gobierno, el Mono Jojoy, y Tirofijo estuvieron dedicados a dirigir las escuelas de combatientes y mandos en el Caguán; a ingresar ingentes cantidades de armas, y a refinar el Plan

Estratégico. Por su parte Alfonso Cano se dedicó a robustecer el plan político del Movimiento Bolivariano Clandestino.

En conclusión, mientras el gobierno nacional y los colombianos en general, no entendamos que detrás de cada acción armada de las Farc hay una elevada dosis de propaganda, el narcoterrorismo comunista continuará vigente en Colombia.

Por esa razón, desde cualquier óptica que se mire, a Colombia no le queda otra opción que la respuesta militar contundente a la intransigencia narcoterrorista de las Farc, dentro de los mismos parámetros que la comunidad internacional combate al terrorismo islámico en el Medio Oriente y el Asia Central.

O como los israelíes responden a los persistentes ataques terroristas de los fundamentalistas palestinos, porque las acciones de fuerza deben ser contrarrestadas con acciones de fuerza, complementadas por sólidas acciones políticas, que resten incidencia a la propaganda armada de las Farc.

Cuando el general Harold Bedoya Pizarro definió a las Farc como un grupo narcoterrorista, llovieron ácidas críticas en su contra, con el argumento que utilizaba un vocabulario guerrerista, denigrante y desconocedor de las razones sociales y políticas que "originaron la insurgencia en Colombia" que lucha por transformar el país.

Pero con el paso del tiempo los constantes hechos de violencia perpetrados por las Farc, demostraron que sus integrantes si son narcoterroristas, porque se lucran del narcotráfico y sus violentas acciones armadas son actos terroristas.

Estrategia Política

Con el propósito de desarrollar el trabajo político, las Farc definieron dos campos de acción: Uno adentro de Colombia y el otro afuera del país.

Ambos ejes de acción gravitan en torno a la manipulación calculada de la paz, los derechos humanos, las desigualdades sociales, la lucha por los más pobres, la legitimidad del levantamiento armado; etc.

Esta parte de su Plan Estratégico corresponde al 70% de la actividad subversiva de las Farc y cuenta con la enorme ventaja que el Estado no tiene una estrategia clara para neutralizarlo y que la población civil colombiana ignora los alcances del proyecto narcoterrorista.

Para el efecto cuentan con Organizaciones No Gubernamentales, entrenadas y financiadas para distorsionar la verdad acerca de lo que sucede con el conflicto interno.

El trabajo de estas Ong´s proclives a las Farc es permanente. Si por ejemplo, una patrulla militar neutraliza en combate a unos terroristas, en menos de 48 horas ya están en los despachos del Ministro de Defensa y de los comandantes de las Fuerzas Militares, decenas de cartas y correos electrónicos suscritos por "defensores o activistas de derechos humanos", infiltrados en Europa, Latinoamérica o Estados Unidos, que piden explicaciones y acciones judiciales fuertes contra quienes cometieron una masacre.

Este tipo de denuncias tendenciosas es archivado y sistematizado mediante estadísticas que luego son publicadas y difundidas por las Farc y sus cómplices en diversos blancos-audiencia predeterminados, como graves infracciones al Derecho Internacional Humanitario por parte de la Fuerza Pública colombiana.

Escudadas en que el Derecho Internacional Humanitario tiene solo aplicación para los funcionarios del Estado, las Farc cometen centenares de atrocidades, reclutan menores, trafican cocaína, marihuana o heroína; secuestran civiles para extorsionarlos y miembros de la Fuerza Pública para decir que son prisioneros de guerra; arrasan caseríos, etc.

Por esta razón, reclaman estatus de beligerancia, y cuando sus integrantes son capturados, sus abogados piden que solo se les juzgue por los delitos de sedición, rebelión y asonada.

La estrategia política de las Farc se fortaleció con la promulgación de la Constitución Política de 1991, debido a que prerrogativas judiciales altamente civilizadas como el Habeas Corpus, la prohibición de detener alguien por sospecha y sin orden judicial, maniataron los organismos de seguridad del Estado para actuar contra los terroristas.

Ante esa realidad nacional, el diario El Tiempo editorializó el 3 de diciembre de 2000:

—En el caso de la Fuerza Pública, la cantidad de requisitos jurídicos para poder actuar con eficacia, resulta casi incompresible en una nación que se destroza y se desangra en medio de la más flagrante impunidad. No existen facultades para registrar viviendas o capturar sospechosos en las áreas selváticas donde no opera la Fiscalía. Las Fuerzas Militares están impedidas para ejercer control de la población, realizar censos o retenes en las áreas rurales o urbanas donde actúan los grupos armados, lo que favorece el apoyo logístico a esos grupos (sic) —

—La entrega de detenidos antes de 36 horas, ha permitido que los delincuentes capturados en flagrancia, tengan que ser liberados sin que el aparato judicial haya actuado. El Ejército tiene estrictas limitaciones para efectuar allanamientos, operaciones de inteligencia encubierta o interrogatorios a sospechosos—

No obstante este tipo de reacciones esporádicas de los medios de comunicación, las Farc continuaron con el desarrollo del Plan Estratégico y la estratagema de la paz, sin ocultar su intención a largo plazo de tomar el poder político e imponer una dictadura totalitaria marxista-leninista.

De remate en ese momento en que el país clamaba dotar a las Fuerzas Militares y de Policía con herramientas legales para neutralizar a la delincuencia multiforme y el terrorismo, la Corte Constitucional consideró inexequible la Ley de Defensa y Seguridad Nacional que pretendía resolver parte del complejo problema.

Cogobierno en determinadas áreas

Casi cinco décadas seguidas de guerra revolucionaria contra Colombia, puntualizan varios ejemplos de cogobiernos instaurados por las Farc, que fueron recrudecidos con el auge propagandístico de la Zona de Distensión.

Uno de tantos, es la reforma agraria ipso facto, ocurrida en el área rural de Totoró-Cauca, donde la sexta cuadrilla de las Farc redistribuyó tierras y reasignó parcelas a campesinos.

Por su parte el gobernador del Tolima aseveró que la cuadrilla 21 de las Farc realizó la misma actividad delictiva en el área rural los municipios de Roncesvalles y La Herrera.

Dentro de los cinco municipios de la Zona de Distensión, las Farc expropiaron tierras a los colonos en el Caguán, impusieron peajes en las carreteras, robaron maquinaria oficial para mantener vías y construir otras, estipularon un impuesto a los campesinos obligados a entregar a los terroristas una res por cada diez que tuvieran en los corrales, uno de cada diez cerdos, y 10 de cada cien gallinas.

Como si fueran autoridad legítima instalaron una oficina de quejas y reclamos de la comunidad, donde dirimieron desde problemas por linderos, hasta diferencias matrimoniales o familiares.

Con vehemencia Simón Trinidad ratificó ante los medios de comunicación, que las Farc son un Estado paralelo en embrión, que quieren el poder político para gobernar a todo Colombia, así no se les haya reconocido aún el estatus de beligerancia.

Con absoluta arrogancia, las Farc impusieron a los moradores de La Macarena (Meta) el examen obligatorio del VIH; multas de $50.000.oo para quien dejara animales sueltos en la calle, sanciones pecuniarias a quien participara en riñas, control de visitantes al municipio, horarios para el transporte de pasajeros y carga, imposición de cuotas obligatorias para financiar el Partido Comunista Clandestino, y sobrecosto a los productos de la canasta familiar para financiar la emisora radial Voz de la Resistencia.

Estas medidas coactivas contra la población civil de los municipios enunciados, no eran nuevas. Fueron la continuación de las mismas, que desde la década de los años 50 impuso el Comité Central del Partido Comunista Colombiano, a los campesinos y colonos organizados en células clandestinas de combate revolucionario en el Páramo de Sumapaz, Oriente del Tolima, Ariari, Riochiquito, Marquetalia, Viotá, Urabá y El Guayabero.

Página web de Anncol

El uso propagandístico de la tecnología de punta hace parte del Plan Estratégico de las Farc. La página web de la autodenominada Agencia de Noticias de Colombia (Anncol) con sede en Estocolmo-Suecia, es una de varias páginas electrónicas, utilizadas por los terroristas para difundir comunicados y documentos, con la intención de presentar ante muchas audiencias dentro y fuera de Colombia, una supuesta imagen según la cuál, las Farc son luchadores por la democracia.

Desde antes de comenzar las estériles conversaciones de paz con la administración Pastrana, algunos integrantes del Frente Internacional de las Farc, activaron en Estocolmo la fachada de una agencia de noticias de lo que sucede en Colombia, con información traducida a ruso, inglés, sueco, alemán, francés e italiano, publicada en la web Anncol.org y una serie de blogs y páginas afines en asuntos ideológicos.

En forma simultánea con las sesgadas publicaciones de Anncol, otros miembros del Frente Internacional de las Farc incrementaron las actividades de diplomacia paralela, pero superior a la por siempre amodorrada e ineficiente diplomacia oficial colombiana, en foros, centros de pensamiento político, universidades, medios de comunicación, movimientos políticos, organizaciones sociales, etc.; todas encaminadas a desprestigiar las Fuerzas Militares, deslegitimar el Estado Colombiano y por ende legitimar a las Farc.

La tarea prioritaria era despertar sentimientos de solidaridad internacional contra "la oligarquía que oprime al pueblo colombiano y se apoya en las Fuerzas Militares para acallarlo". No importa que la aseveración sea falsa, pues lo que vale es que dicha falsedad se repita en muchos escenarios, hasta convertirse en verdad.

La propaganda justificativa de las acciones violentas de las Farc, es un compromiso de todo revolucionario comunista en Colombia, sin que esta audaz actuación haya sido contrarrestada por el "Establecimiento" ni por la población civil que se autocalifica ajena al conflicto, pese a ser objetivos directos de la agresión terrorista y de las intenciones de las Farc a mediano y largo plazo.

Mientras en muchos centros de análisis político-estratégicos y universidades del planeta es común encontrar a miembros del Frente Internacional de las Farc dedicados a difundir las líneas políticas del grupo terrorista, nunca o casi nunca se ve a los funcionarios diplomáticos o consulares colombianos, explicando la realidad de la agresión narcoterrorista contra Colombia.

En consecuencia, la versión valedera para esas audiencias, será la que tergiversan las Farc, porque no hay quien los contrarreste en estos escenarios.

Durante el fallido proceso de paz de Andrés Pastrana con las Farc, quedaron en evidencia constantes estratagemas, que en su conjunto estructuran la estrategia política de las Farc, tales como la manipulación del tiempo con las artificiosas treguas navideñas, intencional alteración de las agendas de conversaciones, y audaces propuestas tales como el subsidio de desempleo, canje de terroristas presos por soldados y policías secuestrados, etc.

Otro hecho que corrobora las estratagemas de las Farc, fue el descaro manifiesto de Tirofijo en octubre de 2001, cuando desafió al presidente Pastrana a que le aclarara si para su gobierno las Farc eran terroristas y narcotraficantes, lo instó a divulgar las líneas de acción contra el paramilitarismo, y agregó su disposición para devolver al Estado "el área neutral".

Sorprendido por la audacia del cabecilla de las Farc, Pastrana afirmó que el gobierno recibiría la zona, pero ambiguo e indeciso como siempre, se abstuvo de confirmar si para él, las Farc son terroristas.

Ante la respuesta a medias del presidente Pastrana, Tirofijo se retractó para decir que ellos no habían dado ningún ultimátum al gobierno nacional, mucho menos para que este hecho pudiera derivar en la ruptura de la tregua y que además, la situación experimentada era culpa del gobierno.

Con la satisfacción que acababa de ganar otro round político producto de la debilidad de carácter del presidente Pastrana, Tirofijo pidió que le aclararan de una vez por todas, que era lo negociable, porque:

—(...) todos hablan de Derecho Internacional Humanitario, de las retenciones de los congresistas y de otros aspectos que afectan a los poderosos, pero cuando planteamos la necesidad de discutir los temas de la agenda común, de cuyo acuerdo depende el fin del conflicto, nos dicen que nada del actual régimen es negociable—

Raúl Reyes con Víctor Ricardo en Europa

Otro ejemplo de la estrategia política para manipular evidentes desaciertos cometidos por las cuadrillas de las Farc durante las conversaciones de paz del Caguán, fue el doble lenguaje.

El 14 de febrero de 2000, la televisión internacional transmitió imágenes de Raúl Reyes vestido con traje de paño, corbata y un portafolios en la mano, de vista por El Vaticano, para pedir al Papa Juan Pablo II, que orara y mediara por la paz en Colombia.

Ese mismo día la cuadrilla Tulio Varón dirigida por Alfonso Cano, masacró en Falan-Tolima a nueve campesinos, sumado a que en el periodo comprendido entre la iniciación de las conversaciones y esa fecha, el 90% de los municipios del departamento del Tolima habían padecido incursiones terroristas de las cuadrillas del "comando conjunto central" de las Farc.

Pocos meses después, las Farc secuestraron a tres ciudadanos alemanes en el departamento del Cauca.

Sin ruborizarse, Raúl Reyes dijo que mientras el gobierno nacional actuaba a su manera, ellos lo harían a la suya, que el secuestro de los tres europeos, no era razón suficiente para que Pastrana congelara los diálogos, sino que lo apropiado sería permitir que el gobierno alemán negociara con la cuadrilla Jacobo

Arenas, el pago del monto de la extorsión exigida por los terroristas para la liberación de las tres víctimas.

Movimiento Bolivariano Clandestino

El lanzamiento del Movimiento Bolivariano Clandestino en el que participaron más de 2000 terroristas armados y disfrazados de militares o policías, escenificado el 29 de abril de 2000 en San Vicente del Caguán, fue el acto estelar de la estrategia política de las Farc, concretado con amplio despliegue publicitario, consentido por el gobierno nacional, contó con la asistencia de testigos internacionales, y concentró a mas de 30.000 campesinos provenientes de los cinco municipios de la Zona de Distensión, llevados por las Farc para asistir al espectáculo propagandístico.

El acto fue presidido por todos los cabecillas del Secretariado de las Farc. Alfonso Cano y Tirofijo pronunciaron sendos discursos, mediante los cuales anunciaron la aparición del movimiento político que reemplazaría a la Unión Patriótica, por lo tanto, encargado de estimular la insurrección generalizada dentro de la población civil, sin importar su militancia política; es decir, un derrotero para manipular adeptos al proyecto político-terrorista a largo plazo.

Jojoy y Tirofijo en San Vicente del Caguán

En otra prueba del doble lenguaje de las Farc, para la época el Mono Jojoy corroboró las intenciones preestablecidas en el Plan Estratégico, al anunciar por radioteléfono a las cuadrillas diseminadas por el territorio nacional, que deberían incrementar los ataques contra la oligarquía y las Fuerzas Militares, porque el Movimiento Bolivariano Clandestino es un instrumento de guerra y no de paz.

Jojoy aclaró que la idea de crear ese movimiento político, era continuar la guerra mediante la combinación de las formas de lucha, es decir para que unos miembros de las Farc actuaran subrepticios en aparente cumplimiento de la constitución, mientras otros continuaban el terrorismo, pues la tarea permanente del revolucionario es atacar al enemigo por todos los frentes, hasta ablandarlo.

Las declaraciones del Mono Jojoy matizadas con términos soeces, coincidieron con la actualización de censos de habitantes de los municipios de la Zona de Distensión hechos por las Farc, en flagrante suplantación del Estado Colombiano.

Capitulo III

Internacionalizacion del conflicto

De Allende a Chávez

A partir de 1999 cuando fue elegido presidente de Venezuela, Hugo Chávez Frías inició un proceso de conversión paulatina del Estado venezolano hacia un régimen marxista-leninista similar al iniciado por Salvador Allende en Chile en 1970.

En ambos casos, la mano oculta y la actitud manipuladora de Fidel Castro, jugó papel importante para la constante búsqueda de la dictadura cubana por imponer en todo el continente latinoamericano, gobiernos totalitarios afines a su ideario.

Por petición expresa de Allende, a finales de la década de los sesenta la dictadura castrista envió a Chile, mas de tres mil asesores especializados en técnicas de guerra sicológica, inteligencia política, organización de comités de defensa de la revolución comunista, guerra de guerrillas urbanas, estructuración de células de partido, con la tarea específica de conformar una organización paramilitar contraria en ideología y organización a las Fuerzas Militares legítimas, dirigida y dependiente del presidente Allende.

Las estructuras armadas comunistas chilenas tenían la tarea de confrontar con las armas a quien pretendiera detener el avance marxista-leninista desatado por Cuba, la Unión Soviética y los comunistas chilenos; como parte del plan de convertir ese experimento en el faro irradiador de la revolución socialista extrema en el resto del continente.

Desde antes de posesionarse Allende como presidente de los chilenos, sus copartidarios armados y desarmados iniciaron una oleada de acciones violentas, contra el poder de la "burguesía chilena", situación que desembocó en el golpe de Estado encabezado por el general Augusto Pinochet el 11 de septiembre de 1973.

No obstante el fracaso en Chile, Fidel Castro continuó el apoyo ideológico a las guerrillas comunistas en Guatemala, Nicaragua, El Salvador, Colombia, Perú y a los partidos comunistas de otros países, para estimular la rebelión armada en el hemisferio.

Tras la caída del Muro de Berlín, Fidel Castro promovió con el entonces dirigente sindical brasileño Luis Ignacio Lula Da Silva, la activación del Foro de Sao Paulo grupo antiyanqui en Latinoamérica, encargado de demostrar que el socialismo y la guerra de guerrillas comunistas tienen vigencia, máxime que las Farc y el Eln, hicieron parte de los grupos fundadores del Foro.

Para dicha de Fidel Castro y su sueño de tener un régimen marxista leninista en algún país petrolero en el hemisferio, el coronel comunista Hugo Chávez salió de la cárcel luego de ser amnistiado por su participación en un fallido golpe de estado en 1992 y mediante una habilidosa campaña propagandística fue elegido presidente de Venezuela, donde poseedor de muchos petrodólares, se dedicó a apoyar todos los programas subversivos y proterroristas del marxismo-leninista en Latinoamérica.

Acto seguido a la posesión de Chávez como presidente venezolano a la cabeza de un híbrido bolivariano-marxista, los medios de comunicación iniciaron a revelar hechos graves para la seguridad nacional colombiana y el futuro de la paz en el continente.

Pronto, Chávez apareció ante las cámaras uniformado con prendas militares y un fusil en la mano en actitud desafiante contra el capitalismo y las ideas liberales.

En primera instancia quedó claro que los miles de asesores cubanos enviados por la dictadura cubana se dedicaron a organizar los comités de defesa de la revolución y control por barrios y manzanas de potenciales enemigos de la revolución castro-chavista en Venezuela.

Otros periodistas señalaron que Chávez financió parte de la campaña electoral de Daniel Ortega en Nicaragua, así como la existencia de grupos político-subversivos enviados desde Caracas a Bolivia para promover la creación de la República Independiente Aymará y el soporte monetario a un grupo político cocalero que apoyaba la carrera política del indígena cocalero Evo Morales, otro amigo subrepticio de las Farc.

A estas denuncias se sumaron las declaraciones del almirante Iván Carrutú Molina, quien aseguró en diversos escenarios que tenía sólidas pruebas para demostrar la existencia de guerrillas comunistas venezolanas financiadas y entrenadas por el régimen chavista, como fuerza armada personal paralela a las Fuerzas Militares tradicionales, orientada a la defensa de la revolución castro-chavista para contrarrestar cualquier conjura militar.

Por la misma época el general de brigada Néstor González se rebeló contra el régimen de Chávez y aseguró que tenía información precisa con la ubicación de campamentos de entrenamiento terrorista ubicados en territorio venezolano, situación que coincidió con la presencia no autorizada de varios militares venezolanos en la Zona de Distensión, en descaradas coordinaciones con las Farc para extender la "revolución bolivariana" desde México hasta Argentina, territorio denominado La Patria Grande.

Desde ese momento quedó en evidencia que las actitudes beligerantes de Chávez y su deseo expansionista no eran simples coyunturas, sino la consecuencia lógica de un sincronizado trabajo político-estratégico del Partido Comunista Venezolano en asocio con la dictadura cubana y los partidos marxistas-leninistas del continente.

En agosto de 1999, apareció un video con reveladoras imágenes de pactos secretos de no agresión entre las Farc y la Fuerza Armada Bolivariana de Venezuela, en simultánea participación no solicitada de Chávez en las negociaciones de paz del gobierno Pastrana con las Farc en San Vicente del Caguán.

Inclusive con argucias propias de los comunistas, Chávez embuchó dos terroristas de las Farc, en un dudoso e inexplicable análisis del Plan Colombia contra el narcotráfico realizado en Caracas y promovido por Chávez y otros cómplices de las Farc.

Carente de carácter y con el consuetudinario estilo de no hablar directo al interlocutor ni llamar las cosas por su nombre, el presidente Andrés Pastrana afirmó que no entendía por qué había jefes de Estado, que se querían reunir con la guerrilla colombiana, ni cómo las Farc querían reunirse con jefes de Estado, para buscar colaboración internacional, sin que aceptaran una comisión de verificación establecida en el marco del proceso de paz.

Chávez respondió que para él no había nada de anormal que Venezuela debatiera en escenarios políticos, lo que sucedía con el Plan Colombia, debido a que esto significaba una amenazante carrera armamentista contra su país. Pero ni él, ni Pastrana refirieron la gravedad de la connivencia de Chávez con las Farc.

Con similar óptica crítica se puede mirar el oscuro episodio de un piloto venezolano, capturado mientras operaba un avión comercial cargado de armas, municiones y explosivos con destino a las Farc; el tira y afloje entre los dos gobiernos por la extradición de José Ballesta terrorista y aeropirata del Eln capturado en Caracas; así como la química exteriorizada por Chávez con las dictaduras de Cuba, Libia, Irán y su actitud de connivencia con los terroristas islámicos que perpetraron los atentados del 11 de septiembre de 2001 en New York y Washington.

Cuando los cubanos traídos por Chávez, circularon entre la población civil venezolana un documento titulado *Dirección Táctica del Movimiento Quinta República,* los hechos corroboraron la semejanza entre la metodología utilizada por Allende en Chile y por Chávez en Venezuela, para importar e incorporar la obsesiva metodología castrista de imposición totalitaria, con la diferencia que los militares chilenos reaccionaron y depusieron a Allende, mientras que Chávez compró la lealtad de casi todos los militares venezolanos mediante prebendas, intrigas y componendas.

Contactos de Ramón Rodríguez Chacín con el Eln y las Farc.

El polémico capitán de navío venezolano Ramón Rodríguez Chacín, para la época ministro del Interior y hombre de absoluta confianza de Chávez, porque fue uno de los complotados en el golpe de estado de 1992, y además, llevó a cabo contactos clandestinos con las Farc y el Eln en Colombia y Venezuela durante la vigencia de la Zona de Distensión, pero a pesar de haberse enterado de esa situación anormal, el presidente Pastrana no hizo nada al respecto.

En marzo de 1999 la prensa internacional desenmascaró la incidencia de Rodríguez Chacín en su calidad de jefe de la Disip venezolana, en el caso del secuestro del industrial Antonio Nagen en poder del Eln.

Seis meses después Chávez elogió en público a Rodríguez Chacín por la "mediación oficial" que ejerció para que las Farc liberaran a la estudiante venezolana Mely Alejandra Carrero, quien fue secuestrada cinco meses antes por los terroristas colombianos.

Al respecto un columnista de la revista Portafolio agregó que un hermano suyo que estuvo secuestrado por las Farc en Colombia, reveló que Hugo Chávez es un personaje venerado en los campamentos de los terroristas.

Como si esto fuera poco, en abril de 2000 en un descarado pacto entre el gobierno venezolano y las Farc, fueron liberados seis ciudadanos venezolanos secuestrados con fines extorsivos, a cambio de la puesta de libertad de tres terroristas de las Farc que habían sido capturados en flagrancia en actividades delictivas en territorio venezolano.

En junio de 2000 los noticieros de los dos países desataron un preocupante alboroto mediático, cuando el capitán Rodríguez Chacín coordinó con la Cruz Roja la llegada a Maracaibo de un helicóptero que trasladaba a un terrorista del Eln que resultó herido de manera accidental cuando manipulaba explosivos. Con el mayor cinismo y abuso, el gobierno chavista dispuso un avión de uso oficial para enviarlo a tratamiento médico a Cuba.

Una semana después, Jesús Urdaneta ex director de la Disip y copartícipe del golpe de estado de 1992, acusó en público a Rodríguez Chacín de apoyar a la guerrillas colombianas, y enfatizó que este personaje elaboró en 1998 un documento titulado Proyecto Fronteras, aprobado por Chávez como línea de conducta para apoyar a las Farc y el Eln.

Asimismo agregó Urdaneta que tenía conocimiento del entrenamiento realizado por terroristas de las Farc y el Eln a los núcleos bolivarianos armados de defensa de la revolución chavista, y agregó que en una ocasión el propio Hugo Chávez lo conminó a que entregara 30.000 dólares a unos integrantes de las Farc, que según el mandatario, necesitaban los terroristas para adquirir unas armas.

Cinco meses después de este incidente, por petición del Eln, el laxo presidente Andrés Pastrana autorizó la mediación de Rodríguez Chacín para la liberación del industrial Federico Arango Bacci secuestrado por los terroristas.

A finales del año 2000 la revista Cambio denunció la presencia clandestina y no autorizada por el gobierno colombiano, de Rodríguez Chacín en la Zona de Distensión.

Cínico, Chávez terció en el asunto y aseguró que Rodríguez Chacín era el enlace oficial entre su gobierno y Tirofijo. Una vez más Pastrana guardó silencio cómplice y por ende permitió, que fueran pisoteadas la soberanía, la dignidad y la diplomacia colombianas.

Locuaz y cínico, José Vicente Rangel ministro de defensa de Venezuela, calificó la nota periodística de la revista Cambio como una obra de realismo mágico y agregó que el presidente Andrés Pastrana había autorizado la medición del gobierno venezolano ante las Farc, para lograr la liberación de un secuestrado, versión que nunca fue aclarada por el mandatario colombiano.

La intromisión calculada de Rodríguez Chacín en el conflicto interno colombiano, tuvo otro fruto. En diciembre de 2001 el Eln liberó en la frontera binacional al subteniente del Ejército colombiano Oscar Iván Ocampo.

Casi de inmediato fue divulgado otro video y un memorando en los que se evidenciaron más pruebas de la complicidad de las fuerzas armadas venezolanas con las Farc y el Eln.

Con el fin de acallar la comprometedora información publicada en el diario Así es la Noticia, los círculos bolivarianos entrenados por las Farc, detonaron un petardo de alto poder explosivo en las instalaciones del periódico, en complemento a la agresión armada de otros chavistas contra el periódico El Nacional, opuesto a la ideología totalitaria chavista.

El memorando revelado por el diario caraqueño, desvelaba un pacto secreto firmado entre militares venezolanos y cabecillas de la cuadrilla 33 de las Farc, en el cual el gobierno venezolano se comprometió a entregar medicamentos, petróleo y avituallamientos a los terroristas, con el compromiso que las Farc deberían informar a las autoridades venezolanas, la ubicación de campamentos o sitios de entrenamiento de terroristas; y, no volver a asesinar, secuestrar, o extorsionar a ciudadanos venezolanos en su territorio, debido a que en junio de 2000, el Eln había asesinado a cinco venezolanos que se negaron a pagar extorsiones.

Diego Fernando Alzate Serna

La historia de Diego Fernando Alzate Serna, confeso integrante de las Farc, marcó otro episodio de la turbia relación de Chávez con los terroristas. De repente, Alzate se presentó en forma voluntaria ante la

Fiscalía General de la Nación, para denunciar que las Farc le habían encomendado la tarea de asesinar a Álvaro Uribe Vélez candidato liberal independiente a la Presidencia de la República, e inclusive pidió que le ayudaran a conseguir asilo político en otro país, debido a que las Farc ofrecían 500 millones de pesos a quien lo asesinara por haberlos traicionado.

El inmediato revuelo de la noticia dejó al descubierto que Serna Alzate también fue terrorista del M-19, pero la bomba periodística fue un video en el que el arrepentido asesino aparecía al lado de Hugo Chávez, durante una visita a Bogotá del tránsfuga mandatario venezolano, porque según palabras de Alzate Serna, Alfonso Cano había coordinado esta actividad con Chávez.

Como ya se había vuelto costumbre, la reacción de la cancillería venezolana fue responsabilizar al gobierno colombiano, por no haber extremado las medidas de seguridad y por extensión haber puesto en riesgo la seguridad del presidente Chávez.

En contraste a la mala fe del gobierno venezolano, Serna Alzate confesó que ese día tenía la misión de atentar contra la vida del presidente Pastrana, y para corroborar que decía la verdad, delató todos los detalles del plan, así como los sitios y ubicación exacta de los demás comprometidos en el hecho, lo cual fue confirmado por los funcionarios que adelantaron la investigación judicial.

Para rematar, Serna Alzate afirmó que Chávez sabía de su presencia dentro de la escolta personal del presidente venezolano, y de su labor para guiar a dos coroneles venezolanos hasta la Zona de Distensión para contactarse con los cabecillas del Secretariado de las Farc.

Fronteras calientes

Desde mediados de la década de los ochenta, la guerra revolucionaria planteada por el Partido Comunista contra Colombia, sobrepasó los límites fronterizos y se extendió a los países vecinos, estimulada por las dificultades socioeconómicas que padecen los habitantes de ambos lados.

Según estadísticas oficiales para el año 2002, el 27% de las familias que viven en la pobreza absoluta en Colombia estaban ubicadas en las fronteras con Panamá, Venezuela, Ecuador, Perú y Brasil. Esta circunstancia facilita a las Farc y a Eln reclutar adeptos, ampliar relaciones internacionales con los partidos comunistas, incrementar el flujo logístico, y establecer amplios contactos con los traficantes de drogas y de armas.

En documentos incautados en enero de 1996 al Bloque Sur de las Farc en Paujil-Caquetá, se estableció que el grupo terrorista tiene nexos con narcotraficantes peruanos, e inclusive quedó al descubierto que existen pistas de aterrizaje clandestinas en la Amazonía peruana, controladas por las Farc, de donde perciben abundante dinero para financiar sus estructuras armadas.

El 2 de septiembre de 2001 el Diario El Comercio de Lima informó que los terroristas colombianos ingresan con facilidad a su país y a Ecuador, debido al escaso control fronterizo de las tres naciones afectadas, situación que permite a las Farc instalar campamentos en la extensa área selvática y además eludir los efectos del Plan Colombia.

Por su parte el contralmirante Luis Felipe Ego Aguirre Jefe de la Quinta Zona Naval del Perú, confirmó que a menudo, terroristas de las Farc cruzan la frontera binacional con Colombia y se internan en la selva peruana.

Pero de todas las fronteras terrestres de Colombia con otros países, la de Venezuela con más de 2200 kilómetros compartidos, fue la que mas acumuló hechos armados derivados del conflicto interno durante el periodo de vigencia de la Zona de Distensión (1998-2002), pese a estar alejada del área del Caguán.

José Luis Betancur presidente de la Federación Nacional de Ganaderos de Venezuela, denunció la presencia de grupos comunistas armados venezolanos, entrenados por las Farc y el Eln, dedicados a la extorsión y el asentamiento de núcleos de la revolución bolivariana chavista, en los estados de Apure y Táchira, limítrofes con Arauca y Norte de Santander en Colombia.

Según las estadísticas presentadas por el dirigente gremial venezolano, para esa fecha, 28 ganaderos secuestrados por las Farc habían pagado el equivalente a 43 millones de dólares, además de tener pruebas de la comisión de varios asesinatos de campesinos venezolanos cometidos por las Farc.

Liborio Guaitarilla para la época gobernador del Estado venezolano de Amazonas, denunció en septiembre de 2001 que las Farc, trataban de ganar indulgencias con camándula ajena, al capturar y poner a disposición de las autoridades venezolanas a delincuentes sindicados de cometer delitos columnas, que eran buscados por la justicia de ese país.

Guaitarilla citó el caso concreto de robos a los pasajeros de embarcaciones fluviales que navegan aguas fronterizas, y puntualizó acerca de las probadas relaciones de las Farc con carteles del narcotráfico que transportan cocaína desde Venezuela hacia los países industrializados.

El 27 de mayo de 1999 en un caserío colombiano cercano a la frontera con Venezuela, tropas de la Cuarta División del Ejército abatieron en combate a Esteban González catalogado como un zar financiero de las Farc, en el momento en que el terrorista efectuaba un pago a un contacto internacional de los traficantes de armas, por la adquisición de siete mil fusiles de asalto.

En la operación fue capturado un ciudadano venezolano, cuya situación jurídica produjo diversas conversaciones diplomáticas entre los dos países.

Desde la década de los ochenta, cuando las Farc instalaron campamentos en la frontera colombo-venezolana, se han presentado múltiples incidentes armados, tales como:

Ataques terroristas de las Farc o el Eln contra unidades de la Guardia Venezolana que no los apoyaban, recurrentes violaciones al espacio aéreo colombiano por parte de aeronaves de la Fuerza Aérea Venezolana, asesinatos de pobladores de ambos países, reclutamiento de terroristas en Venezuela, secuestros de hacendados y comerciantes, activación de guaridas terroristas en Venezuela, y otros hechos que por su naturaleza generan fricciones diplomáticas.

Durante la ejecución de la Operación Gato Negro, cuyo resultado más visible fue la captura del narcotraficante brasileño Fernandinho y la confirmación de la creciente inmersión de las Farc en el negocio del narcotráfico, el Ejército colombiano incautó a los terroristas 900 uniformes camuflados de fabricación venezolana. De inmediato, cínico y locuaz, José Vicente Rangel ministro de Defensa venezolano negó que esos uniformes provenían de su país.

En febrero de 2002, un sargento y tres soldados orgánicos del Batallón Cartagena, que perseguían a una estructura terrorista de las Farc incursionaron a territorio venezolano. Los cuatro militares colombianos fueron retenidos por la Policía Judicial venezolana y retornados a Colombia, luego de una serie de coordinaciones diplomáticas entre las cancillerías de los dos países.

Poco tiempo después tropas de la Quinta Brigada se enfrentaron con otros terroristas de las Farc y el Eln. El general Martín Carreño declaró en rueda de prensa, que los bandoleros se refugiaron en territorio venezolano para eludir la persecución.

La cancillería venezolana negó el hecho e insistió que el general Carreño debía retractarse de estas afirmaciones y de pedir que las Fuerzas Armadas venezolanas controlaran su frontera.

Para corroborar la veracidad de la información divulgada por el general Carreño, el periódico El Tiempo envió a tres periodistas a la zona. Con fotos y diversos testimonios, los tres comunicadores comprobaron la certeza de la información.

Días después el general de Brigada Néstor González, relevado del Comando del Teatro de Operaciones No. 1, señaló al presidente Hugo Chávez como cómplice de las guerrillas colombianas y de ser indigno de gobernar a Venezuela.

Con mentiras y patrañas, de inmediato el lenguaraz ministro de Defensa venezolano terció en el asunto y afirmó que Venezuela si custodiaba los 2.200 kilómetros de frontera con Colombia, mientras que los verdaderos responsables según sus palabras, las Fuerzas Militares colombianas no hacían nada para evitar la presencia de las guerrillas en los límites de los dos países.

En los límites con Ecuador también iniciaron a presentarse problemas derivados de la presencia de las Farc. En septiembre de 1999, en el preciso momento que se discutía la ley de canje de militares y policías secuestrados por terroristas presos, Raúl Reyes apareció en Ecuador con el pretexto de apoyar el retiro de una base militar estadounidense ubicada en la localidad de Manta, pues según su argumento esa base no era para combatir el narcotráfico, sino para inmiscuir a Ecuador en el conflicto colombiano.

Pero por otra parte, desde la década de los noventa las tropas colombianas han incautado a las Farc, cientos de uniformes camuflados de fabricación ecuatoriana, además de armas, municiones, explosivos y equipos de comunicación que ingresan por la frontera binacional.

Además, los soldados secuestrados por el Bloque Sur de las Farc durante el ataque a la base militar Las Delicias, confirmaron que permanecieron tres meses en un campamento terrorista construido dentro del territorio ecuatoriano.

Asimismo, en documentos incautados en una operación militar contra las Farc en Caquetá, se confirmó la existencia de un piloto de nacionalidad ecuatoriana que transportaba coca enviada por las Farc hacia su país. En esos mismos escritos, se corroboró la participación activa de nativos ecuatorianos como miembros de las Farc en los frentes 32, 48 y 49.

Al mismo tiempo la dinámica de la guerra la presión coactiva de las Farc y las autodefensas ilegales acumuló en 2002, el desplazamiento masivo y forzado de mil familias colombianas hacia Ecuador.

En febrero de 2002, los organizadores del Foro Social Mundial celebrado en Porto Alegre Brasil, rechazaron la participación de una ONG que representaría a las Farc en el evento. Simultáneamente, los gobernantes de Panamá y Ecuador exteriorizaron el deseo de imponer visa a los ciudadanos colombianos que desearan visitar sus países.

Intereses estratégicos de Estados Unidos

Desde hace varias décadas, los intereses estratégicos de Estados Unidos son ambiguos en torno al conflicto armado en Colombia. Durante la época de la guerra fría, el gobierno de Washington desplegó ingente actividad política y entrenamiento militar en apoyo de su similar colombiano, en aras de fortalecer la libertad, los derechos políticos, la democracia, y la igualdad regulada por el libre mercado.

Tras la caída del Muro de Berlín con la subsecuente desaparición del férreo esquema socialista de la Unión Soviética, Estados Unidos quedó convertido en la nación más poderosa y de paso en una especie de policía del mundo, que sin importar antecedentes nefastos en Vietnam, abanderó la defensa de los derechos humanos en el Tercer Mundo.

Olvidado ese pasado, la administración Clinton impuso cortapisas para desembolsar las ayudas del Plan Colombia, creado para contrarrestar la diversificación del mercado de cocaína en Estados Unidos, condicionado a la destitución de militares colombianos acusados de violar los derechos humanos, imponer al Estado colombiano la lucha prioritaria contra las AUC y la erradicación de los cultivos de coca antes de finalizar el año 2002.

En ninguna parte del documento, los estadounidenses se comprometieron a combatir el consumo en su país, ni el tráfico de insumos para el procesamiento de cocaína, ni el tráfico internacional de armas, ni el lavado de activos.

Parecería ser que los 1500 millones de dólares aportados en el Plan Colombia por Estados Unidos mediante la donación de equipos y dinero, para contrarrestar parte de la producción y comercialización de la pasta de coca, constituyeran la salvación mágica a todos los problemas sociales, políticos y económicos de Colombia.

Y a la vez la tajante obligación colombiana de cumplir todas las imposiciones externas, sin que la contraparte tuviera otra responsabilidad que girar dinero y verificar el comportamiento de los militares colombianos frente a los derechos humanos, condición en la que como ya se anotó, Estados Unidos no tiene autoridad moral suficiente.

En diciembre de 2000, el Tribunal Internacional de Opinión de Chicago, presidido por Seinur Simon ex magistrado de la Corte Suprema de Justicia de Illinois- Estados Unidos, concluyó con base en las investigaciones hechas por un veterano de la guerra del Vietnam, que una bomba AMN 41 de fabricación estadounidense, fue lanzada por un helicóptero de la Fuerza Aérea, cuando tropas del Ejército perseguían una cuadrilla de las Farc en el caserío de Santo Domingo Arauca.

Con base en este informe, la Ong solicitó a la Secretaria de Estado Madeleine Albright que suspendiera la ayuda económica del Plan Colombia, a la Fuerza Aérea Colombiana y a la Decimoctava Brigada del Ejército acantonada en Arauca.

La Fuerza Aérea presentó la versión de los hechos con contundentes pruebas, que la explosión referida ocurrió porque las Farc activaron unas bombas contra la población civil, pero la ONG mantuvo su sesgada posición.

Llama la atención la capacidad disuasiva alcanzada por algunas organizaciones no gubernamentales, para incidir en decisiones de los estados modernos, razón más que suficiente para demostrar que día a día, el conflicto colombiano toca mas intereses internacionales, en particular conveniencias políticas como en el caso específico la bandera de los derechos humanos abrazada por los gobernantes y senadores demócratas de Estados Unidos.

En otro escenario del mismo problema la captura de tres terroristas irlandeses que vinieron a la Zona de Distensión a entrenar explosivistas de las Farc, desató una marejada de críticas por parte de los medios de comunicación y algunos miembros del gobierno de Estados Unidos, dada la debilidad, permisividad y laxitud de la administración Pastrana.

Con la argucia y el cinismo de siempre, Tirofijo manifestó a los medios de comunicación que los tres integrantes del Sinn Fein irlandés, visitaron la Zona de Distensión para intercambiar con las Farc, puntos de vista académicos relacionados con los procesos de paz.

Phillip Reeker portavoz del Departamento de Estado, declaró ante el New York Times, que en ese momento el gobierno de su país respetaba las decisiones del presidente Andrés Pastrana y apoyaba los esfuerzos de paz en Colombia, pero a la vez sugirió la posibilidad de replantear el esquema de los diálogos con las Farc.

En consonancia, otro funcionario del Departamento de Estado exteriorizó su preocupación, porque dentro de la Zona de Distensión, las Farc planearon ataques, alojaron secuestrados, traficaron narcóticos y entrenaron nuevos cabecillas.

Recién ocurridos los ataques terroristas del 11 de septiembre de 2001, la Casa Blanca citó a las Farc, el Eln y las Auc y manifestó que Estados Unidos irá a cualquier parte del mundo donde los intereses nacionales se vean afectados por el terrorismo.

Anne Paterson embajadora de Estados Unidos en Bogotá, aseguró que el petróleo es un hidrocarburo de alto valor estratégico para su país, por ello no descartó el incremento de la presencia de asesores militares estadounidenses en Colombia.

Intereses geopolíticos de la Unión Europea y el resto de Europa

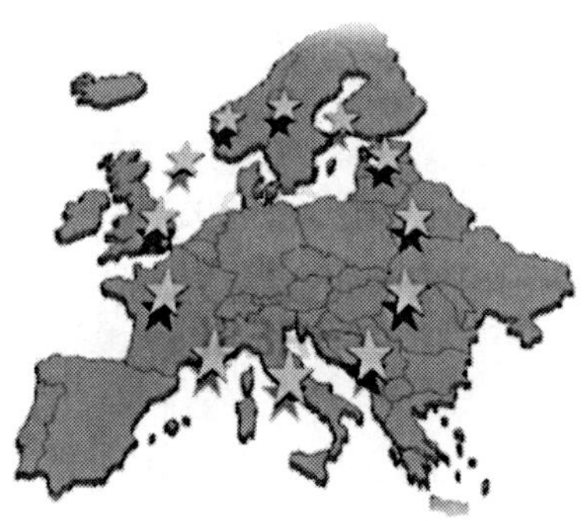

Desde la década de los ochenta, algunos países europeos han demostrado particular interés en la situación de derechos humanos en Colombia. En ese contexto, a finales del año 2000, el Parlamento Europeo revisó con lupa este acápite, antes de pronunciarse en torno al apoyo financiero del Plan Colombia.

En julio del mismo año la Cámara de Diputados de Alemania había aprobado una ponencia de respaldo al proceso de paz en Colombia, pero al mismo tiempo Ludger Volmer ministro de Relaciones Exteriores de Alemania, aseguró que las fumigaciones con herbicidas contra los cultivos de coca son inadecuadas porque afectan otros cultivos y a los campesinos en general.

Por la misma época los medios de comunicación europeos publicaron cifras escalofríantes relacionadas con la guerra del comunismo contra Colombia, acumulados entre 1978 y 2000: 29 mil ejecuciones extrajudiciales, 2.800 desapariciones y 7.000 casos de tortura.

La denuncia destapó otra debilidad del Estado Colombiano: Ante la falta de estrategia integral de los sucesivos gobiernos nacionales, la diplomacia colombiana se ha quedado corta para contrarrestar las articuladas campañas de desprestigio de las Fuerzas Militares y el gobierno de turno, a la par con la exaltación del ideario romántico de guerrillas liberadoras, tendiente a minimizar la crueldad de sus acciones terroristas y crímenes persistentes.

Consecuencia de la ingente actividad propagandística del Frente Internacional de las Farc, en reiteradas oportunidades despistados o en casos más graves, algunos proclives intelectuales franceses firmaron documentos públicos, para pedir la humanización del conflicto y la atención a las dificultades sociales que obstaculizan el progreso del país.

Por inacción de la Cancillería colombiana en casos concretos como este, para desenmascarar ante el mundo las acciones e intenciones de los terroristas, la guerra se ha prolongado y las Farc han conservado en algunos sectores de la vida europea la apariencia equivocada de ser una organización armada que lucha por las clases menos favorecidas, con el valor agregado del fortalecimiento de la diplomacia paralela del narcoterrorismo.

No obstante, para notificar a los grupos terroristas Farc, Eln y Auc, que la globalización política mundial incluye lo que suceda en Colombia, cuando las Farc asesinaron a la exministra Consuelo Araujo Noguera, Javier Solana responsable de la diplomacia de la Unión Europea, manifestó que ese crimen causó horror y profundo pesar en Europa, pero aclaró que creía en los esfuerzos de paz del presidente Pastrana.

De la misma forma, producto del aumento de los secuestros de ciudadanos europeos, el 27 de septiembre de 2001 la Unión Europea congeló el envío de dineros para financiar labores humanitarias en Colombia, recursos financieros que eran enviados por medio de organizaciones no gubernamentales asentadas en España, Italia, Alemania, Suecia, Inglaterra, Irlanda y Noruega.

Por su parte Richard Hortill delegado de la organización Save the Children con sede en Inglaterra, enfatizó que con el secuestro de tres ciudadanos alemanes en el departamento del Cauca perpetrado por las Farc, se cerraron las puertas a otras posibilidades de ayuda humanitaria, sumado a que los más perjudicados eran los pobladores civiles, en especial tres millones de niños receptores de esos beneficios, por carecer de escuelas y suficiencia alimentaria.

Para corroborar esta afirmación la UNICEF informó a finales de septiembre de 2001, que en los 770 municipios más grandes del país, el 63% de los hogares pertenecen a los estratos 1 y 2; el 34% a los estratos 3 y 4; lo cual infiere que solo el 3% de la población pertenece a los estratos 5 y 6.

La preocupación de los organismos humanitarios europeos, suscrita en un documento denominado *Cartas de Principios y Criterios de las Organizaciones de Cooperación Internacional y Acción Humanitaria* que trabajan en Colombia, se centró en evaluar la nefasta posibilidad que los grupos narcoterroristas incurrieran en el errado concepto que las guerras son ilimitadas y que todos los actos criminales son válidos, en un país que para la época alcanzó el segundo puesto mundial, en cantidad de víctimas por desplazamiento forzado de pobladores, superado solo por Sudán.

El rey de España demostró especial interés para participar en las negociaciones de paz con las Farc, al mismo tiempo que Manuel Aznar jefe del gobierno español emitió instrucciones a su embajador en Bogotá, para que actuara como facilitador en el proceso, e inclusive su administración donó 100 millones de dólares encaminados también a la sostenibilidad y seguridad de las inversiones de 2092 millones de dólares, realizadas por empresas españolas en Colombia, correspondientes en ese momento al 55% de la inversión extranjera en el país.

En ese año la situación fiscal y el flujo de capitales y bienes eran boyantes en España, que para 2002 se constituía en la décima economía mundial. Al unísono Enrique Iglesias, presidente del Banco Interamericano de Desarrollo (BID) expresó la intención del ente financiero, para facilitar líneas de crédito destinadas a planes de desarrollo social en Colombia.

Frente a la congelación unilateral de los diálogos llevada a cabo por las Farc en noviembre y diciembre de 2000, el gobierno ruso antiguo socio ideológico de las Farc, exteriorizó desaliento por la actitud de los terroristas colombianos, y preconizó que ese sería el primer paso del fracaso del proceso.

La preocupación de Moscú se debía a que una petrolera rusa realizaba en esa época trabajos exploratorios en un amplio sector del piedemonte llanero, con altas posibilidades de éxito.

Las declaraciones oficiales de la embajada rusa en Bogotá, coincidieron con los resultados de una encuesta de opinión, que concluyó que el 88% de los colombianos consideraron a la Zona de Distensión como algo inútil para el logro de la paz, y el 76% de los encuestados se opuso a la prolongación de la misma.

Pero ni el presidente Pastrana, ni el Congreso de la República, ni los organismos de control se dieron por aludidos, por ende las Farc encontraron una autopista abierta para el desarrollo de su plan estratégico.

Cuando se reunieron en Madrid-España, delegados de varios países de la Unión Europea para apropiar recursos monetarios a la mesa de donantes del Plan Colombia, con el fin de combatir el narcotráfico catalogado como el combustible del conflicto armado, sesionó una mesa paralela constituida por 150 organizaciones no gubernamentales provenientes de Bélgica, Holanda, Italia, Suiza, Suecia, Inglaterra, España y Colombia, con el fin de evaluar diversas aristas del complejo proceso de guerra y paz, que por su naturaleza sobrepasó los límites internos y comprometió a la comunidad internacional.

La mesa paralela consideró que la concepción del Plan Colombia no resolvía el problema sino que lo incentivaba, pues según su visión, agudizó la crisis humanitaria, atentó contra la megadiversidad amazónica, y permitió la aplicación de políticas de ajuste y privatización, que continúan con el sistema de exclusión para amplios sectores de la sociedad colombiana.

Asimismo, los firmantes de ese documento exigieron a las Farc que cesaran los ataques contra la población civil, las consuetudinarias violaciones a los derechos humanos, requirieron acciones más contundentes del Estado colombiano contra las Auc, insistieron en inviolabilidad al derecho universal de la vida, y reclamaron garantías a los derechos humanos de los líderes sindicales, activistas sociales y organizaciones comunitarias.

Desde otro escenario el primer ministro británico Tony Blair manifestó que si las Farc no quieren ser catalogadas como terroristas, deberían cesar los métodos que causan daños a la población colombiana y afectan la inversión extranjera.

Cándido Rodríguez jefe de la comisión de la Unión Europea para Colombia y Ecuador agregó que si las Farc continuaban secuestrando europeos, lo normal era calificarlos como terroristas, pero además que tampoco podrían pasear por Europa ni hablar con los parlamentos de sus países, y selló su exposición con el argumento ¿Por qué tenemos que escuchar a quienes nos secuestran?

Thomas Duggin embajador del Reino Unido en Colombia aseveró que las Farc son terroristas y tienen nexos con organizaciones internacionales similares, por lo tanto los colombianos implicados con las Farc no tendrán visado para ingresar a Inglaterra, ya que el terrorismo es un problema global del planeta, contra el que su país lucha mancomunadamente.

Secuestros de ciudadanos extranjeros

El secuestro de ciudadanos extranjeros con fines extorsivos agravados con los asesinatos de algunos de ellos en cautiverio, se convirtió en un pésimo componente de la imagen colombiana en el exterior, pues minimizó posibilidades de inversión extranjera, espantó el turismo, impidió que se concretaran algunas alianzas internacionales, coadyuvó a imponer visas a los colombianos para visitar otros países y bajó la posición de Colombia en el concierto internacional de naciones.

El 12 de octubre de 2000 la cuadrilla 48 de las Farc incursionó en el campo rural de explotación de Respol YPF, localizado en territorio ecuatoriano, donde fueron secuestrados siete ingenieros petroleros de diferentes nacionalidades: cuatro estadounidenses, un argentino, un chileno y un neozelandés, por cuya liberación la compañía pagó a los terroristas la suma de trece millones de dólares.

Aunque Respol YPF negó haber pagado el dinero, cinco meses después se develó la verdad, cuando unidades de la Policía Antinarcóticos capturaron el 24 de marzo de 2001 en Villagarzón y Mocoa-Putumayo, a siete indígenas ecuatorianos quienes portaban 269.000 dólares, que pretendían ingresar a Colombia.

Hechas las verificaciones técnicas, las autoridades colombianos determinaron que los billetes incautados a los aborígenes ecuatorianos, correspondían al paquete entregado a los secuestradores y que la misión que tenían los portadores, era ingresarlo al país para ser llevado por medio de estafetas de las Farc hacia la sede del Secretariado, pero en pequeñas cantidades para evitar que cayera todo en una sola remesa.

El 4 de septiembre de 2001 la cuadrilla 21 de las Farc secuestró al ingeniero mexicano Everardo Castro de 45 años de edad, funcionario de la empresa Grand Geophysical. Dos semanas después el presidente mexicano Vicente Fox anunció que si las Farc no liberaban al secuestrado les suspendería las visas y les cerraría la oficina que los terroristas tenían en Ciudad de México.

Dos meses después el ingeniero mexicano fue liberado, previo pago de una gruesa suma de dinero. En enero de 2002 se confirmó que delegados del gobierno mexicano negociaron directamente con los terroristas, la liberación de otros dos ciudadanos de ese país que también estaban secuestrados por las Farc.

Pocos días después fue cerrada la oficina que con la venia del gobierno de ese país, tenían los terroristas en la capital mexicana. Vicente Fox argumentó que mientras hubiera diálogos de paz con la administración Pastrana, no se justificaba la existencia de la diplomacia paralela de las Farc.

Por otra parte, el empresario japonés Chikao Maramatsu fue secuestrado en el norte de Bogotá por una banda de delincuentes comunes al servicio de las Farc, integrada por agentes de policía activos y algunos retirados por mala conducta, quienes cobraban a las Farc, la suma de un millón y medio de dólares por cada persona secuestrada.

Los secuestradores exigieron a los japoneses el pago de 27 millones de dólares por la liberación de Maramatsu. En respuesta el gobierno japonés desató una campaña de información internacional para denunciar el hecho. No obstante, la víctima fue asesinada en cautiverio.

Las agencias de seguridad del Estado calculan que durante el lapso 1999-2002, las Farc recibieron por concepto de pago de secuestrados, 632 millones de dólares destinados a fortalecer la capacidad armada y el plan estructurado para continuar la guerra contra Colombia.

Los continuos secuestros de ciudadanos extranjeros en Colombia durante la vigencia de la Zona de Distensión, indispusieron a varios gobiernos. Ante el anuncio del parlamento europeo de suspender las visas a los jefes terroristas para viajar a Europa y de paso suspender los aportes de la Unión Europea al Plan Colombia, el presidente Pastrana aseveró ante los medios de comunicación que en Colombia no había secuestrados de primera y segunda clase, pues sin importar la nacionalidad, todos eran víctimas del narcoterrorismo.

Sin demora George Boomgarden Director del Ministerio de Asuntos Exteriores de Alemania para América Latina, agregó que las Farc eran responsables del secuestro de tres ciudadanos alemanes, por ende eran responsables de sus vidas, de devolverlos sanos y salvos lo más pronto posible, en especial porque el gobierno alemán es parte de la paz y no de la guerra en Colombia.

Tráfico internacional de armas

Si el narcotráfico es el oxígeno de la guerra en Colombia, el tráfico internacional de armas es la llama del conflicto. En noviembre de 1999 los organismos de inteligencia revelaron que existía una red internacional de traficantes de armas, municiones y repuestos bélicos obtenidos por las Farc en Venezuela, Ecuador y Panamá, los cuales eran enviados por vía aérea a Cali, donde existen talleres clandestinos para ensamblar y reparar el armamento de las cuadrillas que delinquen en el sur occidente colombiano.

La evolución cuantitativa y cualitativa de las Farc dependiente de su inmersión en el narcotráfico, cambió los obsoletos métodos de conseguir armas en combate o de comprarlas a delincuentes que las hurtaban de los armerillos oficiales.

Los contactos internacionales con los peces gordos del narcotráfico iniciados por el M-19 en 1979, se prolongaron a las Farc con énfasis en la consecución de armas de infantería ligera destinadas a fortalecer la capacidad de combate de las cuadrillas.

En ese sentido, las Farc constituyen excelentes clientes para el mercado negro de armas, municiones y explosivos, apetecidos por los traficantes internacionales, por las elevadas sumas de dinero en dólares y euros que circulan alrededor.

Prueba de ello es que entre 1990 y 2000, las Fuerzas Militares de Colombia incautaron a los grupos armados al margen de la ley, cinco millones de proyectiles de diversos calibres, 50.000 armas cortas, 18.000 granadas, 200 mil kilos de explosivos, y más de 5.000 fusiles. Las armas tienen sellos de origen de Estados Unidos, China, Rusia, Cuba, Brasil, Venezuela, Perú y Ecuador.

La cadena de televisión MSNBC de Estados Unidos confirmó en septiembre de 1999, que las Farc recibieron un cargamento de armas avaluado en nueve millones de dólares, proveniente del Cáucaso, sin ser interceptado en el aeropuerto internacional de Amán-Jordania, donde la nave IL-76 de fabricación rusa, fue reabastecida de combustible para continuar el viaje hacia Suramérica.

Cuando sobrevolaba la selva de la Amazonía colombiana, el piloto de la aeronave referida descargó en paracaídas sobre coordenadas preacordadas con las Farc, varias cajas con fusiles AK 47, proveedores y municiones para los mismos.

Decomisos posteriores realizados por el Ejército Nacional corroboraron la veracidad de esa información publicada en territorio norteamericano, no obstante que algunos diplomáticos rusos negaron con vehemencia el origen de esas armas.

Durante otras operaciones efectuadas por las Fuerzas Militares contra los campamentos de las Farc instalados en la Orinoquía y la Amazonía, fueron hallados sendos documentos publicados en inglés, alemán, árabe, y holandés, con datos, descripciones, orientaciones y cifras que comprobaron la presencia de terroristas internacionales en el entrenamiento táctico de las Farc y el tráfico de armas transadas por cocaína.

Por ejemplo, los fusiles ingresados a Colombia en 2001 con destino a las Farc, fueron intercambiados por cocaína con mafiosos de Brasil y Surinam.

En marzo de 2001, Magnus Ranstrop y Rohan Gunaratma, investigadores especializados en temas afines al terrorismo internacional, desenmascararon nexos de las Farc con mafias rusas y ucranianas, y señalaron nexos de los terroristas colombianos con iraníes integrantes de Hizbollah y Eta de España.

En septiembre de 2001 la Interpol envió a Colombia el listado actualizado de 200 terroristas internacionales que de acuerdo con informaciones de alto valor, estarían en la Zona de Distensión dedicados a entrenar explosivistas y grupos de las Farc especializados en sabotaje, técnicas de guerrilla urbana.

Tales situaciones coinciden con la liberación de unos presos de la Cárcel La Picota en Bogotá, las premoniciones de Jojoy de llevar la guerra a las ciudades, el secuestro masivo en el Edificio Miraflores de Neiva y otras acciones similares.

Además, el final de las guerras en Centroamérica dejó grandes cantidades de armas en manos de mercaderes de la muerte y los traficantes de la violencia.

Fusiles y otras armas traídas de la antigua Unión Soviética con destino a las guerrillas de Nicaragua, El Salvador y Guatemala, que no alcanzaron a ser utilizadas en las guerras internas de esos países, terminaron en poder de las Farc y el Eln.

El 25 de junio de 2000 las autoridades panameñas incautaron en el puerto de Colón, un cargamento de armas de diversos calibres destinado a las Farc. En complemento a esa acción a mediados de enero de 2002, en desarrollo de la Operación Archipiélago, tropas de la Armada Nacional incautaron en los barrios Nuevo Bosque y Vistahermosa de la isla de San Andrés, un cargamento de armas enviado por Rodrigo Granda desde Nicaragua con destino a las Farc.

Casi al mismo tiempo, la opinión pública recibió la noticia que producto de una venganza relativa a negocios de narcotráfico, 4.000 armas entre fusiles morteros y ametralladoras compradas por las AUC terminaron en poder de las Farc.

Las armas habían sido compradas por Carlos Castaño para abastecer las cuadrillas de las AUC, pero al llegar a la selva del Vichada, las Farc ofrecieron un mejor precio y ante un incumplimiento anterior de las Auc en otro negocio de coca, los traficantes se las vendieron a las guerrillas comunistas.

El enorme cargamento bélico partió de China, pasó por Brasil, Surinam, y desde allí ingresó por vía aérea a Barranco de Minas-Vichada en territorio de Colombia. El traficante que traicionó a Castaño, identificado con los alias de Jaime Angel o Leonardo, fue declarado objetivo militar por las AUC.

Una operación conjunta realizada por Estados Unidos, Israel y Colombia en junio de 2000, condujo a la captura de seis traficantes internacionales de armas que tenían nexos con las mafias rusas y ramificaciones en Austria, Panamá, Ecuador, Perú y Venezuela.

La captura de los seis delincuentes bloqueó por parejo negocios ilícitos de las Farc, el Eln y las AUC, que en total habían encargado 50.000 fusiles de asalto AK 47, en cuya mediación se sindicó al coronel israelí Yair Klein con antecedentes de haber entrenado primero a las Farc y luego a las AUC.

En Agosto de 2000, el dúo Fujimori-Montesinos encaró un grave problema internacional, al comprobarse que el corrupto asesor de seguridad nacional peruana, estaba inmiscuido en la compra y entrega a las Farc, de un cargamento de 10.000 fusiles AK-47 provenientes de Jordania, lanzado en paracaídas en un claro de la selva en el Vichada.

Terroristas de diversas nacionalidades

Además de eventuales instructores militares venidos de Vietnam, Cuba, España, El Salvador, Nicaragua, Irlanda y el Medio Oriente, en las filas de las Farc militan terroristas argentinos, españoles, holandeses, nicaragüenses, salvadoreños, venezolanos guatemaltecos, mexicanos, ecuatorianos, brasileños, chilenos, argentinos, panameños.

Algunos en cumplimiento de las premisas de la solidaridad internacional revolucionaria marxista-leninista, y otros debido a la porosidad de las fronteras binacionales, en donde las guerrillas se mueven con facilidad y pueden reclutar jóvenes campesinos de cualquiera de los dos lados de la frontera.

La captura de **tres irlandeses** sindicados de haber entrenado en la Zona de Distensión a similares de las Farc, en manejo de artefactos explosivos, elaboración de petardos, lanzamiento de cilindros de gas cargados de explosivos con materiales letales, utilización de misiles tierra-aire, morteros de fabricación casera, pipetas de gas, minas antipersona, granadas de mano o de fusil, y la instalación de campos minados con "sombreros chinos", despertó serias preocupacio-nes a los gobiernos de Colombia y Estados Unidos, debido a que la prueba de absorción atómica resultó positiva para los tres irlandeses.

Terroristas irlandeses en la cárcel La Modelo

Además el terrorista desmovilizado que obró como conductor de Fabián Ramírez en la Zona de Distensión, corroboró la información y agregó mas detalles de modo, tiempo y lugares donde fueron entrenados varios explosivistas de las Farc.

En las conclusiones del Pleno Ampliado del Secretariado de las Farc realizado en la Zona de Distensión, mientras los comités temáticos engatusaban a los impreparados negociadores del gobierno nacional, las Farc ratificaron sus nexos ideológicos, políticos, procedimentales y de diplomacia paralela a la oficial, con los partidos comunistas del continente, organizaciones no gubernamentales de izquierda ideologizadas por la dictadura cubana, pero financiadas por el gobierno venezolano.

Efectos de los sucesos del 11 de septiembre de 2001 en Estados Unidos

A partir de los atentados terroristas de la red Al Qaeda, perpetrados el 11 de septiembre de 2001 en territorio estadounidense, la Casa Blanca ordenó extremar acciones políticas, económicas y militares contra 28 grupos terroristas diseminados en el planeta, incluidos en las listas de quienes afectan los intereses estratégicos y la seguridad nacional de Estados Unidos, entre los cuales fueron incluidos las Farc, el Eln y las AUC.

Las medidas coercitivas incluyen la suspensión de visas, prohibición de ingreso a territorio estadounidense, congelamiento de las cuentas corrientes e incremento de medidas activas de inteligencia para bloquearles la adquisición de armas, y la detección de movimientos financieros en la banca internacional.

La fuerte posición del gobierno de Estados Unidos contra las Farc, reflejó la agresividad verbal del Mono Jojoy en comunicación interceptada por los organismos de seguridad, en el mismo momento en que Washington preparaba una ofensiva contra los terroristas islámicos en el Asia Central, el laxo presidente Pastrana alistaba otra inexplicable prolongación a la vigencia de la Zona de Distensión y las Farc orientaban la guerra hacia la urbanización del conflicto.

Estas fueron las frases de Jojoy:

—Nuestra lealtad es ser anti-imperialistas teóricos y prácticos. Debemos combatir a los norteamericanos donde quiera que estén, hasta llegar a su territorio y hacerles sentir el daño que han causado a muchos pueblos—

A la renuente posición del gobierno de Estados Unidos para reconocer estatus político a las Farc, se sumó la permanente predisposición norteamericana contra la dictadura cubana patrocinadora y cómplice del narcoterrorismo comunista en el continente, cuando el Departamento de Estado catalogó la isla cubana como el paraíso para refugiar terroristas españoles y latinoamericanos.

Tras los ataques terroristas del 11-S en Washington y New York, la OEA encabezó una cruzada mediática para comprometer a todos los países del hemisferio, en el combate contra las formas de narcoterrorismo islámico y comunista.

En contraste con esa realidad internacional, con alta dosis de cinismo, las Farc continuaron el desarrollo de la amañada estratagema de la combinación de todas las formas de lucha, al conversar en el Caguán mientras sus estructuras cometían actos terroristas en todo el país, guiadas por la personalidad de Tirofijo para quien los citadinos eran enemigos de clase de los campesinos.

Masacre de tres indigenistas estadounidenses

Durante la primera parte de las conversaciones de paz de la administración Pastrana con las Farc, el gobierno de Estados Unidos manifestó complacencia por la búsqueda de la solución negociada del conflicto armado en Colombia, en particular debido a la baja calificación que las ONG's estadounidenses daban al respeto por los derechos humanos en el país suramericano.

En reunión de bajo perfil se encontraron en Costa Rica, representantes de las Farc y funcionarios de la Subsecretaría de Asuntos Latinoamericanos para Estados Unidos, para dar un espaldarazo a la supuesta intención de paz por parte del grupo narcoterrorista.

La breve luna de miel se desplomó, cuando fueron encontrados en la frontera colombo-venezolana, los cadáveres de los indigenistas estadounidenses Ingrid Washinawatok, Larry Gray y Terence Freitas.

Pronto los servicios de inteligencia técnica presentaron las pruebas que comprometían al Mono Jojoy y su hermano Granobles en el secuestro de los tres indigenistas, ocurrido en febrero de 1998 y el posterior asesinato de los antropólogos, a quienes acusaron de ser espías de la CIA.

El gobierno de Estados Unidos pidió la extradición de los responsables de la masacre, pero las Farc que todavía estaban en conversaciones de paz, adujeron imposibilidad de entregarlos, pues según palabras de Raúl Reyes, ellos los castigarían con trabajos de campamento y la obligación de aprender a leer y escribir.

Granobles

Para protegerlo de la eventual captura por las autoridades colombianas o por la Interpol, Jojoy trasladó a Granobles a la Zona de Distensión y lo responsabilizó de la custodia de los militares, policías y dirigentes políticos que tenían secuestrados y consideraban canjeables por terroristas presos.

Terminada la Zona de Distensión, Granobles fue trasladado a la zona de influencia de la cuadrilla 33, para que bajo el mando de Timochenko continuara la construcción de milicias bolivarianas en la zona del Catatumbo y para que dirigiera el exterminio de las estructuras de las AUC dedicadas al narcotráfico en esa región.

Fallido atentado de las Farc contra Bill Clinton

La visita a Cartagena en agosto de 2000 de Bill Clinton entonces presidente de Estados Unidos, para reafirmar los apoyos del Plan Colombia y ratificar que la pésima relación con el expresidente Ernesto Samper era cuestión del pasado, estuvo enmarcada por la tensa situación derivada de la intención de las Farc por asesinar al mandatario estadounidense, por orden de Iván Márquez y Martín Caballero.

El trabajo de las Fuerzas Militares no solo impidió la realización del atentado, sino que en breve tiempo capturaron al encargado de ejecutarlo, quien confesó todos los detalles del macabro plan.

Estados Unidos continuó sin éxito la presión de la entrega de los asesinos de los tres indigenistas. Las Farc continuaron envalentonadas e inmersas en la comisión de más actos terroristas, por ende, aumentó el éxodo de microempresarios que sacaron de Colombia 15.000 millones de dólares debido a la ingobernabilidad de Andrés Pastrana y la presunción de muchos analistas políticos, que Colombia iba camino a convertirse en un Estado fallido.

Perfil bajo de la Cruz Roja Internacional

En medio del afán egocéntrico por ser nominado al Premio Nobel de Paz o el deseo de llegar a ser elegido Secretario General de la ONU, a costa de sacrificar a Colombia, Andrés Pastrana minimizó el protagonismo alcanzado por la Cruz Roja Internacional y Pierre Grassman su director para Colombia, durante la ruidosa liberación de los soldados secuestrados por las Farc en la base militar de las Delicias.

No obstante, con bajo perfil a lo largo del periodo de vigencia de la Zona de Distensión, la delegación de la Cruz Roja Internacional acreditada en Colombia, integrada por 61 funcionarios extranjeros y 193 colombianos, fue y sigue siendo actor de primer orden en acción humanitaria, para mitigar los efectos del conflicto armado en el país.

Uno de los logros de la Cruz Roja fue retornar la normalidad en la Cárcel Modelo de Bogotá, luego de un enfrentamiento armado entre terroristas de las Farc y la AUC que se encontraban privados de la libertad, que culminó con la muerte de 32 internos y las heridas de otros 18.

En otros escenarios, en forma silenciosa la Cruz Roja coadyuvó en la liberación de más de 100 secuestrados y la transmisión de mensajes a las víctimas o visitas humanitarias a los centros penitenciarios.

El 25 de mayo de 2000, la Cruz Roja Internacional recibió en Urrao-Antioquia el cadáver del patrullero de la Policía Yesid Romaña de 25 años de edad asesinado por la cuadrilla 34 de las Farc, grupo que lo tenía secuestrado desde el 10 de marzo del mismo año, cuando lo raptó en la estación de Telecom en el mismo municipio.

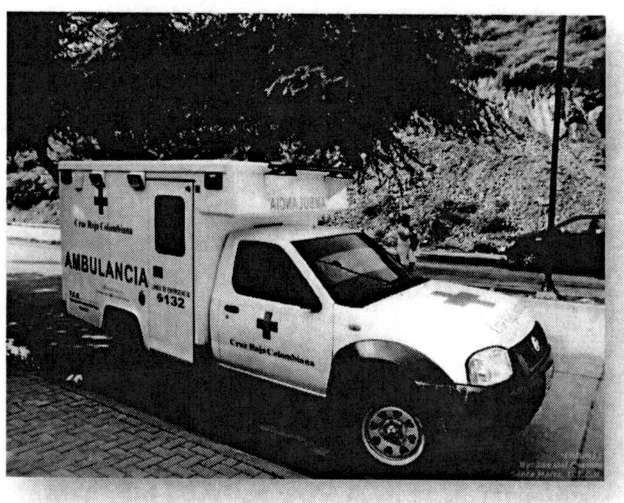

Terminada la vigencia de la Zona de Distensión, la Cruz Roja envió a los cinco municipios, sendos equipos de trabajo humanitario dirigidos por George Cominnos encargado de monitorear el proceso y evaluar la capacidad de respuesta a los problemas sanitarios.

Asimismo, la labor de la Cruz Roja Internacional fue factor preponderante para garantizar la liberación de los ciudadanos secuestrados por la cuadrilla José María Becerra de el Eln en 1999, tras dos incursiones terroristas sucesivas en la iglesia de La María en el área urbana de Cali y el kilómetro 18 de la vía que une a la capital del Valle con el puerto de Buenaventura.

Capítulo IV

La negociación

Equipos de Negociadores

Es abismal la diferencia entre los equipos negociadores del gobierno y de las Farc. Desde la etérea ensoñación pacifista betancuriana de los años 80 hasta 2002, las comisiones negociadoras de las Farc fueron dirigidas por Tirofijo, Raúl Reyes, Alfonso Cano, Iván Márquez, Timochenko y Efraín Guzmán.

En esencia estos terroristas fueron los negociadores directos, o los cerebros detrás de la estrategia dilatoria de las fallidas conversaciones de paz con diferentes gobiernos de ese periodo.

La actuación de las Farc ha gravitado en torno a su metódico plan estratégico dividió en cuatro líneas de conducta definidas en los campos político, propagandístico, financiero, socio-cultural y armado, complementados por la habilidad para manipular la engañosa estratagema de la paz, redondeada en la sexta y séptima conferencias realizadas en 1978 y 1982, para refinar el proyecto de guerra revolucionaria marxista-leninista, que pretende la toma violenta del poder y la imposición en Colombia de una dictadura similar a la cubana.

En cambio, por las comisiones gubernamentales de paz desfilaron centenares de ilusos encabezados por Carlos Lleras Restrepo, Otto Morales Benítez, John Agudelo Ríos, Carlos Ossa Escobar, Rafael Pardo Rueda, Horacio Serpa Uribe, Daniel García Peña, José Noé Ríos, Jesús Bejarano, Humberto de la Calle Lombana, Víctor Gumersindo Ricardo y Camilo Gómez.

Cada uno de ellos con aspiraciones políticas personales diferentes y no con base en una estrategia integral diseñada por el Estado, en contravía con la experiencia acumulada por la improvisación y el deliberado de opacar los alcances concretos del antecesor.

Para aumentar el consuetudinario desorden y carencia de estrategia integral, el presidente Pastrana realizó varios cambios en la nómina de negociadores oficiales durante el mismo proceso, mientras que las Farc mantuvieron a los mismos negociadores con las mismas líneas de acción. Ninguno de los dos equipos negociadores nombrados por Pastrana produjo resultados tangibles.

En palabras de Nicanor Restrepo uno de los negociadores del gobierno nacional, los delegados de las Farc fueron muy hábiles. Se presentaron a la mesa de conversaciones con un equipo sólido, con la ventaja que asumieron posiciones monolíticas, pues entre ellos hay personas con profundos conocimientos en determinados temas.

Tirofijo y Jacobo Arenas en Casa Verde

Es tal el desconocimiento de los objetivos y metodologías de las guerrillas comunistas que ninguno de los negociadores de paz nombrados por los diferentes gobiernos, se ha detenido a analizar y precisar qué entienden las Farc por paz, y cómo la desean, pese a las evidencias que para el grupo terrorista la paz significa la destrucción del Estado capitalista, la suplantación total del Ejército Nacional por politizadas milicias comunistas, y la instauración de una dictadura totalitaria marxista-leninista.

Dentro de esa misma tónica, las Farc interpretaron que para iniciar conversaciones con la administración Pastrana, se les reconocería como un actor vivo y alternativo del manejo político en Colombia, mientras que para el gobierno nacional, las Farc significan un agente perturbador del orden público sin capacidad política alternativa.

Dos posiciones antagónicas excluyentes, que reflejan las razones por las cuáles fracasaron las intenciones de paz atadas a la extremada laxitud del presidente Andrés Pastrana Arango.

Ningún funcionario público con poder decisorio cuestionó que los documentos firmados por los negociadores de las Farc, fueron autografiados con nombres ficticios, por ejemplo: Pedro Antonio Marín firmó como Manuel Marulanda Vélez, Luis Devia Silva firmó como Raúl Reyes, Milton de Jesús Toncel Redondo firmó como Joaquín Gómez; situación que podría interpretarse que los delegados del gobierno nacional firmaron documentos sin validez judicial, con personas naturales inexistentes.

Tampoco quedó claro si la Fiscalía General de la Nación suspendió las órdenes de captura contra personas inscritas con nombre propio en la Registraduría Nacional del Estado Civil, o contra los alias, pues en ese orden de ideas, las autoridades judiciales deberían haber actuado contra los cabecillas de las Farc que estaban en la mesa de conversaciones en el Caguán.

Es claro, que sin excepción, para los negociadores del gobierno nacional el concepto de la paz tuvo un contenido simplista y politiquero. Todos supusieron que lograrían el desarme y desmovilización de los terroristas, por medio de artilugios propios de la incultura política colombiana, producto de la arraigada costumbre de creer que los problemas estructurales del país se solucionan con trivialidades superficiales.

Desde 1983 los dirigentes políticos responsables de los procesos de paz han recurrido a figuras simbólicas e imaginarios, para promover diversas manifestaciones públicas o movilizaciones ciudadanas, que en nada han contribuido a cesar la agresividad narcoterrorista.

El Estado ha adolecido por falta de estrategia integral con objetivos nacionales definidos y misiones concretas a los encargados de desarrollar la estrategia integral.

El prolongado fiasco del Caguán (1998-2002) demostró que en futuras ocasiones, el gobierno nacional debe negociar con base en un cronograma, con objetivos medibles y verificables, sin zonas despejadas y sin terroristas armados, y con una agenda favorable a Colombia no a los intereses de las Farc.

Belisario y Tirofijo en San Vicente del Caguán

A partir de la administración de Belisario Betancur (1982-1986), en todas las negociaciones de paz con las Farc, han primado la ingenuidad y el marcado desconocimiento de las intenciones estratégicas de los terroristas.

Durante el populista gobierno de Betancur (1982-1986) el Eln fue renuente a pactar o hacer algún acuerdo de paz; el M-19 aprovechó la coyuntura para darse publicidad.

Las Farc midieron el pulso a la sinuosa dirigencia política colombiana; el Epl resurgió de las cenizas, y desconocidos grupúsculos terroristas como el Quintín Lame y el Partido Revolucionario de los Trabajadores (PRT) alcanzaron alguna figuración mediática.

Desde entonces, las Farc han negociado la paz como si se tratara de acordar el pago por la liberación de un secuestrado, ilícita transacción en la que con el amparo de la intimidación armada, el secuestrador impone todas las condiciones.

En síntesis, en todas las conversaciones de paz entre el gobierno nacional y los grupos narcoterroristas realizadas desde 1983 en adelante, han predominado la ingenuidad, la indiferencia y el desconocimiento del Plan Estratégico de las Farc.

Igual que Pastrana Arango, Belisario Betancur ofreció más de lo que pedían los terroristas. Inclusive presionado por los socios de las Farc, propició el abrupto retiro del servicio activo del general Fernando Landazábal Reyes Ministro de Defensa de la época, con el manipulado argumento que los militares no participan en política ni son deliberantes, debido a que el alto oficial, presentó por escrito al primer mandatario, un análisis estratégico, explicativo de la inconveniencia e infertilidad de conversar con las Farc, sin tener un plan estratégico preconcebido.

Secretariado de las Farc y el cura Pérez en Casa Verde

De paso, Belisario Betancur permitió una especie de estatus político a los terroristas y les reconoció sede fija en Casa Verde, zona rural de Uribe-Meta.

Estas gabelas, además de la prolongada debilidad de carácter y desgobierno de Betancur frente al M-19, que culminaron con el sangriento ataque al Palacio de Justicia en noviembre de 1985, financiado por Pablo Escobar y ejecutado por el grupo terrorista M-19.

Belisario Betancur es el principal responsable del comienzo de la prolongación de la progresiva degradación del conflicto armado. Durante su laxa administración y vergonzosas negociaciones de paz con las Farc, uno de los delegados del gobierno nacional, el senador comunista Alberto Rojas Puyo, mantuvo permanente comunicación clandestina con Jacobo Arenas, extinto ideólogo de las Farc, a quien enteró al dedillo de los planes e intenciones del gobierno; intercambio epistolar que años después fue publicado por el cabecilla de las Farc.

Prueba de la incoherencia de Belisario Betancur y su laxa concepción de la paz y la guerra de las Farc contra Colombia, es que al inicio de su gobierno las Farc sumaban entre 1.500 y 2.000 terroristas armados y la misma cantidad de auxiliadores o milicianos. En 1986 al término del periodo presidencial de Betancur, las Farc totalizaban 18.000 integrantes entre terroristas armados, milicianos y miembros del Partido Comunista Clandestino.

Pero Belisario Betancur no fue el único despistado, ni el único oportunista con el embeleco de la paz. A mediados de 2002, el eterno candidato presidencial del Partido Liberal Horacio Serpa y el poco efectivo ex ministro de Defensa Rafael Pardo para la época candidato al senado, osaron decir que Pardo fue el único que desmovilizó terroristas y que Serpa fue el único negociador de paz con carácter que se levantó de la mesa en Tlaxcala, ante las baladronadas de las Farc.

Con esas frases calculadas, los dos demagogos ocultaron otras realidades tales como que el M-19 no negoció sino que se rindió, al ser derrotado en el campo de batalla por el Ejército colombiano. Por ende las conversaciones finales de paz con el M-19, fueron un ardid de Carlos Pizarro *Leongómez* y *Antonio* Navarro *Wolf,* para no fenecer como opción política.

Pardo y Serpa, tampoco fueron sinceros en reconocer que la Corriente de Renovación Socialista del Eln, era una mescolanza de terroristas disidentes del Epl maoísta línea Albania, con extremistas armados de Patria Libre y contradictores de la línea del Cura Pérez en el Eln; que por su indumentaria y acciones demostraban ser unas pandillas de bandoleros sin norte y sin posibilidad de acceder a la Coordinadora Guerrillera Simón Bolívar, encabezada por las Farc.

La falacia de Serpa era evidente. Los diálogos de Tlaxcala se rompieron porque las Farc estaban dedicadas a manipular al gobierno nacional, sin concretar nada y porque el dirigente Argelino Durán Quintero secuestrado por el Epl disidente murió en cautiverio, tras ser vejado y torturado por sus captores.

Por ende el necesario e impostergable rompimiento de esas conversaciones no se produjo por audacia, ni por carácter, ni por patriotismo de Horacio Serpa.

Desde el momento en que Andrés Pastrana, candidato electo a la presidencia para el periodo 1998-2002, visitó a los cabecillas de las Farc en el Caguán, el país evidenció la arrogancia de su comisionado de paz Víctor Gumersindo Ricardo, primer comisionado de paz de esa administración, quien por sus actitudes arrogantes se convirtió en un superministro prepotente, auto-sabueso, con el ego elevado, de pro-ceder cuasi-divino sin acceso permitido a los seres terrenales.

Víctor Gumersindo Ricardo actuaba solo como si fuera una rueda suelta, sin coordinar con las carteras ministeriales, ni con las demás ramas del poder público, ni informar al alto mando militar acerca de los avances y retroceso del proceso, mientras que la guerra continúo fuera de la Zona de Distensión.

Uno de los errores de Pastrana y de los comisionados de paz fue permitir que los terroristas llegaran a la mesa de conversaciones, armados y disfrazados de militares o policías.

Otro error del gobierno nacional consistió en no contar con el concepto y asesoría de las Fuerzas Militares en torno al conocimiento de las intenciones de los terroristas. La presencia del general (r) José Gonzalo Forero Delgadillo en las mesas de diálogo, no tuvo trascendencia. Pasó sin pena ni gloria.

La actitud prepotente del comisionado Ricardo generó una airada reacción de algunos comandantes de divisiones y brigadas del Ejército, quienes instigados por los generales Fernando Tapias y Jorge Mora, aprovecharon la coyuntura del oportunismo que generó Rodrigo Lloreda al dejar el cargo de ministro de Defensa, para presentar sendas cartas de renuncia a ejercer el comando de sus tropas en las respectivas jurisdicciones.

La disfrazada insubordinación castrense fue conjurada por el presidente Pastrana con habilidad diplomática y olímpico desconocimiento de las leyes colombianas, pues así como fue incapaz para someter a los terroristas bajo el imperio de la Constitución, el laxo mandatario no tuvo suficiente fortaleza de carácter para tomar acciones administrativas o legales contra los militares insubordinados.

En contraste a la falta de autoridad de Pastrana, la obsesiva personalidad de Tirofijo se impuso sobre el hilo conductor de las conversaciones.

Una vez más el tema de la necesaria y demorada paz en Colombia fue manipulada por un anciano terrorista de origen campesino, cuasi analfabeta, que perfeccionó la cultura política marxista-leninista gracias a la lectura permanente y el estudio constante del proyecto del Partido Comunista contra Colombia.

En el culto reverencial que hacen los miembros de las Farc a la personalidad de Tirofijo, radica la teoría de la reforma agraria propuesta en 1964 por los terroristas, como línea guía de acción del grupo armado ilegal para alcanzar el poder político en Colombia, mediante una revolución armada y la combinación de todas las formas de lucha.

Con amañado acento de campesino quindiano, intempestivos brotes de ira producto de su ingente timidez y complejos de inferioridad, además de escasa fluidez verbal para hablar ante los medios de comunicación, Tirofijo simulaba ser un perseguido del Estado.

En contraste a ese comportamiento fingido, Tirofijo siempre pronunciaba acalorados discursos políticos que pronuncia en las guaridas de las Farc, lo cual explica porque se caracterizó por ser el estratega político y militar más avezado en técnicas de guerra revolucionaria comunista contra la institucionalidad en Colombia.

Pese a su bajo nivel cultural y marcadas limitaciones mediáticas, Tirofijo impuso el ritmo a las improductivas conversaciones de paz con varios gobiernos desde 1983 en adelante, al mismo tiempo que las cuadrillas bajo su mando sembraron el terror y la zozobra en las zonas de influencia.

Tanto la desarticulada dirigencia política como la mayor parte de los mandos militares que lo combatieron, optaron por respuestas facilistas para explicar su prolongada permanencia en las Farc:

Que a Tirofijo le obedecían por temor a sus represalias, o que Tirofijo era un campesino ignorante, analfabeto, e idiota útil del Partido Comunista, organismo político superior de las Farc.

Inclusive despistados estrategas de escritorio se atrevieron a afirmar que existían dos líneas de pensamiento en las Farc: La guerrerista encabezada por Tirofijo y la intelectual por Alfonso Cano.

Nada más alejado de la realidad. Para Nicanor Restrepo Tirofijo era inteligente, astuto, sagaz, poseedor de una gran memoria, con liderazgo, con asesores que lo mantenían informado y con probada capacidad de organización y dirección.

Las Farc son un movimiento terrorista que pretende la toma violenta del poder político, por medio de un proceso sistemático de guerra revolucionaria, utilizando todos los medios posibles para alcanzar el objetivo principal, sin importar la licitud o ilicitud de los mismos, pues la moral revolucionaria indica que todo lo que aumente el potencial de las guerrillas, es positivo para la causa revolucionaria.

Alfonso Cano era más instruido en las aulas formales que Tirofijo, pero eso no implicaba que estuviera en contra del Plan Estratégico de las Farc, ni mucho menso en contra de los actos de barbarie, consuetudinarios en todas las cuadrillas de las Farc.

Pero esa realidad no infería que Tirofijo fuera bruto o manipulado por los demás cabecillas, como quisieron hacerlo creer los funcionarios oficiales para ocultar la incapacidad funcional para desbaratar el Plan Estratégico de las Farc, como quedó demostrado hasta el fin de la administración Pastrana Arango.

No conocer la estrategia del enemigo, ni sus objetivos, ni entender el contenido de su intención programática, facilitó a las Farc nombrar a unos negociadores de nivel intermedio, mientras los cabecillas del Secretariado aprovecharon las ventajas políticas y de seguridad propias de la Zona de Distensión, para refinar los pasos metodológicos de guerra revolucionaria previstos en el Plan Estratégico.

Así, Tirofijo quedó cerca y en ocasiones al margen de las mesas de conversaciones, mientras supervisaba la preparación militar de cientos de cabecillas intermedios y miles de nuevos combatientes, entrenados para lanzar nuevas y constantes ofensivas armadas contra la población civil y la Fuerza Pública.

Conocedor de las fortalezas y debilidades de la dirigencia política colombiana, Tirofijo dejó de aparecer en público en octubre de 2001, cuando surgieron los mayores escollos en las conversaciones de paz.

Astuto huyó de la Zona de Distensión, pues intuyó que era inminente la suspensión de los diálogos y las Farc necesitaban retornar a la guerra de guerrillas y al terrorismo puro en todo el país.

La maestría en procedimientos de guerra revolucionaria le permitían intuir las intenciones de su enemigo y al mismo tiempo responder con estratagemas, como si fuera un irreductible abanderada de la paz, cuyo primer paso sería la reconciliación.

¿De cuál reconciliación hablaba Tirofijo?... De la figurada reconciliación de los propietarios de la tierra y el capital con los obreros y campesinos empobrecidos, a quienes aduce defender, pese a que a diario las cuadrillas de las Farc cometen consuetudinarios actos de barbarie contra esa misma masa colombiana de escasos recursos, con la disculpa de los daños colaterales de la guerra.

Meses después, retirados de todas las responsabilidades propias como negociadores de paz, Alfonso López Caballero y Luis Guillermo Giraldo, concedieron entrevistas a los medios de comunicación en las que corroboraron la ausencia total de estrategias gubernamentales para conocer todo el territorio nacional.

Así, según Giraldo, a los cabecillas de las Farc no les importaban ni las negociaciones ni el proceso en sí, sino prolongar la existencia de la Zona de Distensión. Por ende, desde la óptica del senador liberal, era mejor enterrar ese proceso de paz que continuarlo, pues a todos luces, negociar solo sirvió para aumentar el accionar terrorista y lo único rescatable fue conocer la epidermis de las Farc y su inexistente voluntad de paz.

Por su parte López Caballero, exministro de Agricultura, agregó que el proceso de paz en el Caguán, sirvió para que las Farc condicionaran al gobierno nacional a combatir contra las AUC, para presionar purgas en el Ejército, pues mientras el presidente Pastrana no quería perder el único evento visible de su gestión, los terroristas no querían perder las ventajas tácticas, estratégicas, económicas y políticas, inherentes a mantener la zona despejada, con la circunstancia agravante, que ni las Fuerzas Militares ni la guerrilla quedaron desgastadas, obvia consecuencia de la prolongación del conflicto.

Entonces quedó la enseñanza aún no aprove.-chada, que ninguno de los integrantes del gobierno tuvo en cuenta las experiencias acumuladas de las negociaciones anteriores para formular líneas de acción.

Ni al presidente Pastrana, ni a los asesores directos, ni a los ministros, ni a los altos mandos militares del momento, ni siquiera a los comisionados de paz, se les ocurrió preparar una estrategia integral para contrarrestar con respaldo político nacional, los objetivos concretos que persiguen las Farc, pues la agenda, las condiciones, la dinámica, los tiempos y los espacios fueron impuestos por los terroristas con la venia sumisa de la contraparte.

Álvaro Leiva Durán

El polémico, cuestionado y controvertido dirigente conservador, ex ministro conservador Álvaro Leiva Durán, ha jugado un extraño y cuestionado rol en las negociaciones de paz desde la época del gobierno de Belisario Betancur, dada la afinidad y poco clara cercanía con algunos planteamientos políticos del grupo narcoterrorista, razón por la cual en 1988 Álvaro Gómez lo deno-minó el estafeta de la guerrilla.

Reconocido como el hombre clave para lo-grar contactos clandestinos que condujeron a la primera entrevista del presidente Pastrana con Tirofijo y el Mono Jojoy, Leiva Durán se proyectaba como una ficha inamo-vible para el proceso de paz.

Inclusive Tirofijo recalcó su importancia mediadora, y como es obvio de suponer, el semanario Voz órgano oficial del Partido Comunista, propuso que Leiva hiciera parte del equipo negociador del gobierno colombiano y hasta que para dar continuidad a la farsa de las Farc, este sería el candidato ideal para la presidencia en el periodo 2002-2006.

Pero la buena estrella política y el respaldo que los comunistas armados y desarmados daban a Leiva Durán perdieron brillo, cuando la Fiscalía General de la Nación expidió una orden de captura en su contra, cuando el ente acusador halló pruebas en las que el mencionado dirigente político recibió y consignó en su cuenta personal, un cheque personal por 49 millones de pesos, proveniente de una empresa fachada del Cartel de Cali.

La situación se tornó tensa. Los terroristas amagaron con suspender los diálogos si era encarcelado Leiva Durán, a quien denominaron amigo del proceso.

El hecho generó algunas fricciones entre Alfonso Gómez Méndez Fiscal General de la Nación y el presidente Andrés Pastrana, debido a que el jefe del ente acusador afirmó que para suspender la orden de captura contra Leiva, era necesario que las Farc lo reconocieran como su vocero, y que este reconociera militancia en el grupo narcoterrorista.

De manera inexplicable Leiva Durán huyó de la justicia y apareció en España. Cuando las autoridades colombianas pidieron su extradición, el prófugo viajó hacia Costa Rica, donde se declaró perseguido político de la justicia colombiana, petición que le fue concedida de inmediato.

Aunque para esa época no eran claras las razones por las cuáles las Farc tenían tanto interés en Costa Rica, amén que Raúl Reyes vivió allí varios años, eventos posteriores demostraron que los terroristas colombianos tenían inversiones, contactos con dirigentes políticos costarricenses y académicos de otras nacionalidades, redes clandestinas de apoyo, casas apara albergar dirigentes de las Farc, etc.

Cuando todavía estaba vigente la Zona de Distensión, Raúl Reyes exteriorizó que Leiva Durán podría ser un buen candidato a la Presidencia de la República, porque es alguien que "interpreta la crisis colombiana y como demócrata, entiende que la solución no es la violencia sino los diálogos en busca de la paz".

En una entrevista concedida por Leiva Durán a la sección Lecturas Dominicales del Diario El Tiempo, insistió en su inocencia al afirmar que su cercanía con las Farc, depende más de entender la óptica de los terroristas no de compartir métodos e ideales.

Fallidas premoniciones de Alfonso López M.

Por inexplicable costumbre, amplios sectores de la sociedad civil colombiana, aumentaron con el paso del tiempo la credibilidad en punzantes y agresivos comentarios del cuestionado expresidente Alfonso López, de quién sus áulicos llegaron a decir, que cada vez que hablaba ponía el país a pensar.

En realidad, Alfonso López Michelsen es uno de los principales responsables del complejo deterioro al que llegó el control del orden público en el país, pero por la lógica inherente a la demagogia de la dirigencia política, sus comentarios y obvias intrigas politiqueras incidieron en la gobernabilidad de Andrés Pastrana.

A finales de 1998, López advirtió que si Pastrana continuaba tan laxo como hasta ese momento, podría correr el riesgo de no terminar el periodo gubernamental para el cual fue elegido. Pero esta vez no se cumplió la supuesta habilidad premonizadora de López, pues por la evolución de los hechos, Pastrana se autoconvirtió en víctima de las baladronadas de las Farc, que presionado por las circunstancias suspendió las conversaciones y pudo terminar su mandato.

La segunda premonición fallida de López Michelsen fue asegurar que para aclimatar la paz, era necesario dar estatus político temporal a los terroristas, para facilitar el canje humanitario de bandidos presos por soldados y policías secuestrados.

Mediante enfático mensaje radio-televisado, Pastrana rechazó de plano la sugerencia e hizo hincapié que el estatus de beligerancia restringido ya había sido suprimido de la normativa del derecho internacional.

La actitud irresponsable de López Michelsen frente al proceso de paz de Pastrana corroboró que la mayoría de las veces, pese a sus errores, incompetencias y conductas atípicas, los dirigentes políticos colombianos de altos niveles, pasan impávidos por los cargos y por la historia, sin que se les juzgue penal y políticamente, para que respondan por lo que hicieron.

Por ejemplo, a Alfonso López Michelsen nadie lo juzgó por el fiasco en la Serranía de San Lucas en 1974, pocos meses después que el Ejército Nacional demolió las estructuras rurales del Eln en Anorí Antioquia, y producto de la politiquería e innecesaria intromisión de López en las operaciones militares, ordenó levantar el cerco táctico.

Los terroristas procubanos del Eln salieron de la región, para reabastecerse y continuar el terrorismo contra Colombia.

Responsabilidades similares eludidas

Asimismo, nadie juzgó a César Gaviria Trujillo por la vergonzosa reclusión en un hotel de cinco estrellas mal denominado Cárcel de La Catedral y obvia fuga de Pablo Escobar, narcoterrorista y capo principal del Cartel de Medellín. A Belisario Betancur nadie le pidió cuentas por su estupidez funcional al permitir y cohonestar el inicio del crecimiento de las Farc, así como el holocausto del Palacio de Justicia orquestado por terroristas del M-19 en asocio con el Cartel de Medellín.

Asimismo, nadie pidió cuentas a Ernesto Samper debido a cuatro años de desgobierno y la artificiosa forma como eludió su responsabilidad en el proceso 8.000, por haber recibido ingentes sumas de dinero a los narcotraficantes del Cartel de Cali, para financiar su campaña presidencial.

Igual sucedió con Andrés Pastrana. El proceso de paz con las Farc en la Zona de Distensión del Caguán no funcionó y se rompió por culpa de su falta de previsión, ausencia de normas e ideas claras y ansias de protagonismo personal.

Pronto Pastrana impetró la culpa a las Farc, a la falta de cumplimiento de la palabra de Tirofijo y para darse más imagen vanidosa inventó el argumento que él fue quien desenmascaró a las Farc como terroristas, que por su intercesión el gobierno de Estados Unidos incluyó a las Farc en la lista de terroristas internacionales, y que él fue el artífice de la reestructuración de las Fuerzas Militares para las éxitosas operaciones contra las Farc ocurridas durante el mandato de su sucesor Álvaro Uribe Vélez.

Similar situación ocurre con los dirigentes y funcionarios corruptos. Los constantes casos de aberrante inmoralidad administrativa, son muy públicitados, pero casi nunca terminan en condenas ni responsabilidades políticas de los culpables.

Así los corruptos se burlan del país, e inclusive con marcado cinismo, pasado el tiempo regresan a la administración pública, inclusive a ocupar cargos de mayor importancia a los que desempeñaban cuando cometieron los delitos contra las finanzas públicas.

Agresividad de Rudolf Hommes

El ex ministro de Hacienda Rudolf Hommes, alto funcionario de la cuestionada administración Gaviria Trujillo, fue otro crítico mordaz del proceso de paz de Pastrana, pero sin aportar nada productivo al mismo.

Con acidez y sarcasmo, Hommes ridiculizó las vergonzosas bravuconadas sin convencimiento ni trascendencia protagonizadas por el general Jorge Enrique Mora Rangel comandante del Ejército, quien para no perder la prebendas burocráticas adjuntas a su cargo, amagó inexistente fortaleza de carácter, destiló fingidas rabietas, que pronto viraron en sumisión y silencio cómplice, con la entrega de la soberanía nacional a los terroristas en el Caguán.

Aunque Hommes tenía razón en que durante la vigencia de la Zona de Distensión no hubo ni plan político ni plan militar articulados estratégicamente para desmovilizar a las Farc, tampoco era la persona más adecuada para poner en la picota pública y criticar, porque como ex integrante del flojo gabinete presidencial de César Gaviria Trujillo, también le cae el peso de la responsabilidad por no haber previsto lo previsible, y tampoco haber dejado políticas efectivas a largo plazo para el manejo de la Hacienda Pública.

Muy fácil es convertirse en estratega de escritorio y criticar la eficiencia de los soldados en el campo de batalla. Otra cosa bien distinta es estar en el campo de combate con limitaciones logísticas y con la necesidad de presentar resultados operaciones tangibles, al saber que la misma sociedad a la que defiende, pero en especial aquel sector incomprensivo de los estratos seis y siete, que indiferentes y alejados de la guerra que consume al país se convierten en acervos críticos de oficio.

Sin duda que como seres humanos, los integrantes de las Fuerzas Militares cometen fallas y errores, pero es injusto que el abnegado sacrificio de los soldados, sea vilipendiado por meros gustos personales, o por complejos salidos de no haber portado nunca el servicio militar, o lo que es peor cuando frases desconsideradas salen de plumas con influencia en la opinión pública.

Ausencia de reglas claras y divergencias entre funcionarios públicos

Sin duda, la ausencia de reglas claras derivadas de la falta de estrategia integral del presidente Pastrana para conducir las conversaciones de paz con los terroristas, incidió en la inevitable ruptura de los diálogos al cabo de casi cuatro años de ausencia de ideas claras al respecto.

Uno de los múltiples errores de Pastrana fue su intento de hacer la paz sin concitar con todos los funcionarios implicados. Ningún mandatario que desee consolidar la paz sin caer en las tretas de los terroristas, puede tolerar que luego de haber concertado con las Fuerzas Militares, con el Congreso, con la Procuraduría, con la Defensoría del Pueblo, con las Cortes, con la Fiscalía, puede tolerar conceptos públicos de funcionarios subordinados a su autoridad ejecutiva.

En el momento en que Pastrana anunció que iniciaría las conversaciones de paz con las Farc, el general Mora exteriorizó su primera y fingida bravuconada, al decir que nunca hablaría con bandidos. En ese momento y en otros similares Pastrana aparentó no sentirse aludido y permitió las irreverencias del locuaz general.

Lo ético de parte del general Mora habría sido renunciar al cargo de Comandante del Ejército, pero no fingir dignidad de vitrina, para luego agachar la cabeza, so pena de perder los privilegios burocráticos, tales como escoltas, teléfonos celulares, carros, viáticos y honores; pues su labor no era ni fue la más eficiente en el cargo, como lo demuestran las oleadas de terror toleradas a las Farc en el resto del país diferente a la Zona de Distensión.

Era evidente: Mora Rangel se creía dueño del cargo e intocable. Algunas decisiones suyas respecto a la continuidad en el servicio de oficiales que le resultaban incómodos por qué no cohonestaron con órdenes ilegítimas, demostraron que él y otros confabulados, se escudaron en sus cargos para prevaricar, convencidos que mediante argucias y leguleyadas, eran ajenos a la normativa constitucional.

La obligación política y moral del Presidente Pastrana era remover del cargo al general Mora, pues es imposible trabajar con quién está en contra de las políticas, arguyendo superficialidades como el fingido despliegue de honor militar, aunado a que esas actitudes pantalleras pudieron haber fracturado la disciplina militar.

El honor militar implica asumir a fondo y todas las consecuencias de las acciones, y no urdir cortinas de humo para enmascarar la ineficiencia, como ocurrió con los generales Jorge Mora y Fernando Tapias, primeros responsables de reiterados descalabros operacionales durante la vigencia de la Zona de Distensión, que aumentaron la sensación en el país, que los terroristas estaban ganando la guerra.

La búsqueda de la paz y la reconciliación entre los colombianos, demanda variables inteligentes, salidas audaces con alto contenido social, político, sicológico y económico; participación directa y acción de todos los órdenes sin incurrir en egoísmos y posiciones arrogantes, que facilitan la radicalización y dejan el camino abierto para la concreción del Plan Estratégico de las Farc, porque encuentran terreno abondo en la petulancia y la vanidad.

La altanería del general Mora contra la estulticia del presidente Pastrana, no se reflejó en la inexplicable falta de carácter que le impidió actuar contra las Farc, luego de los despiadados ataques terroristas contra la población civil y las tropas ordenados desde la zona desmilitarizada.

Sin duda, gracias a la mística de los comandantes directos de las tropas, las Farc sufrieron también varios golpes de importancia a nivel táctico, sin que en ellos hubiera influido el alejado alto mando militar, que confabulado por inacción con la ineptitud estratégica de Pastrana, se acostumbraron a convivir y permitir que las Farc impusieran la iniciativa política, estratégica y táctica.

No se trata de difamar de las Fuerzas militares, ni de recurrir al socarrón argumento que las Fuerzas Militares no participan en política. La necesaria asesoría de las Fuerzas Militares a los comisionados de paz, es un aporte clave para que los negociadores conozcan las intenciones de los terroristas, sus planes, sus capacidades, su tradición engatusadora, el análisis d documentos incautados, etc.

Pero los actos histriónicos del general Mora no fueron los únicos desatinos de un funcionario gubernamental. A comienzos de 2001, Rómulo González ministro de Justicia y concuñado del general Mora, no se sabe si en un probable preacuerdo con el afectado, cuestionó públicamente al general por haber manifestado que no estaba de acuerdo con el intercambio de soldados secuestrados por terroristas presos.

Irónico el ministro Rómulo González exteriorizó con sarcasmo, que oír al general Mora hablar de Derecho Internacional Humanitario y de Derecho Penal Colombiano, equivalía a que el ministro de Justicia hablara de estrategia, táctica u operaciones militares, puesto que se debe hablar de lo que se sabe, se conoce y se es experto.

En ambos casos el presidente Pastrana, guardó silencio cómplice, demostró laxitud y carencia de autoridad para meter en cintura a dos subalternos suyos, enfrascados en una guerra de micrófonos.

En otro momento del accidentado proceso de paz, el general Fernando Tapias Comandante de las Fuerzas Militares, tuvo un ridículo roce con el comisionado de paz Camilo Gómez, cuando declaró que la demagógica marcha del candidato liberal Horacio Serpa hacia la Zona de Distensión podría ser atacada por las Farc.

De inmediato el inexperto comisionado de paz, sacó a relucir su arrogancia y aseveró que solo el presidente de la república podría autorizar operaciones militares dentro de la Zona de Distensión. Por elementales razones, las Farc deben haber disfrutado de la estupidez funcional de quienes en lugar de unirse y concretar una estrategia conjunta, peleaban ante los medios de comunicación y se lanzaban mutuas ofensas.

Pero si no hubo reglas claras del gobierno nacional hacia las Fuerzas Militares, tampoco las hubo en las conversaciones con las Farc. Por ese motivo, el tema del cese al fuego surgido en la segunda reunión de Tirofijo con Pastrana, que suponía discrecionalidad y secreto de las partes hasta tanto no se hubiera madurado el tema, fue vulnerado por Raúl Reyes quien imbuido por el sentimiento triunfalista del Secretariado de las Farc, desconoció a los negociadores del gobierno y publicó los planteamientos del grupo terrorista.

Sin haber llevado el tema a la mesa, Reyes lo dio como un hecho con la calculada intención de generar una reacción contraria de los representantes del gobierno, para así ratificar que las Farc no dejarían las armas y de paso continuar con la estrategia de la dilatación.

Otra prueba de que las Farc impusieron las reglas de juego, fue evidente a finales de 1999, cuando instigado por los terroristas y con obvias frases similares a las usuales de las Farc, el alcalde de Uribe-Meta, afirmó ante los medios de comunicación, que los gobiernos solo se han acordado de esa región para desarrollar arrasadores planes de guerra, de los cuales son víctimas los civiles (organizados por el Partido Comunista), so pena de atacar a la guerrilla.

La comisión de notables

Asediado por la falta de resultados concretos producto de la habilidosa estrategia dilatoria de las Farc impuesta por Tirofijo que buscaba el reconocimiento político internacional para las Farc, el 11 de mayo de 2001, Pastrana creó otra figura burocrática, con el supuesto fin de buscar el entendimiento entre las partes, concretar puntos básicos para desentrabar la agenda y fortalecer el proceso.

Con base en esta argucia de las Farc que ya casi completaban tres años de artilugios y engaños al país, fue activada la Comisión de Países Amigos del Proceso de Paz, integrada por Canadá, Cuba, España, Francia, México, Italia, Noruega, Suiza, Suecia y Venezuela, a la par con una comisión de verificación integrada por Luis Criales en representación del gobierno colombiano y Simón Trinidad por el grupo terrorista.

En ese momento, sin resultados tangibles a la vista, habían transcurrido más de treinta meses de sumisión del Estado colombiano a las patrañas de las Farc, pero a Andrés Pastrana seguía empeñado en la búsqueda del Premio Nobel de Paz, por eso invitó a los gobiernos enunciados para que se convirtieran en garantes.

El laxo mandatario buscaba votos y apoyos internacionales para satisfacer su ego, mientras las Farc desangraban el país, imponían el terror y con sus acciones demenciales contra la población civil, estimulaban a sus enemigos económicos a fortalecer las autodefensas ilegales.

En ese orden de ideas, para dar vida a la "comisión de notables" verificadores del proceso, el gobierno nacional nombró a Ana Mercedes de Gómez directora del Diario El Colombiano y al ex magistrado Vladimiro Naranjo. Por su parte, los terroristas escogieron a Carlos Lozano director del Semanario Voz y al médico comunista Alberto Pinzón amigo personal de Alfonso Cano.

A este adefesio costoso para el fisco nacional e improductivo para los intereses del país, Pastrana agregó otro comité burocrático intrascendente denominado Frente Común por la Paz, integrado por los directores de los partidos tradicionales, el propio presidente de la república, así como los congresistas comunistas Antonio Navarro Wolf y Samuel Moreno Rojas.

Sin haber culminado su trabajo en la Comisión de Notables la periodista Ana Mercedes de Gómez se retiró del grupo, porque consideró que había un embuchado al pretender que se hiciera una asamblea constituyente que coincidiera con las elecciones.

Igual que la salida de Rodrigo Lloreda del Ministerio de Defensa, la renuncia de Ana Mercedes fue pública y ruidosa, debido al silencio del gobierno nacional para aceptar su petición de retiro del encargo, enviada por los canales normales al presidente Pastrana y al comisionado de paz, con la circunstancia agravante, que las Farc quedaron con mayoría de representantes en la también improductiva mesa paralela.

Manipulada por las Farc, la Comisión de Notables recomendó pactar una tregua bilateral de seis meses, cumplimiento mutuo de las normas del

Derecho Internacional Humanitario, manutención de los terroristas por parte del gobierno nacional, sustitución de los cultivos ilícitos, estudio de los 12 puntos de la agenda común firmada en La Machaca, participación de los militares en la mesa de negociación, temario concreto de reformas constitucionales, y posibilidad de optar por una asamblea constituyente.

Alboroto mediático. La asignación de recursos oficiales para sostener a los terroristas, la eventual participación de los militares en la mesa de diálogo, y una asamblea constituyente, fueron tres puntos que sirvieron para prolongar la agonía del proceso y las crecientes habladurías alrededor de la ineficiencia e ineficacia del presidente Pastrana.

Tan pronto fue presentado el documento, el médico Pinzón se asiló en Cuba con el argumento que su vida corría peligro por amenazas de las AUC. Entretanto, Carlos Lozano continuó la andanada de frases provocadoras y descalificadoras contra el gobierno y la libre empresa, similares a las usadas por los cabecillas de las Farc.

Inclusive cuando se rompió el proceso, Lozano eludió comentar las atrocidades de las Farc en una columna publicada por El Tiempo, en la que aseguró que los terroristas luchan por causas sociales, y que el presidente Pastrana fue el único responsable por la ruptura de los diálogos.

Audiencias públicas y comités temáticos

Las audiencias públicas en el caserío de Los Pozos y la creación de los comités temáticos, demostraron otra vertiente de la manipulación de las Farc a las estériles conversaciones de paz, debido a que al Caguán llegaron más de 25.000 personas algunas de ellas enviadas por las cuadrillas de las Farc pero pagadas con recursos del Estado.

Iván Ríos en la "oficina de quejas" de las Farc

Los comités temáticos manipulados por los terroristas dieron para todo, pues con argucias las Farc propusieron que se creara un seguro de desempleo, a partir del momento en que se concretara el intercambio de soldados secuestrados por terroristas presos.

Con la calculada dilatación de las conversaciones de paz sin concretar nada, en los comités temáticos de los cuales tampoco salió nada positivo, Iván Ríos ratificó con hechos que la paz para las Farc, solo será posible cuando ellos ganen el po-der por medio de la combinación de las formas de lucha.

Canje y liberación de secuestrados

El audaz cinismo de las Farc para negociar con la administración Pastrana no tuvo límites. Al inicio de las conversaciones los terroristas lanzaron la insólita propuesta de establecer una ley permanente de canje para intercambiar a razón de uno por uno, los presos de la guerrilla por soldados y policías secuestrados en poder del Mono Jojoy, a quienes publicaron en una lista con el calificativo de "prisioneros de guerra".

El tema iba más allá de la obvia intención propagandística. Era el anzuelo preciso para buscar reconocimiento nacional e internacional de las Farc como fuerza beligerante, con mando unificado y territorio controlado, con capacidad de negociar con el Estado en igualdad de condiciones, al mismo tiempo que colocaban en el mismo nivel a los terroristas detenidos con los militares y policías secuestrados, con la siniestra intención de legitimar el secuestro permanente como una práctica válida de guerra.

Tirofijo planteó a Miguel Pinedo Vidal, entonces presidente del Congreso de la República, la posibilidad de expedir la ley de canje sin incluir a los ciudadanos secuestrados con fines extorsivos.

Para el efecto, el anciano terrorista negó tener personas civiles en cautiverio, y agregó que en caso de no hallar eco en los demás congresistas, Pinedo Vidal podría proponer al presidente Pastrana la realización de una consulta popular.

Consciente de la estrategia propagandística a favor de las Farc con la obvia manipulación publicitaria a los potenciales sufragantes, Tirofijo sugirió que no hubiera encuestas de opinión al respecto, sino que la Registraduría Nacional del Estado Civil realizara esa tarea en cuatro años.

Carlos Castaño terció en el asunto. Aseveró que las AUC cesarían el fuego si las Farc liberaran a los civiles, los policías y los soldados secuestrados.

Luego de prolongadas conversaciones y de que corrieran mares de tinta, para describir los ríos de sangre que corrían por cuenta del terrorismo de las Farc y las AUC, el 2 de junio de 2001, el gobierno y las Farc llegaron a un acuerdo humanitario mediante el cual fueron liberados 15 terroristas que estaban presos y en contraprestación las Farc liberaron en dos fases a casi 300 policías y soldados secuestrados en los ataques armados a Miraflores, El Billar, Patascoy, Uribe, Miraflores, Mitú, Puerto Rico; pero los oficiales y los suboficiales continuaron en cautiverio.

Mono Jojoy con 350 secuestrados de las FF.AA.

La liberación más ruidosa fue presidida por el Mono Jojoy en La Macarena Meta, donde 242 uniformados recuperaron la libertad.

Días antes fue liberado en límites de Tolima y Valle el coronel de la policía León Acosta Argote, quien permaneció varios meses secuestrado por orden de Pablo Catatumbo, luego de que con la venia cómplice de Pastrana y su marcada ineptitud, Tirofijo aseguró que los oficiales y suboficiales pasarían una "temporadita" mas en cautiverio, mientras el gobierno concertaba con las Farc el intercambio de ellos por terroristas presos.

La liberación de los 242 miembros de la Fuerza Pública tuvo un despliegue propagandístico similar al lanzamiento del Movimiento Bolivariano Clandestino de las Farc, cuando 2000 terroristas armados con fusiles y ametralladoras hicieron un vergonzoso despliegue de capacidad armada frente a las cámaras de televisión.

Dicha situación generó nuevas críticas y comentarios ácidos respecto a la ya cuestionada actuación del presidente Pastrana, por ser tan tolerante y permisivo con los terroristas que a nombre de la revolución comunista, decían querer la paz mientras masacraban y torturaban a miles de colombianos víctimas de sus atrocidades.

Los testimonios de los militares y policías liberados refrendaron hechos que ya eran conocidos por la opinión pública, caracterizados por malos tratos, vejaciones, humillaciones, y arbitrariedades.

Los liberados afirmaron haber padecido torturas físicas y sicológicas, tales como latentes amenazas de muerte si intentaban escapar; caminar amarrados como si fueran animales, con un nudo corredizo a la altura de la garganta, impedimento total para tener contacto con la familia, palabras denigrante u ofensivas, encierros en campos de concentración similares a los utilizados por los nazis durante la segunda guerra mundial, etc.

Acostumbrado a violar y desconocer la Constitución y las leyes, el Mono Jojoy aprovechó una vez más la debilidad de carácter del presidente Pastrana, para exteriorizar ante las cámaras de televisión que si el gobierno nacional no cedía en el tema del canje, los terroristas continuarían atacando las cárceles para liberar a su presos.

De remate, tal como ya lo había hecho con la silla vacía al iniciar las conversaciones en San Vicente del Caguán, Tirofijo volvió a ridiculizar al presidente Pastrana, al asegurar que el proceso de paz no podía sujetarse a los cambios emocionales del primer mandatario de los colombianos.

Acuerdo de San Francisco de la Sombra

El cacareado acuerdo de San Francisco de la Sombra firmado el 6 de octubre de 2001, luego de un tenso congelamiento de los diálogos, fue el resultado de intensas súplicas a las Farc para que volvieran a la mesa, hechas por el comisionado de paz Camilo Gómez a Tirofijo y Jojoy, antes que Tirofijo desapareciera definitivamente del escenario mediático del Caguán.

Sin contemplar precisiones, los puntos del referido acuerdo abarcaron el estudio inmediato de la comisión de notables, conseguir aportes al proceso por parte de los candidatos presidenciales, vincular en las conversaciones a todos los actores sociales, políticos y económicos de la vida nacional, ratificar la autoridad de los alcaldes elegidos por los pobladores en la Zona de Distensión, suspensión de los secuestros en las llamadas "pescas milagrosas", y algo tan etéreo como invitar a los colombianos a no cesar en el empeño de mantener el diálogo con los terroristas, dicho de otra forma, cohonestar con la estratagema dilatoria de las Farc.

La falta de claridad de ambas partes matizada por la intención engañosa de los terroristas, generó especulaciones triunfalistas del gobierno nacional y resquemores en las Farc después de la tensa reunión en la base militar de Tolemaida, luego de una fingida bravuconada de los generales de las Fuerzas Militares con el presidente Pastrana, al cabo de la cual los oficiales manifestaron estar satisfechos, porque según ellos, le advirtieron al presidente la realidad de lo que sucedía en los cinco municipios despejados.

Desde ese día el presidente Pastrana conoció las aerofotografías de los campamentos e instalaciones ocupadas por las Farc en la Zona de Distensión, imágenes de inteligencia técnica, que meses tarde utilizó para justificar ante los medios de comunicación, las razones para suspender las conversaciones con el grupo narcoterrorista.

En la encrucijada por las reveladoras pruebas que le entregaron los generales, Pastrana admitió que continuarían los sobrevuelos militares sobre la Zona de Distensión, a la par con patrullajes terrestres y fluviales de las Fuerzas Militares en los municipios aledaños al área despejada.

Por razones obvias los terroristas protestaron con el argumento que eso no había sido acordado, que la Zona de Distensión era el fruto de un acuerdo formal y no una bondadosa concesión gubernamental.

Como fue su costumbre, aún sin tener esquemas sólidos para solucionar los problemas inherentes al ejercicio del poder, el presidente Pastrana mantuvo su débil posición frente a los terroristas y su falta de claridad ante el país, situación que originó duras críticas del Congreso de la República, los gremios de la producción y algunos columnistas de opinión.

Por desgracia, desde cuando se concibió como la tabla salvavidas para comprometer a las Farc al cumplimiento de lo pactado, el Acuerdo de San Francisco de la Sombra nació casi muerto y en estado terminal.

Con excepción de los habitantes de la zona despejada que presionados por los terroristas pidieron "paz sin presencia militar", los demás colombianos recibieron escépticos la noticia de la prórroga de la Zona de Distensión, durante 104 días con fecha de cierre el 20 de enero de 2002.

Sin precisar ni exigir nada a las Farc, el Acuerdo de San Francisco de la Sombra, fue la repetición de los contenidos de los pasos anteriores, sin que el presidente Pastrana hubiera demostrado el más mínimo asomo de ejercer la autoridad para exigir a los terroristas que dejaran de secuestrar, extorsionar, y cometer actos de barbarie contra la infraestructura económica nacional, ataques contra la población civil y crímenes de lesa humanidad.

Manoseo de las Farc a Camilo Gómez

La actitud arrogante y la ineptitud como negociador de Víctor Gumersindo Ricardo obligaron al presidente Pastrana a relevarlo del cargo y como "castigo" enviarlo de Embajador a Inglaterra. En su reemplazo fue nombrado Camilo Gómez.

Los cabecillas de las Farc estaban tan seguros que podrían manosear a Camilo Gómez, que a comienzos de 2002 en Los Pozos, cuando por enésima vez estuvo en vilo la continuidad del proceso, Raúl Reyes aseguró a los cuatro vientos en presencia de más de una decena de periodistas, que el señor Gómez es un mentiroso.

La tímida respuesta de Camilo Gómez demostró que los terroristas tenían la sartén por el mango, por ende hacían lo que les venía en gana.

Camilo Gómez con Raúl Reyes

El ambiente estaba caldeado desde el 20 de octubre de 2001, cuando Camilo Gómez envió una carta a Tirofijo en la que se ratificó ausencia de objetivos nacionales, inexistente estrategia gubernamental, falta de claridad de Pastrana acerca de las conversaciones, etc.

He aquí un resumen de la misiva firmada por Camilo Gómez, que a los ojos de cualquier lector evidencia más el informe de actividades de un subalterno a un jefe, que la posición oficial del gobierno nacional frente a la actitud tramposa de los terroristas:

—El gobierno con el presidente a la cabeza se ha jugado todo por la paz... El hecho de llegar a una tregua no significa en ningún caso dejar a un lado la agenda común... el gobierno ha adelantado una dura lucha contra los grupos de autodefensa o paramilitares, obteniendo mas resultados que en ninguna época de nuestra historia... El gobierno ha mantenido durante cerca de tres años las condiciones y controles así como las garantías necesarias para el desarrollo de las negociaciones en la zona y no las ha variado ni las variará—

Por situaciones de debilidad como esta, las Farc manosearon todo el tiempo a Camilo Gómez.

Lo que comienza mal termina mal. Así como Ernesto Samper Pizano el mas inepto, el más cínico de los presidentes colombianos adujo que el ingreso de dineros del narcotráfico a su campaña presidencial ocurrió a sus espaldas, Andrés Pastrana recurrió a la misma pantomima cuando dijo que Tirofijo lo había engañado al incumplir la palabra, como si hubiera necesitado cuatro años de manipulaciones farianas, para notar algo que todo el país sabía.

La falta de estrategia concreta del gobierno nacional y la ausencia de reglas claras para el manejo de la Zona de Distensión incidieron en que las partes incumplieran mutuamente lo pactado.

La orden de captura proferida por la Fiscalía General de la Nación contra los cabecillas del Secretariado de las Farc debido al secuestro y posterior asesinato de la exministra de Cultura Consuelo Araujo Noguera, marcó el hito del principio del fin de la consentida entrega parcial de la soberanía nacional a los terroristas.

Sin más argumentos, Pastrana aseveró que la Zona de Distensión era una concesión especial para poder negociar sin contratiempos. Como era obvio de esperar las Farc que necesitaban cualquier incidente similar para desatar una camorra que obligara a buscar soluciones diplomáticas, repitieron que esa zona era parte de lo acordado, mientras los terroristas aprovechaban la zona despejada para avanzar en su proyecto político-estratégico.

El incidente verbal que auspició una dilatación más del proceso, no fue trascendental ni definitivo para poner los puntos sobre las íes en la agenda, ni condujo a nada concreto, pues durante tres años anteriores Pastrana había sido laxo, falto de carácter, carente de autoridad, y ya no ganaría mucho, con el fingido intento por demostrar que tenía el control de la situación.

El escepticismo creció en forma geométrica y matemática. Durante la ceremonia de aniversario del Departamento Administrativo de Seguridad (DAS), Pastrana imploró a las Farc que cesarán las dilataciones y los pretextos, porque ya era hora de suprimir las cortinas de humo, los mensajes encontrados, los engaños a la opinión pública y el juego con los sentimientos de los colombianos.

Al mismo tiempo el ministro de Defensa Gustavo Bell Lemus radicó en el Congreso de la República un proyecto de Ley Antiterrorista, en la que en contraste con la marcada condescendencia gubernamental hacia las Farc, y sin ser directo con ellos, Pastrana pedía al Congreso endurecer las penas en su contra por la comisión de actos de barbarie, al mismo tiempo que hablaba con ellos. La dicotomía era: ¿Son o no terroristas?

En síntesis Pastrana no fue ajeno a la consuetudinaria práctica de sus antecesores que nunca fueron claros para definir a las Farc a veces llamados forajidos, bandoleros, guerrilleros, narcoguerrilleros, y en este caso terroristas, aunque las Fuerzas Militares y de Policía realizan operaciones de contraguerrillas. ¿Entonces?

Estratagema de dilatación

Las conversaciones de aproximación a la paz entre los comisionados Víctor Gumersindo Ricardo y

Camilo Gómez con los terroristas, se caracterizaron por la calculada estratagema de dilatación por parte de las Farc durante cada una de las partes del proceso, hasta concluir que tras tres años de manipulaciones no hubo ascensos sino descensos sustanciales en seguridad nacional y tranquilidad ciudadana.

Frente a los sucesos puntuales que pusieron en entredicho la objetividad del proceso, el gobierno fue ingenuamente reiterativo en asegurar que analizaría la marcha de los acontecimientos, sin que hubiera resultados concretos.

La respuesta de Andrés Pastrana ante graves hechos como los secuestros de aeronaves, la destrucción de poblados, la toma reiterativa de rehenes con fines económicos, el complejo caso del collar bomba, etc.; se limitó a simples declaraciones de prensa para rechazar la barbarie comunista.

La cadena de artificios manipulados por las Farc, inició con la demagógica e inconsulta visita de Pastrana al Yarí, para reunirse con Tirofijo y Jojoy, a quienes creyó haber engatusado con el regalo de un reloj y por haberse reunido con ellos y que el desenlace del para él exitoso proceso de paz, sería el producto de sus ansiados viajes al exterior en aras de ampliar su imagen personal.

Así, las conversaciones de paz entre el gobierno y las Farc, se convirtieron en una pugna de intereses entre un curtido terrorista y un tradicional politiquero colombiano, sin plan definido ni objetivos claros.

Ni Pastrana ni sus múltiples asesores de imagen intuyeron que para conducir el proceso de paz con Tirofijo, no bastaba con superficialidades propias de campañas publicitarias, sino que requería ideas y acciones concretas para sacar de su entorno a un anciano convencido hasta la médula ósea, de las razones de su accionar delictivo.

Ante tanta manipulación de las conversaciones de paz sin norte y sin concreción, en noviembre de 2000 el gobierno de Estados Unidos manifestó que en realidad a las Farc no les interesaba negociar nada, sino dilatar las conversaciones para sacar ventajas políticas y militares. No obstante la claridad del mensaje de la Casa Blanca, Pastrana hizo caso omiso y continuó empecinado en su proyecto personal.

Tampoco, la comisión de negociadores del gobierno entendió que las reglas de juego para los sistemas comunistas, gravitantes alrededor de metódicos procesos de crítica y autocrítica con fines de enriquecimiento dialéctico de cada paso dado, implicaban para las Farc el pormenorizado análisis de las consecuencias de la insólita entrevista inicial con Pastrana.

Con base en lo observado, durante el encuentro con el mandatario electo, los terroristas debían diseñar los cursos de acción a partir de la debilidad de carácter y ansia de protagonismo mediático de Pastrana, sin desenfocar el Plan Estratégico de las Farc hacia la toma del poder por medio de la combinación de las formas de lucha, máxime que dentro de los preceptos de la guerra revolú-cionaria marxista-leninista, la negociación y el diálogo son apenas herramientas de lucha, nunca un fin.

Por otra parte, en documentos internos de las Farc, hay marcada inclinación para calificar como traidores y entreguistas, a las guerrillas centroamericanas y a los grupos terroristas colombianos desmovilizados verbigracia Epl, M-19, Quintín Lame y PRT, porque renunciaron a la acción armada diseñada para buscar la toma del poder.

La ventaja político-estratégica que ya estaba del lado de las Farc, recibió un nuevo elemento favorable al dar los primeros pasos del proceso. Con actitud bravucona y sin el temple necesario para sostenerse en la decisión, el general Jorge Mora Rangel comandante del Ejército anunció que las tropas no saldrían del batallón Cazadores, pero luego reversó lo dicho, para permitir que donde antes ondeaba el pabellón nacional, fuera izado un trapo con las insignias de las Farc. Tropicalismo puro en su máxima dimensión.

La razón para el cambio de opinión del lenguaraz general Mora, provino de la negativa de las Farc a iniciar las conversaciones si las tropas no salían de San Vicente del Caguán. El presidente Pastrana concilió con el alto mando militar. Los soldados desocuparon el batallón Cazadores y la televisión internacional, mostró al mundo las imágenes de un gobierno mediocre, débil y tímido, derrotado política y militarmente antes de formalizar las conversaciones.

La actitud ambigua y la debilidad de carácter de los generales Fernando Tapias y Jorge Mora que cohonestaron con la humillante salida de las tropas de San Vicente del Caguán, fueron camufladas con la disculpa de la disciplina militar y la cohesión alrededor de la figura del presidente de la república y sus decisiones políticas, así estas fueran en contra de la dignidad del pueblo colombiano, al que se deben las Fuerzas Militares y el gobierno nacional.

Tal ausencia de claridad afectó demasiado la moral de los soldados, pues además de no entender como el gobierno negociaba con terroristas que tenían más de 42.000 km^2 despejados para delinquir, tampoco aceptaban que el presidente de la república por el hecho de ostentar el cargo, pudiera vulnerar el honor militar, abandonar comunidades enteras al arbitrio de las Farc y entregar parte de la soberanía nacional a los delincuentes.

Tres meses más tarde vino el bochornoso episodio de la silla vacía, espectáculo que fue transmitido por televisión mundial. Mientras con cara de abatido el presidente de la república escuchaba el mensaje enviado por Tirofijo, los demás terroristas disfrazados de soldados y policías requisaban personas, y con armas de infantería ligera atemorizaban a todos los asistentes

Fue tan exitosa para las Farc la cesión de cinco municipios sin presencia militar y era tan débil la autoridad del presidente Pastrana, que las Farc pidieron aumentar el territorio de la Zona de Distensión hasta el municipio de Cartagena del Chairá, reconocido epicentro del cultivo de coca. La argucia pretendía convertir ese municipio en piloto de la erradicación de los cultivos de coca, controlada por las Farc y no por el gobierno nacional.

A esas tramas de los terroristas, se sumó el cruel episodio del collar-bomba contra una campesina en el centro del país que murió cuando el artefacto explotó, debido a que la víctima no pagó una extorsión.

La autoría de crimen fue negada por las Farc, incluida la amenaza de levantarse de la mesa de conversaciones, si el gobierno persistía en sindicarlos, pues según Raúl Reyes eso fue un bombazo contra la paz.

La cronología de las conversaciones de paz, descrita en el **Anexo 1**, indica que durante tres años y medio las Farc dilataron la iniciación concreta de un proceso definitivo de paz, con la venia complaciente de todos los colombianos testigos de excepción de cómo sucedieron los hechos.

Bajo el título Las Farc muestran las cartas, el editorial del Diario El Tiempo comentó la estrategia dilatoria de las Farc:

—No es raro que las Farc después de que aceptaron discutir por tres meses más la posibilidad de acordar una tregua y disminuir la intensidad de la guerra, emitan tres misivas en las que vuelven a insistir en los puntos de una agenda sobre los cuales, en tres años de negociación no se ha avanzado prácticamente nada… Lo cierto es que en estos tres años no ha habido negociación sino escalamiento de la guerra—

—Si no ha habido proceso de negociación ¿cómo pretenden las Farc desencadenar un proceso de transformación política y social, que tanto predican en sus cartas y comunicados?—

—Sus desafueros militaristas y actos de soberbia han acorralado más al gobierno que al establecimiento mismo (sic). ¿Creerán las Farc que el 96% del rechazo en las encuestas a sus atroces prácticas, es una manipulación del establecimiento y los medios?—

—Es que a las Farc les interesa más la Zona de Distensión que el proceso mismo. Y más un proceso sin controles ni verificaciones que la propia paz a la que le tienen miedo... O ¿cómo entender la conminación de ese grupo a que se levanten los controles —tardíos y elementales— sobre la zona?—

— ¿Porqué tanto temor a estos? ¿Será que no quieren que se les descubra el doble juego de predicar la paz, mientras al mismo tiempo consolidan su famoso Estado en gestación? ¿Es la Zona (de Distensión) un espacio para negociar, o es una pieza de la estrategia militar de las Farc, que han dicho que no tienen afán? —

—El claro interés en la zona explica la lentitud de la discusión de la agenda, las reiteradas interrupciones del diálogo y las múltiples amenazas de las Farc para levantarse de la mesa. Por eso defenderán a capa y espada una zona intocable lo mismo que una negociación sin plazos, ni controles, sin verificaciones y con una agenda interminable—

Inminente urbanización del conflicto

El continuo trasegar de guerrillas entrenadas por terroristas extranjeros y experimentados cabecillas de las Farc, desde la Zona de Distensión hacia otras regiones del país, reafirma las frases de Exenover de la cuadrilla 17 en 1995, corroboradas por el Mono Jojoy en la Zona de Distensión, el día de la liberación parcial de soldados y policías secuestrados:

Arrogancia del Mono Jojoy

Las Farc desarrollan una estrategia sistemática prevista para urbanizar el conflicto con las fuerzas especiales guerrilleras, las milicias bolivarianas, el Partido Comunista Clandestino y el Movimiento Bolivariano, con el propósito de trasladar la guerra del área rural a las ciudades.

De la Zona de Distensión salieron más de 200 terroristas integrantes de la cuadrilla Arturo Ruiz con destino al Magdalena Medio, pero fueron interceptados y golpeados por la Quinta Brigada, mediante la Operación Berlín.

Mientras tanto, ante la ineptitud estratégica y táctica del general René Pedraza Peláez, otra columna de las Farc proveniente de la Zona de Distensión asaltó la base militar de la infantería de marina en Cerro Tokio.

A la Zona de Distensión llegaron terroristas españoles, nicaragüenses, salvadoreños, argentinos, ecuatorianos, peruanos, chilenos, dominicanos, venezolanos y bolivianos, cubanos, holandeses, e irlandeses, a enrolarse a las guerrillas colombinas, a dictar cursos políticos o a entrenar explosivistas y técnicas de combate terrestre cercano.

Así lo confirmaron sucesos tales como la captura de tres terroristas irlandeses, el atentado contra el candidato presidencial Álvaro Uribe Vélez en Barranquilla, el secuestro masivo en el edificio Miraflores de Neiva, la espectacular incursión a la sede de la Asamblea Departamental del Valle, los ataques masivos contra Uribe-Meta, Pavarandó, Miraflores-Guaviare, Coreguaje-Putumayo o El Dora-do-Meta.

La ubicación sistemática y calculada de las cuadrillas 22, 42, 51, 52, 53, 54, 55, y las compañías Policarpa Salavarrieta, Abelardo Forero, además de la creciente activación de milicias bolivarianas en los alrededores de Ciudad Bolívar, Usme, Suba y los cerros nororientales con salida al Alto de Chingaza, el Sumapaz, la región de Ubalá y el Tequendama; corrobora la idea de urbanizar el conflicto en la capital de la república.

Un ejemplo típico del trabajo sistemático para ganar espacio geopolítico y control de la población civil de la capital de Colombia, es la incorporación a las Farc de una familia entera apodados los gurres, nativos y residentes en San Juan de Sumapaz.

A esta actividad político-organizativa se suma la ingente labor de las redes logísticas urbanas para abastecer las cuadrillas enunciadas, recibir enfermos y heridos, adelantar labores de inteligencia y preparar las áreas para la llegada de las cuadrillas a reclutar nuevos terroristas.

El Frente Urbano Antonio Nariño coordina desde hace varios años el envío de estudiantes universitarios y de secundaria a campamentos rurales de las Farc, donde son entrenados como terroristas urbanos o integrantes de las comisiones políticas encargadas de adoctrinar nuevos terroristas o extender la línea política dentro de la guerrillerada.

Otros terroristas son ubicados en los supermercados de cadena, las empresas de televisión por cable, las empresas de servicios públicos u otros lugares donde puedan tener acceso a información privilegiada sobre potenciales víctimas de secuestros o extorsiones.

Tira y afloje en enero de 2002

En enero de 2002, el mes más tenso de las conversaciones de paz, el presidente Pastrana dio un ultimátum a las Farc para que aceptaran las condiciones del gobierno nacional, en particular los controles sobre la Zona de Distensión, pero dejó abierta la posibilidad de reiniciar los diálogos, después de la mediación de una delegación internacional integrada por los embajadores de Francia, Suiza, Suecia, Italia, Noruega, Canadá, Cuba, México, Venezuela y España.

La debilidad de carácter de Pastrana era reiterativa. Las 48 horas se convirtieron en una semana. En entrevista con la cadena radial Caracol el general Velasco comandante de la Fuerza Aérea, anunció al país que estaban en curso las 48 horas, pero al instante recibió órdenes para retractarse.

El bochornoso episodio demostró una vez más que no había coordinación clara entre el gobierno nacional y las Fuerzas Militares, ni de estas con el comisionado de paz, ni entre las propias instituciones armadas.

Las Farc dilataron las 48 horas con las marrullas de siempre. Afirmaron que los negociadores Simón Trinidad y Carlos Antonio Lozada se encontraban lejos del lugar en consultas con Tirofijo.

Así ganaron valiosas horas, para desarrollar la retirada organizada de los campamentos que tenían cerca a la sede de los diálogos a lo largo de caminos y trochas construidos durante los últimos años en el sector, y facilitaron el escape de Tirofijo, de quien rumoró viajó a Venezuela; de Raúl Reyes para Ecuador, de Alfonso Cano para el sur del Tolima y así sucesivamente.

Daniel Parafit embajador de Francia en Colombia y presidente de la comisión de países amigos, lideró entrevistas y contactos tendientes a evitar la ruptura definitiva de los diálogos.

Desesperado Pastrana pidió a las Farc una tregua materializada en la suspensión de secuestros, extorsiones y actos terroristas contra la población civil. En respuesta las Farc pidieron una purga en las Fuerzas Militares, y argumentaron que no cesaría la comisión de actos terroristas contra la infraestructura económica del país, ni los secuestros, ni las extorsiones, mientras el gobierno no realizara profundas reformas políticas, económicas y sociales.

Firmados los débiles acuerdos, Raúl Reyes exteriorizó que las Farc tampoco cumplirían la tregua mientras el Ejército y las Auc estuvieran activos. Con frases similares, las Farc acostumbraron a Pastrana a poner en el mismo plano, los actos terroristas con las operaciones militares legítimas del Estado.

En síntesis, no podían dejar de ablandar a Pastrana mediante el chantaje y el terrorismo, porque eso equivaldría a renunciar a la combinación de todas las formas de lucha, pues los actos violentos les permitían posiciones fuertes y manipuladoras en la mesa de conversaciones.

Capítulo V

Metodología de negociación

Sumario

Todas las negociaciones de paz con los grupos terroristas, realizadas por sucesivos gobernantes colombianos, desde la época de la laxa administración de Belisario Betancur hasta el periodo presidencial de Andrés Pastrana, se caracterizaron por la falta de iniciativa del Estado colombiano, y la permanente imposición de las condiciones por parte de las guerrillas.

La razón: los grupos terroristas enmarcan su accionar político y armado dentro de las líneas de acción integral de la guerra revolucionaria, mientras que ninguno de estos gobernantes concibió planes y programas estratégicos para desarrollar a largo plazo, con el fin específico de contrarrestar las estrategias conjuntas de las Farc.

Cada uno de ellos se fue del cargo y con él se fueron las ideas que tuvo acerca del proceso. Así, en la condición de nuevos mandatarios intentaron experimentos no decantados ni valorados con base en anteriores conversaciones, mientras que la contraparte continuó la maduración de un plan estratégico madurado con el paso del tiempo por el Secretariado de las Farc, las conferencias guerrilleras y los plenos ampliados.

Los apuntes registrados en los renglones venideros son el producto del análisis científico de la línea de conducción metodológica utilizada por las guerrillas comunistas en todas las negociaciones en las que participaron las Farc y el Eln en el lapso 1982-2002.

1. Tildar de culpable al Estado colombiano: Desde esa óptica las guerrillas son las respuestas del pueblo armado a la violencia oficial, a la persecución de los campesinos y a las luchas populares de los menos favorecidos.

No importa lo obsoleto de esta tesis marxista-leninista. El objetivo final es la toma del poder para mantener la vigencia del socialismo. Es una estratagema publicitaria manejada con mucha audacia.

Esta postura arrogante se evidenció en una carta enviada por Tirofijo a la mesa de conversaciones, en la que indicó que el gobierno nacional debería comprometerse a suspender sobrevuelos, a combatir a las AUC, a quitarles los rótulos de narcotraficantes y terroristas, a suspender los controles sobre la Zona de Distensión, so pena de suspender las negociaciones. Imposiciones para el gobierno sin ningún comprometimiento de las Farc.

2. Los terroristas negocian a partir de una estrategia clara, con objetivos definidos y líneas de acción precisas, frente a negociadores escogidos a última hora por el Presidente de la República sin que vayan a la mesa de conversaciones con un plan estratégico coherente, ni con preparación específica.

No representan a la comunidad, no son escogidos en nombre de las víctimas de los terroristas, ni representan los intereses nacionales.

Dicha debilidad gubernamental se explica en el desconocimiento generalizado de las interioridades de los grupos terroristas y sus planes estratégicos, así como la prevención que aún pervive entre algunos dirigentes políticos frente a las Fuerzas Militares, para algunos de ellos consideradas males necesarios.

O lo que es peor, entidades integradas por personas que no piensan, o que no tienen la capacitación política para asumir roles trascendentales en la paz, pese a que son quienes ponen la mayor parte de los muertos en la guerra.

Ni individual ni colectivamente, la institución militar ha sido vinculada al entorno estructural de los procesos de paz. Por ejemplo, las fricciones entre el arrogante comisionado de paz Víctor Gumersindo Ricardo con el alto mando militar originaron la bochornosa renuncia masiva de casi todos los generales y almirantes en servicio activo a mediados de 1999.

3. Calculado desprestigio propagandístico de las Fuerzas Militares, sometidas a enfrentar acciones armadas sorpresivas, o a suspender en mitad del camino órdenes de operaciones, para permitir la salida de los terroristas de áreas donde estaba rodeados, con el fin de permitirles que se reúnan con dirigentes nacionales o internacionales, o simplemente para aliviar presión militar y dilatar las posibles soluciones al conflicto armado.

4. Los terroristas ganan espacio político con la estratagema de la paz: Durante los diálogos con Belisario Betancur, las Farc y el Partido Comunista articularon la Unión Patriótica (UP), que a partir de la octava conferencia en 1993 fue relevada por el Movimiento Bolivariano Clandestino.

Ambos son el producto de estrategias a largo plazo para construir células de partido comunista encargadas de combinar las formas de lucha para buscar la toma violenta del poder.

5. Violar los derechos humanos de las víctimas actuales y potenciales, para luego reclamar la supuesta humanización de la guerra, y de paso, mediante premeditadas acciones de guerra jurídica, sindicar a las Fuerzas Militares de la ejecución de actos de barbarie cometidos por los terroristas.

Con base en ese estilo sui generis de propaganda comunista, las masacres cometidas por las Farc o el Eln no son acciones criminales, sino necesarios actos de limpieza social; los secuestros son retenciones; los asesinatos son aplicaciones de la justicia revolucionaria; las extorsiones son impuestos de guerra.

El narcotráfico no es un delito, sino una forma de financiar la guerra del pueblo contra la oligarquía; los cabecillas no son jefes terroristas sino "comandantes guerrilleros"; el destierro de campesinos desafectos es una necesidad revolucionaria; y los atentados terroristas contra la infraestructura económica son sabotajes del pueblo en armas contra los ricos.

6. Los terroristas no tienen afán: Por eso motivo no concretan nada. Cada vez que surge algún obstáculo generalmente provocado por las guerrillas, amenazan retirarse de la mesa de conversaciones, y no se comprometen, porque según sus voceros desconocen la Constitución Nacional y las leyes, que solo son de obligatorio cumplimiento para el Estado burgués.

Mientras tanto fortalecen las retaguardias estratégicas, rearman sus cuadrillas, entrenan menores de edad reclutados para la guerra, esconden secuestrados, asesinan civiles indefensos, ingresan vehículos robados a la zona protegida, imponen "leyes" a los campesinos sometidos a su arbitrio, y expulsan a las escasas amedrentadas autoridades legítimas.

Objetivos de las negociaciones de paz

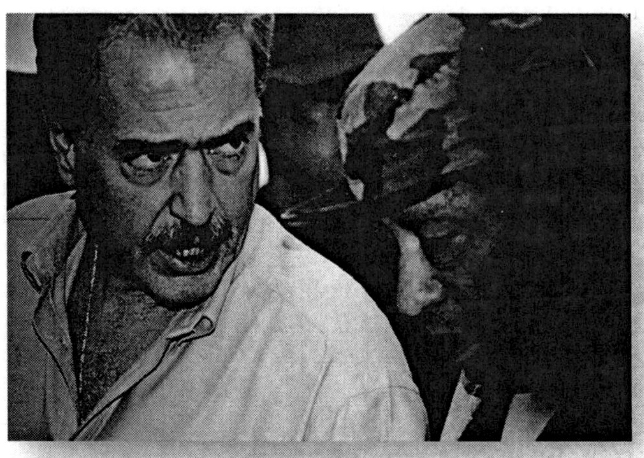

Pastrana conversando con Tirofijo

El precepto básico del accionar guerrillero es desgastar al adversario para allanar el camino hacia la toma del poder.

Las guerrillas no luchan para luego negociar la desmovilización, pues el dictado doctrinario de la ideología marxista-leninista orienta la toma del poder y la imposición de un gobierno totalitario.

Las intencionales dilataciones de las conversaciones de paz con la administración Pastrana, pretendían el reconocimiento internacional de las Farc como fuerza beligerante con control territorial, mando unificado, con el fin de estructurar el Estado independiente de Caquetania, y desde allí dirigir la guerra contra el resto de Colombia, con base en la manipulación de las normativa del Derecho Internacional Humanitario y de los Derechos Humanos.

A pesar de ser tildados y de actuar como un grupo narcoterrorista, las Farc tienen intenciones políticas porque siguen la línea marxista-leninista, basada en la doble moral que el fin justifica los medios.

En ese sentido son arrogantes, triunfalistas y pésimos evaluadores de las coyunturas político-estratégicas, al desconocer la capacidad militar del Estado para evitar la concreción de su plan estratégico, y la imposibilidad de cooptar a los demás grupos terroristas. No obstante son obcecados en su propósito.

Derrotar al enemigo fuera del campo de combate

Las acciones integrales de guerra jurídica, diplomacia guerrillera en el exterior, tergiversación de los derechos humanos, propaganda política por medio de los llamados *maseros*[6], reclutamiento de menores, las declaraciones altisonantes de los cabecillas, la dilatación de las conversaciones, la aparición de comisionados guerrilleros en escenarios políticos y académicos en el exterior, activación de Ong´s proclives, exaltación de periodistas presionados por el síndrome de la chiva, y el uso de todos los medios legales o ilegales para desprestigiar a las Fuerzas Militares, con el único propósito de derrotar al enemigo fuera del campo de combate.

Las razones son sencillas y saltan a la vista:

1. El Ejército Nacional es la institución oficial que más impide que las Farc logren sus propósitos.

2. El poder del dinero ilícito utilizado para hacer la guerra política, acción sicológica e infiltración de organismos claves, presenta a un grupo terrorista rico, amén que la embajadora de Estados Unidos en Colombia, ratificó que las Farc son un cartel de narcotraficantes y que sus integrantes pueden ser extraditados, cuando sean capturados en flagrancia.

---

6 Terroristas de las Farc que desarrollan trabajo político-organizativo dentro de las masas.

3. La doble moral leninista es pragmática y contradictoria. Los terroristas atacan pero se declaran agredidos. Violan los derechos humanos de sus víctimas pero sindican a otros actores.

Con cinismo minimizan el empleo de cilindros cargados con explosivos contra la población civil, la activación de carros-bomba contra entidades o personas, los secuestros, la piratería aérea, las purgas internas, las masacres, y las agresiones contra caseríos humildes. Estas acciones criminales hacen parte de la lógica de su guerra.

4. Con el lenguaje propagandístico pretenden convertirse en fuerza regular con capacidad de tomar el poder porque tienen estatus de beligerancia.

5. Los ataques sistemáticos contra el prestigio y la moral de las Fuerzas Militares, mediante calumnias y versiones desfiguradas de los hechos, con el apoyo consciente o inconsciente de algunos periodistas ansiosos de ganar premios por el cubrimiento mediático del conflicto y colectivos de abogados que constituyen mafias jurídicas con pruebas y testigos falsos.

6. Minimizar la capacidad de combate de los oficiales y suboficiales sindicados por la comisión de actos de barbarie, por medio de la diligente acción de terroristas infiltrados en organismos claves, asociados con la propaganda que hacen a su favor algunas organizaciones no gubernamentales proclives.

CAPITULO VI

SITUACIÓN DE LOS ACTORES DE LA GUERRA EN 2002

Crisis de los Partidos Tradicionales

Las campañas electorales para la presidencia de la república y el congreso de 2002, demostraron que los partidos liberal y conservador, generadores de guerras civiles y la actual violencia narcoterrorista del comunismo, llegaron a esta etapa de la vida política nacional en profundo estado de crisis.

Tirofijo Juan C. Restrepo

Dadas las evidentes carencia de liderazgo y de unidad, el partido conservador afectado por el desgobierno de Andrés Pastrana, ni siquiera pudo presentar candidato propio a la presidencia de la república.

La demagógica dirigente conservadora Noemí Sanín creó un oportunista movimiento político sin posibilidad electoral. El exministro de Estado Juan Camilo Restrepo, escogido como candidato oficial durante la convención conservadora, fue incapaz de aglutinar las disidencias y los grupúsculos gestados por los caciques regionales, para apoyar otras candidaturas presidenciales.

La debacle conservadora en estas elecciones llegó al extremo que un jurista conservador fue escogido por el Partido Liberal como la fórmula vicepresidencial del candidato Horacio Serpa Uribe.

Entretanto en el Partido Liberal, la otra colectividad política tradicional, sucedió algo parecido. El dirigente antioqueño Álvaro Uribe Vélez conformó un movimiento político alternativo independiente, que cooptó a liberales y conservadores, producto de su discurso de combatir la corrupción y recuperar el imperio de la ley, el orden, la autoridad y el combate frontal contra el narcoterrorismo comunista.

La izquierda desarmada presentó sin ninguna posibilidad electoral al locuaz dirigente sindical Luis Eduardo Garzón cuya votación no tuvo trascendencia. Por otra parte, sin ninguna posibilidad y con escasa influencia entre los muy pocos potenciales electores, la ex senadora Ingrid Betancur abanderó un movimiento político etéreo y sin claridad programática, que vino a ser conocido cuando por su terquedad fue secuestrada por las Farc en el Caquetá.

Una vez más, las Farc se burlaron de Colombia y de la estulticia funcional de Andrés Pastrana. Con el mayor desparpajo advirtieron que no permitiría la entrada a la Zona de Distensión a ningún candidato presidencial de los partidos tradicionales.

Presidente de la República

No obstante que con habilidosa demagogia Andrés Pastrana trasladó a las Farc la autoría material e intelectual de la suspensión de las conversaciones de paz, debido a la obcecada intolerancia terrorista, la evaluación del fallido proceso sitúa al laxo expresidente como el principal responsable de lo sucedido.

Las razones son puntuales: Pastrana inició un proceso de negociación de paz sin tener un plan coherente y lo finalizó de manera abrupta, sin haber madurado una estrategia de guerra integral, para demostrar al adversario que la única opción que le quedaba era negociar.

A lo largo del accidentado proceso de paz, Pastrana fue débil y demasiado bondadoso frente a las reiterativas actuaciones violentas de las Farc, ejecutadas para posicionarse y sacar ventajas tácticas y estratégicas en cada paso dado.

Actuando por impulsos y desconcertantes cambios de actitud, Pastrana permitió que las calculadas estratagemas terroristas dirigieran los vaivenes del proceso.

Al principio del proceso y ante la realidad de tantas y tan grandes concesiones a los terroristas a cambio de nada, adversarios políticos de Andrés Pastrana, llegaron a sugerir la posibilidad que el incompetente presidente hiciera parte de las Farc.

El irrespetuoso manoseo de Tirofijo a Pastrana llegó a extremos insospechados. En diferentes entrevistas con la prensa, el cabecilla de las Farc afirmó que Pastrana era un presidente débil, acorralado por la politiquería y por los paramilitares.

Inclusive agregó que a Pastrana le convenía entregar a su sucesor un proceso de paz andando, porque no te-nía nada más que mostrar durante su gestión. En ese caso específico Tirofijo, estaba en lo cierto.

Esta situación dio pie para las especulaciones demagógicas y rumores reiterados que para mantener la tónica descrita por Tirofijo, el sucesor de Pastrana sería el cuestionado dirigente conservador Álvaro Leiva Durán. Pero también se rumoró que Pastrana tendría un acuerdo secreto con las Farc, para buscar la reforma constitucional que le permitiera ser reelegido, para continuar las conversaciones de paz con los terroristas.

Para completar el caos, debido a resonantes casos de corrupción e inmoralidad administrativa, y desde luego por probable imposición de las Farc, el presidente Pastrana pretendió clausurar el congreso por medio de un plebiscito.

En respuesta los congresistas plantearon la posibilidad de revocarle el mandato presidencial, y ahí se detuvo el impulso populista y oportunista de Pastrana.

Sin duda, después del vergonzoso episodio de la silla vacía, el presidente Pastrana comprendió que tenía una papa caliente en la mano.

Quizás esa realidad le sirvió de disculpa para su inocultada afición a viajar por el mundo, con todos los gastos pagos por los contribuyentes colombianos.

Si se hiciera un cálculo matemático y financiero, se demostraría que con los dineros invertidos en viáticos, pasajes y protocolo de Pastrana en el exterior, mas los enormes costos que significó sostener la Zona de Distensión, se habrían construido escuelas, puentes, vías, puestos de salud, hospitales, asilos sanatorios, etc.; necesidades que originan los problemas sociales y económicos argumentados por las Farc para justificar su trasiego delictivo.

Otra prueba de la debilidad de carácter de Pastrana:

Pese a que Estados Unidos incluyó a las Farc dentro la lista de terroristas después de los ataques del 11 de septiembre de 2001, durante su gobierno, el laxo mandatario nunca fue capaz de calificarlos como tales, sino que recurrió a mensajes cifrados, al decir que eran las Farc con sus actitudes y comportamientos quienes demostraban si eran terro-ristas o no.

Inclusive, pocos meses antes del 11-S, Pastrana aseguró en Estados Unidos que las Farc no tenían nada que ver con el narcotráfico. En contraste, años después y para enmascarar su responsabilidad en ese vergonzoso periodo de la historia colombiana, Pastrana inventó que él fue quien hizo incluir a las Farc en la lista de terroristas internacionales, que gracias a su labor presidencial, las Farc perdieron la capacidad de hacer daño al Estado y que él fue quien más demostró que se lucran del narcotráfico.

Poseído del nuevo discurso, después del 11-S, Pastrana pidió ayuda a la Casa Blanca para combatir todas las formas de narcoterrorismo. Por medio de una arenga autopropagandista leída en la sede de la Organización de las Naciones Unidas, Pastrana dijo a las Farc que transcurrían tiempos de definiciones sin términos medios.

Luego aseveró que donde quiera que se atente contra la dignidad de la democracia o se ataque a la población civil, se configura un acto de terrorismo. No importa que esos ataques provengan de un grupo fanático religioso o de organizaciones con pretendidos ideales políticos, pues nada debe servir de pretexto para atacar a civiles indefensos.

Ese discurso con ruido de tonel vacío, causó hilaridad en los campamentos de las Farc, donde tenían la absoluta seguridad que la conducta vacilante y carente de objetividad estratégica de Pastrana, era todo lo contrario a sus frases demagógicas en Nueva York.

El desacertado manejo del proceso de paz y los incesantes viajes de Andrés Pastrana a otros países, incidió en el creciente descenso de su popularidad. Su comportamiento de niño rico viajero, produjo incredulidad entre la población civil, pues a leguas se notaba que Pastrana estaba muy preocupado por incrementar su imagen personal, y el eventual Premio Nobel de Paz, sin atender las funciones propias de su cargo, ni los problemas estructurales del Estado.

A toda la compleja crisis se agregó otro ingrediente propio de las consuetudinarias corrupción y politiquería colombianas, tras la ruidosa renuncia de Juan Hernández de la Secretaría Privada de la Presidencia de la República, debido a que algunos de sus familiares estaban inmersos en una licitación para contratar con el Estado. Sin embargo, poco tiempo después Hernández regresó a ocupar otro cargo público como si nada hubiera sucedido.

La situación anterior se tornó más susceptible de críticas cuando Andrés Pastrana decidió adquirir un avión privado para su servicio personal, pese a estar a pocos meses de salir de la Casa de Nariño.

En síntesis, la gestión del Presidente Pastrana se salvó de obtener una calificación más baja, debido a que la dirigencia empresarial sostuvo el flujo económico y a que su equipo de trabajo en los ministerios de Hacienda y Desarrollo, evitó que en 1999 fuera peor la crisis del sector.

Congreso de la República

Los hechos acumulados durante el periodo 1998-2002, demuestran que en su conjunto el Congreso de la República, olvidó que fue elegido para legislar y hacer cumplir las leyes existentes, en aras del bien común y no para coadyuvar en el despliegue publicitario de la imagen personal del presidente de la república, a quien han debido hacer un juicio político para retirarlo del cargo por inepto.

Al cabo de tres años de equívocos, laxitudes, y faltas de concreción del presidente Pastrana, agravados con el asesinato de la exministra de cultura

Consuelo Araujo Noguera por orden de Simón Trinidad, y la estridente acción de las Farc para impedir el ingreso de la caravana propagandística de Horacio Serpa a San Vicente del Caguán, la tibia reacción del Congreso de la República, se diluyó en tenues declaraciones de prensa y especulaciones tropicales, mediante anuncios de sesiones permanentes para evaluar el proceso como consecuencia de una ponencia del senador José Renán Trujillo.

En el tibio debate, el más incisivo fue el senador Germán Vargas Lleras, quien pidió que se investigara a fondo la situación de 132 colombianos secuestrados en la Zona de Distensión, mas la muerte de 7 personas fallecidas en cautiverio por no haber pagado el dinero exigido por los terroristas.

En complemento, el senador Enrique Gómez Hurtado pidió la derogatoria de la ley 418 que legitimaba la Zona de Distensión.

El presidente del Partido Liberal pidió revisar el estatus político de las Farc. En contraste, el dirigente conservador Carlos Holguín Sardi abogó por la continuidad del proceso de paz, pero aseguró que de una u otra forma las Farc seguirían cometiendo secuestros.

Ninguno de los congresistas pidió un juicio político al presidente Pastrana, por las responsabilidades que le concernían en torno al fallido proceso de paz, reflejadas en los desmanes cometidos por las Farc

Durante el tiempo que estuvo vigente la Zona de Distensión, las Farc secuestraron a cinco congresistas y asesinaron a otro. El Mono Jojoy fue enfático en afirmar que esos secuestros estaban destinados a presionar el canje de los parlamentarios por los terroristas presos en las cárceles colombianas, para que la oligarquía sintiera en carne viva el peso de la guerra.

Impotencia de los alcaldes

Mario Sánchez alcalde electo por voto popular en el municipio de Planadas-Tolima, fue secuestrado el 27 de noviembre de 1999 por orden de Jerónimo cabecilla de la cuadrilla Héroes de Marquetalia, y uno de los terroristas más cercanos a Alfonso Cano.

El burgomaestre secuestrado fue sometido a un juicio popular revolucionario, el cual fue transmitido en directo por la emisora clandestina Voz de la Resistencia de las Farc, y fue escuchado por los pobladores civiles de Rioblanco, Chaparral, Gaitania, La Herrera y otros municipios del sur del Tolima y el norte del Huila.

Iniciado el "juicio" Jerónimo invitó a los oyentes a que opinaran acerca de la conducta administrativa del alcalde. La transmisión fue interrumpida por interferencias por causas meteorológicas.

La vida del alcalde Sánchez mantuvo en vilo tres semanas más. Fue liberado el 23 de mayo de 2000, con la condición que la víctima debería pagar de su propio peculio una extorsión de 200 millones de pesos que debía consignar en la cuenta bancaria de una junta de acción comunal, además de la prohibición de desempeñar cargos públicos durante ocho años consecutivos a partir de la fecha.

Pero este no fue el primero ni el único caso. Durante el proceso electoral de 1997 para escoger alcaldes, concejales, gobernadores y diputados a las asambleas, en diferentes lugares del país, las Farc asesinaron a 50 candidatos, obligaron a 250 alcaldes a renunciar a sus cargos, e hicieron retirar más de 1.500 listas de aspirantes a los concejos municipales.

Al mismo tiempo, Iván Márquez leyó en San Vicente del Caguán el contenido de la "Ley 003", mediante la cual castigarían con pena de muerte, expropiación, secuestro o extorsión, o destierro, a los funcionarios públicos de todos los niveles, a quienes se compruebe que han defraudado los recursos fiscales del Estado.

El evidente vacío de autoridad estatal y los consuetudinarios casos de inmoralidad administrativa, dieron argumentos a las Farc para demostrar que ellos defendían los intereses del pueblo y en consecuencia harían cumplir sus "leyes".

En respuesta a la nueva demostración de desconocimiento de la autoridad legítima y evidente manoseo al presidente Pastrana, en acuerdo colectivo con el gobernador de Antioquia, los 111 alcaldes de los municipios de ese departamento, realizaron un paro cívico de 24 horas el 11 de mayo de 2000, fecha en que ninguno de estos mandatarios fue trabajar, como gesto de protesta contra los atropellos de los terroristas.

A la inveterada indiferencia de muchos alcaldes que para eludir su propia obligación trasladan el problema al gobierno nacional, con el argumento que las Fuerzas Militares fueron incapaces de contener la violencia desatada contra la población civil por los terroristas de las Farc. El Eln y las Auc.

Un diario capitalino publicó una investigación periodística en la que demostró que dos alcaldes acordaron pactos de connivencia con los terroristas, otros 12 mantuvieron relaciones directas con los grupos armados ilegales, 31 denunciaron presiones de las Auc, y 44 reconocieron la influencia directa de las Farc o el Eln en las decisiones de administración pública.

En el departamento del Putumayo escenario geopolítico y geoestratégico de venideros procesos de paz y guerra, se evidenciaron las diferencias de visión existentes entre los funcionarios de nivel nacional y los funcionarios locales y regionales, en medio del fuego cruzado entre las Farc, el Eln y las Auc.

Uno de los alcaldes de ese departamento aceptó que en su municipio no se podían tomar decisiones administrativas, sin el visto bueno de las Farc o las AUC, e inclusive que por la acción intimidatoria de los terroristas, era casi imposible echar a rodar los procesos de erradicación de la hoja de coca.

De remate, Iván Gerardo Guerrero gobernador del Putumayo reconoció que para iniciar la erradicación manual de hoja de coca, en todos los municipios del departamento, había sido necesario hablar y coordinar esa labor con los grupos terroristas.

A finales de noviembre de 2000, sicarios de las Farc asesinaron a Julio César Reyes Molina alcalde de Orito-Putumayo, en el mismo momento que las Farc promovían un paro armado en ese departamento. La guerra de propaganda entre las Farc y las Auc se extendió a acusaciones mutuas, acerca de la autoría material e intelectual de este crimen.

Gilberto Toro presidente de la Federación Colombiana de Municipios, puntualizó que mientras el Estado colombiano sea impotente para garantizar la gobernabilidad local, es decir tener la capacidad para neutralizar los atropellos contra la población civil, habrá alcaldes desesperados por la impotencia que recurren a soluciones dramáticas como lo hicieron 16 de ellos en el suroriente antioqueño, que se reunieron con la cuadrilla Carlos Alirio Buitrago del Eln para pedirle que disminuyera los ataques terroristas contra la población civil.

La reunión fue descalificada por Andrés Pastrana con el argumento que los diálogos con los grupos narcoterroristas deben ser centralizados, pues regionalizarlos conduce a entorpecer las cosas.

En respuesta a la petición de los alcaldes, el Eln disminuyó las acciones violenta contra los pobladores de la región, pero incrementó las extorsiones contra los viajeros que transitaban por la autopista Bogotá-Medellín con el eufemístico nombre de peaje, cobrado de manera furtiva a algunos vehículos durante esporádicas salidas de los terroristas a la carretera.

Para complicar más la gobernabilidad de los alcaldes mencionados, las Auc los criticaron con vehemencia por haberse reunido con el Eln y les advirtieron que podrían tomar medidas violentas contra ellos en caso de repetir el encuentro con el Eln.

Presionado por las circunstancias y falta de claridad del presidente Pastrana, Gilberto Toro viajó a la Zona de Distensión donde se reunió con Tirofijo, el Mono Jojoy y Pablo Catatumbo para implorarles que no hostilizaran mas, a una docena de municipios asediados por la miseria y la violencia, pero en contraste con las promesas de los tres jefes terroristas, más del 50% de los alcaldes que acompañaron a Toro a esa reunión, fueron víctimas posteriores de las Farc.

Uno de los alcaldes fue asesinado, el otro fue obligado a renunciar al cargo, otro padeció el secuestro de un familiar cercano, y quienes no renunciaron, fueron testigos impotentes de la destrucción de sus municipios. Asimismo secuestraron al alcalde de Puerto Rico-Meta y pocos meses después asesinaron a su sucesor Lizardo Rojas.

Aparte de la pena de muerte, las Farc crearon otro tipo de castigo contra quienes señalaron como corruptos. El 26 de marzo de 2000 fue liberado en un paraje rural de Jamundí-Valle el concejal Bayron Antonio Gallego, quien fue obligado durante 15 meses a realizar trabajos forzados de agricultura, mientras que Nicolás Salazar, otro concejal del mismo municipio fue obligado a beber gotas de un líquido que los terroristas denominaron vacuna anticorrupción.

En casos reiterativos en todo el territorio nacional, la degradación del conflicto alcanzó extremos insospechados, ante la vista complaciente de muchas autoridades y del propio presidente de la república, quien permitió sucesivos e innecesarios alargamientos de la Zona de Distensión, pese a corroborar graves casos de pérdida de la autoridad civil.

Muchos alcaldes y concejales fueron obligados por las circunstancias a ejercer sus funciones en otros municipios diferentes al que fueron elegidos, como ocurrió con el burgomaestre y los ediles del municipio de Barbacoas-Nariño, declarados objetivo militar de la cuadrilla 29 de las Farc, que los acusó de haber llevado al Ejército al municipio, para que realizara la Operación Tsunami que atacó la estructura financiera de los terroristas, derivada del control del narcotráfico en esa región.

El drama de la rama judicial

A diferencia de la metodología de los narcotraficantes de asesinar funcionarios judiciales, las Farc recurrieron a la intimidación para manipular las actuaciones de los jueces de la república en aquellos lugares donde la presencia donde la Fuerza Pública era insuficiente. Los terroristas de las Auc siguieron el mismo camino con similares propósitos.

A la expulsión que hicieron las Farc del Fiscal de San Vicente del Caguán con tácita aprobación del gobierno nacional, se suman otros hechos que demuestran la creciente oleada de guerra revolucionaria, matizadas con las declaraciones de un terrorista en Barbacoas-Nariño:

—La toma de los juzgados, es una decisión que han tomado las Farc en los territorios que han sido liberados—

Esta declaración demostró con hechos, los alcances de la ingobernabilidad de Pastrana y el engaño de los terroristas a Colombia, pues estaban convencidos que iban ganando la guerra y que pronto "liberarían" territorios.

Tales acciones auspiciaron las violentas retaliaciones de las AUC que además de suplantar al Estado donde la población civil estaba inerme, resolvieron el problema con sanguinarios métodos que moral y jurídicamente no podían ser acometidos por la Fuerza Pública.

La abogada nombrada para desempeñar el cargo de jueza única de Cubará-Boyacá, fue sacada de su oficina por terroristas de las Farc que la amenazaron de muerte, si regresaba a continuar con sus funciones laborales.

Otros casos puntuales ratifican la dimensión del drama. Terroristas de las Farc apostados en un retén sobre la vía que conduce de Saravena-Arauca a Bogotá, impidieron la entrada a ese municipio de un juez promiscuo recién nombrado y lo obligaron a regresar a la capital de la república.

En Socotá-Boyacá, otro grupo de las Farc expulsó al juez y al secretario del juzgado. En los municipios del departamento de Norte de Santander los desprotegidos funcionarios judiciales se vieron sometidos a amenazas simultáneas de las Farc y las AUC, debido a los procesos que se adelantaban contra estos delincuentes en sus despachos.

En los juzgados del departamento de Guaviare no hubo procesos contra los integrantes de las Farc. No porque no hubieran cometido delitos allí, sino porque por medio de la intimidación, los terroristas no permitieron que se iniciaran investigaciones judiciales en su contra.

Por esas razones las altas cortes enviaron una carta al presidente Pastrana, mediante la cual lo conminaron a adoptar políticas de Estado, para garantizar la presencia de los entes de la justicia en todo el territorio nacional.

El dramático pedido de los magistrados fue otro tirón de orejas, claro y conciso, al primer mandatario de los colombianos, para que copara de alguna manera el enorme vacío de autoridad surgido de su pusilanimidad y miopía estratégica.

En otro escenario, ante el secuestro de siete funcionarios del Cuerpo Técnico de Investigaciones de la Fiscalía, en Codazzi-Cesar, el abogado Pablo Emilio González denunció que el ente judicial se sentía solitario frente al poder coercitivo y criminal de las AUC, máxime que con cinismo Carlos Castaño negó que sus cuadrillas hubieran cometido ese delito.

Estrategia del Estado Colombiano

En la medida que el conflicto colombiano creció y se degradó, la estrategia del Estado se circunscribió a tomar algunas medidas populacheras y sin análisis político-estratégico, tales como:

Amnistías, treguas, negociaciones sin objetivos claros, liberación transitoria de terroristas para que viajen dentro o fuera del país a reunirse con otros delincuentes; posiciones personales de mano tendida y muy poco pulso firme, viajes al exterior de comisiones mixtas, invitación a otros gobiernos para mediar en la negociación, cambio de comisionados de paz en cada gobierno, y una serie de medidas incoherentes, insuficientes y sin prolongación estratégica en el tiempo, complementarias al permanente sacrificio de las Fuerzas Militares para sostener esa democracia imperfecta.

El punto ideal sería que las decisiones del Estado tuvieran el 70% de componentes socio-políticos, y 30% de acciones militares. En contraste, la realidad es que desde la década de los sesenta hasta la fecha, el Estado colombiano enfrenta el Plan Estratégico integral de la subversión comunista, por medio de medidas militares y muy pocas o ninguna acción política estructural con contenidos jurídicos, sociales, culturales, económicos, o de desarrollo adecuado de las zonas afectadas por la presencia de guerrillas marxistas-leninistas.

Cano, Jacobo, Reyes y Tirofijo

Prueba de ello es que ni individual ni colectivamente, los gobernantes de la segunda parte del siglo XX estructuraron una estrategia integral como política de Estado, orientada a combatir los componentes totales del Plan Estratégico de las Farc.

Existe el errado concepto que la guerra es problema de los militares y policías contra los terroristas, y que la paz es un asunto por resolver entre los cabecillas de las guerrillas y el gobierno nacional.

El Estado colombiano nunca ha formulado políticas claras, para manejar el problema del terrorismo comunista.

Tampoco se han estipulado leyes fuertes contra el secuestro, las masacres, el terrorismo, el desplazamiento forzado, o la retención de rehenes en las vía públicas; ni se ha actuado con profundidad, para judicializar a los testaferros de la guerrilla y el consecuente decomiso de sus bienes.

Tampoco se han tomado acciones ni se han diseñado directrices concretas para combatir la infiltración proterrorista en la educación oficial en todos los niveles, en casos puntuales donde los estudiantes de secundaria y pregrado universitario, son sometidos a sistemáticos lavados de cerebro de adoctrinamiento marxista-leninista.

Además, es muy poco lo que hacen los embajadores y cónsules colombianos en el exterior, para contrarrestar la constante actividad propagandística de organizaciones no gubernamentales financiadas y en algunos casos integradas por los terroristas, en sindicatos, universidades y centros de estudios políticos de otros países.

De la misma forma, el Estado colombiano ha sido silencioso y apático para tomar medidas más drásticas contra los individuos que militan en los grupos terroristas y al mismo tiempo militan en sindicatos infiltrados por la izquierda extremista en el país.

En conclusión: El Estado colombiano carece de estrategias integrales para combatir el Plan Estratégico de las Farc o el del Eln, que en forma metódica desarrollan la guerra revolucionaria contra Colombia, sustentados en que el fin justifica los medios.

Las Farc y el Eln son grupos narcoterroristas, pero no se quedan en el concepto elemental de delincuencia organizada.

Tienen ideas políticas comunistas y quieren alcanzar el poder político, para imponer una dictadura comunista en Colombia, porque para ellos el socialismo tiene vigencia, así haya fracasado en otras latitudes.

La estratagema es habilidosa. Mediante tramas los terroristas reclaman ante las autoridades la condición de civiles en el momento de ser aprehendidos, pero simultáneamente reclaman estatus de beligerancia, se hacen llamar ejércitos del pueblo, comandantes, estado mayor, escuadras, compañías, batallones, etc.

Además, disfrazados de militares o de policías, estudian táctica regular o irregular, y realizan entrenamiento castrense con base en manuales militares para realizar acciones armadas ofensivas.

Cabe preguntar si las tropas victoriosas de las dos guerras mundiales, u otros conflictos armados de connotación internacional, hubieran alcanzado los mismos niveles de eficiencia en teatros operacionales similares a los colombianos, que van a la guerra desigual con soldados mal dotados, o con periodistas ansiosos de réditos personales, que actúan como si no fueran colombianos víctimas de los terroristas.

Pero además, sin leyes de guerra, sin claridad conceptual de los dirigentes políticos de turno, y sin el convencimiento de la población civil que la agresión narcoterrorista ataca la institucionalidad y la libertad de los colombianos, no solo a las Fuerzas Militares.

Colombia está en guerra contra terroristas ideologizados por el comunismo, que se lucran del narcotráfico, el secuestro, la minería ilegal, la extorsión y se protegen con campañas de guerra sicológica, guerra política, guerra jurídica y apoyo de cómplices nacionales e internacionales.

Esa es la cruda realidad, que muchos de los favorecidos o afectados, desconocen o pretenden desconocer, porque además quieren seguridad sin aportar nada.

Resumen esquemático

Estado colombiano	Farc
1. No tiene estrategia clara	**1.** Plan Estratégico de las Farc
2. Con tropas mal dotadas, combate militarmente el Plan Estratégico de las Farc.	**2.** Desarrolla una estrategia integral política, económica, sicológica y amada.
3. Demoras para dotar las Fuerzas Militares debido a los procesos legales.	**3.** Dineros de narcotráfico extorsión, y minería ilegal listos para comprar armas y equipos de guerra.
4. indiferencia por los objetivos nacionales.	**4.** Combinación de todas las formas de lucha.
5. Carga prestacional, costos de salud, indemnizaciones etc.	**5.** No pagan sueldos. La pena de muerte resuelve cualquier problema afín.

6. Cambio permanente de negociadores de paz.	**6** Los mismos negociadores 1982-2002
7. Por rotación pierde oficiales, suboficiales y soldados experimentados	7. Los terroristas no se pensionan ni se retiran. Permanecen muchos años en los grupos armados ilegales.
8. Los militares son apolíticos. No intervienen en la toma de las decisiones trascendentales, pese a que conocen las intenciones político-estratégicas de los terroristas. No son consultados.	**8** La política se confunde con las acciones armadas, porque hace parte de una estrategia de guerra revolucionaria. Los terroristas actúan con similar libertad en los campos político y militar.
9. La dirigencia política no tiene claridad acerca de la guerra. Cuestiona la inversión en seguridad y la fortaleza del aparato militar.	**9.** Los comisarios políticos de las estructuras terroristas estimulan el fortalecimiento armado para posicionarse en el ámbito político.
10. Actúa a la defensiva porque carece de estrategias ofensivas de carácter preventivo y porque los dirigentes políticos desconocen las doctrinas de defensa y seguridad nacionales.	**10** Los cuadros de dirección están entrenados en la línea ideológica; teoría y práctica de la táctica y la estrategia revolucionarias, y tienen concientización política de lo que hacen.
11. No tiene definidos los objetivos nacionales.	**11**. Desde su nacimiento trazaron objetivos a largo plazo.
12. El crecimiento militar es reactivo	**12.** El crecimiento armado es proactivo.

Aproximaciones teóricas

En el intento de establecer la razón porqué los agentes generadores de violencia, cometen actos de barbarie que deberían ser juzgados por la normativa internacional como graves infracciones al Derecho Internacional Humanitario y flagrantes violaciones a los Derechos Humanos, es conveniente adentrar en la mentalidad del hombre colombiano, en especial a los campesinos en cuyo seno se gestan las guerrillas rurales, y se desarrollan los procesos de enfrentamientos armados desde la época de la independencia.

Existe entre el campesinado la idea que la guerra se gana mediante la desaparición física del adversario. En las áreas rurales, son legendarios los guerrilleros liberales, conservadores o comunistas, cuyas hazañas de guerra contra la Fuerza Pública, hacen parte de la tradición oral y por razones calan en la mentalidad de los niños y los jóvenes, y que como cualquier ser humano pretenden alcanzar importantes niveles de connotación social.

En primer lugar, en las veredas más apartadas, es usual que a la luz de una lámpara o una vela, porque hasta allá no ha llegado la energía eléctrica, las familias se reúnan para contar historias personales o de sus antepasados.

Los relatos de acciones violentas ocupan lugar preeminente en las conversaciones. Muchas campesinas jóvenes que no deseen llenarse de hijos en medio de la pobreza estructural del campo colombiano, se unen a los grupos narcoterroristas.

Igual sucede con muchos hombres. Para poder conquistar a una mujer, deben ir al cuartel a prestar el servicio militar, o integrarse a la guerrilla. En la mayoría de los casos, ingresar a las Farc o el Eln, sube la autoestima de los campesinos, que por norma general desde la época de independencia, sienten atracción por las armas y los uniformes.

En segundo nivel el hombre medio colombiano con cierto nivel académico imbuido por ideas marxistas, tiene la convicción que es un salvador ante procesos irreversibles, motivo por el cual sus actuaciones son extremistas, mezcladas de agresividad nacida de la envidia, la timidez o la falta de constancia para concretar proyectos individuales o colectivos a largo plazo. Esa falta de identidad es suplida con la interacción con los terroristas.

En tercer lugar, a lo largo de las confrontaciones armadas que han ocurrido en Colombia, los desplazamientos masivos de campesinos incrementaron los cinturones de pobreza en las ciudades, y las necesidades de los dueños del capital para preservar la riqueza.

En síntesis: Tomar las armas para hacer la guerra contra el Estado, no es nada nuevo para los campesinos colombianos de determinadas regiones, porque en casi todos los casos, sus abuelos, padres, tíos, primos o hermanos mayores ya lo hicieron.

Para los dueños de las haciendas, las industrias, los consorcios comerciales, las empresas de servicios, eludir la prestación del servicio militar obligatorio, pero augear la guerra y hasta en casos aberrantes, lucrarse de ella, no es nada nuevo, pues sus antepasados también lo hicieron. Unos y otros se creen depositarios de ese destino.

El punto de quiebre que puede cambiar el curso de la guerra en Colombia, sucederá cuando esta toque las puertas de quienes se han sentido ajenos e inmunes a ella.

En cuarto lugar, en Colombia existe la tradición oral de la grandeza alcanzada por connotados delincuentes, debido a que vivieron fuera de la ley.

No es extraño encontrar que existan santuarios y lugres de oración plagados de imágenes religiosas, donde muchos feligreses rezan y veneran las almas de los antisociales, y les piden que les concedan milagros o beneficios personales.

Este criterio toma fuerza cuando se complementa con otro credo popular colombiano, desprendido de los enormes índices de corrupción, que induce a pensar por repetición y cuasi por consenso, que el Estado es enemigo del pueblo, que los dirigentes políticos pueden abusar desde los cargos públicos, que la ley es para los de ruana, que existen castas intocables y que los pobres nacieron para vivir siempre así.

CAPÍTULO VII

DERECHO INTERNACIONAL HUMANITARIO Y DERECHOS HUMANOS

Reclutamiento de menores

El reclutamiento de menores de edad para engrosar las filas de los agentes generadores de violencia inmersos en la contienda bélica, ha sido una de las características del conflicto colombiano más criticadas en el exterior.

La comunidad internacional llamó la atención de Colombia cuando se conoció la noticia que 200 niños tolimenses fueron entrenados por las Farc en Roncesvalles-Tolima.

Estos infantes fueron incorporados a las Farc mediante engaños y motivaciones atroces, verbigracia la presentación de un video en el que unos niños asaltaron un poblado.

El periódico de la Universidad Nacional publicó los testimonios de Argenis y Martha, dos niñas de 12 años de edad cada una, incorporadas a las Farc, que pocos años después desertaron del grupo terrorista y denunciaron malos tratos, abortos, sometimiento a relaciones sexuales no consentidas, y uso de inyecciones o métodos de planificación para evitar embarazos.

Cifras aproximadas indican que para 2002, había más de 7.000 menores de edad en las filas de las Farc, El Eln y las AUC. Las estadísticas de inteligencia militar indicaban que el 30% de los integrantes de los grupos armados ilegales eran niños. Esto indicaría que para esa época (1998-2002) había 6.000 niños en las Farc, 2.000 en el Eln y 2.500 en las AUC.

La incorporación de menores a las filas de los grupos narcoterroristas, se explica en que los cabecillas pueden manipular la agresividad y arrojo de los menores de edad, para convencerlos de la necesidad de hacer la guerra contra el "enemigo de clase", sumado al hecho de que algunos terroristas incorporan a sus propios hijos a las cuadrillas.

A raíz de las bajas en combate y capturas de más de 100 menores de edad en el área rural de Suratá, enviados por el Secretariado de las Farc desde la Zona de Distensión hasta el departamento de Santander, la Unicef expresó un fuerte pronunciamiento contra los terroristas, debido a que convertían los niños en criminales, sin ni siquiera permitirles vivir la prepubertad.

En el mismo sentido se pronunciaron organizaciones no gubernamentales internacionales, verbigracia Coalición contra el Uso de Niños Soldados, Convenio del Buen Trato, Save the Children, Fundación Dos Mundos y Defensa Internacional de los Niños.

En reiteradas ocasiones la Unicef ha exteriorizado serias preocupaciones por la precaria situación de derechos humanos de los niños en Colombia, en caos específicos como los muertos en combate, las víctimas de las minas antipersonales, las granadas o los explosivos, que dejan abandonados los terroristas en las áreas despobladas o semipobladas.

La muerte de un niño que encontró un artefacto explosivo en San Carlos-Antioquia, generó otro fuerte llamado de atención a Colombia por parte de la ONU. El 14 de noviembre de 2001, Vanessa una niña de 13 años desertó de las Farc y denunció ante la Fiscalía General de la Nación, que en la Finca La Tigra de la Inspección El Anzuelo de Puerto Gaitán-Meta, existía una escuela de entrenamiento terrorista de las Farc, destinada para el aprestamiento de menores de edad para la guerra.

Pese a la cantidad de menores de edad vinculados a la guerra, en encuesta adelantada por Cindamer a finales de 2000, los niños colombianos definieron la guerra de la siguiente manera:

El 41% afirmó que los guerrilleros son personas malas. El 24% los definió como personas que matan. El 23% los calificó como secuestradores. El 5% los concibió como personas violentas. El 4% dijo que son un grupo armado. Y el 28% les endilgó calificativos de índole negativa.

Plan B de las Farc

Muchas veces durante las prolongadas conversaciones de paz, los medios de comunicación despertaron inquietudes acerca de cuál sería el plan del gobierno nacional para recuperar no solo la Zona de Distensión, sino la soberanía nacional. Llovieron críticas de todos lados, sugerencias, comentarios y posiciones encontradas.

La verdad es que no había nada trascendental preparado, diferente a un sencillo plan militar de recuperación geográfica, no política ni sicológica de la población civil afectada cuatro años por la propaganda armada de las Farc, además de la peregrina idea de constituir una zona especial gobernada por un militar de alta graduación, sin recursos adecuados, ni herramientas jurídicas ni un plan coherente de desarrollo, situación que se complicó mas, debido a que la Corte Constitucional declaró inexequible un proyecto de ley para estructurar la defensa nacional.

La miope visión política de las Farc, enfocada en ganar posicionamiento político debido a la debilidad manifiesta de la contraparte en la mesa de negociación, llevó a los terroristas a cometer sucesivos errores de apreciación estratégica.

Primero, pensar que podrían seguir ejecutando todo tipo de incursiones audaces y acciones terroristas contra la población civil, sin que el presidente Pastrana hubiera actuado para suspender los diálogos.

Segundo, los terroristas estaban convencidos que las artificiosas conversaciones de paz llegarían al 7 de agosto de 2002 y empalmarían con el nuevo gobierno, que según sus cálculos, seguiría enmarañado en los diálogos sin concretar nada.

Tercero, ejecutar su plan B terrorista, materializado en acciones demenciales contra la infraestructura económica, el acueducto de Chingaza en las goteras de Bogotá, el audaz secuestro del senador Eduardo Turbay Gechem, el estallido de una bicicletabomba en una cafetería de un barrio popular de Bogotá, y la destrucción de varios puentes que facilitaban el comercio y la interacción de municipios vecinos en zonas rurales.

Esta catarata de acciones terroristas, forzó al presidente Pastrana a asumir una fingida posición de autoridad y suspender las conversaciones con los terroristas, que lo habían manipulado a su antojo para sacar máximas ventajas político-estratégicas de las estériles conversaciones.

La opinión pública se polarizó contra la conducta pusilánime y permisiva de Pastrana, hasta el punto que el candidato presidencial Álvaro Uribe, asumió como propia la bandera política de mano dura contra el narcoterrorismo, implorada por el angustiado pue-blo colombiano, víctima de la morbosa criminalidad de las Farc.

Desplazamiento forzado

El sanguinario fanatismo fratricida de los constantes enfrentamientos armados entre las guerrillas comunistas y las autodefensas ilegales, desencadenó un nuevo fenómeno de poblamiento suburbano masivo, paralelo con los desplazamientos masivos de miles de familias humildes asediadas por la mortífera presión intimidatoria de ambos bandos, frente a la impotencia e incapacidad del Estado para imponer la ley y el orden.

El problema trascendió las fronteras patrias con el obvio desprestigio internacional de Colombia. Ante la disfuncionalidad gubernamental casi de Estado fallido, la Unión Europea envió recursos suficientes para atender a 300.000 personas desplazadas, y la presidencia de la república se vio forzada a diseñar un programa de atención a estas personas.

El 20 de noviembre de 2000 la oficina del Alto Comisionado de las Naciones Unidas para los Refugiados (ACNUR), anunció la destinación de 195 millones de pesos, para la elaboración de una cartilla sobre legislación indígena, apoyo a los desplazados que constituyeron comunidades de paz en el Chocó, y proyectos productivos para viudas de la violencia en Urabá.

Aunque la cantidad es insuficiente para cubrir elevados gastos atinentes a estos tópicos, la actuación de esa rama de la ONU, refleja la creciente preocupación internacional por ayudar a la solución del cruento conflicto armado y las repercusiones sociales del mismo.

Los desplazamientos masivos producidos por la guerra se volvieron costumbre por fuerza de repetición. A manera de ejemplos concretos, en San Pedro-Valle del Cauca y Alejandría-Antioquia, 68 familias abandonaron sus fincas por presión de las AUC. Durante el mismo mes varias familias campesinas fueron hasta las oficinas del Congreso de la República, para denunciar que las Farc los desterraron de la Zona de Distensión.

Después de la masacre perpetrada por las AUC en la vereda Alaska de Buga-Valle, donde murieron 24 campesinos, dos mil habitantes de los corregimientos Alto Cielo, El Diamante, La Magdalena y La Habana, del mismo municipio quedaron en medio del fuego cruzado de las AUC con las Farc.

Por un lado las AUC amenazaban con asesinar a quien colaborara con las Farc. En respuesta, estas, presionaban a los campesinos para que pidieran a las autoridades de Cali y a Buga atención para sacar las AUC de la zona.

Así, los campesinos enviaron un derecho de petición a la alcaldía de Buga, para solicitar garantías legales y protección para sus vidas, atención humanitaria para los afectados por los enfrentamientos, y desarrollo de programas de reubicación a los desplazados por la violencia.

Por otra parte la alcaldía de Neiva apoyó con ocho millones de pesos la atención a los desplazados por acción de las Farc, luego de un asalto terrorista al municipio de Vegalarga donde los atacantes destruyeron más de un centenar de humildes viviendas.

Parece que la dialéctica comunista y el lenguaje proterrorista de las Farc, no les deja ver ni entender el repudio que generan sus actos de barbarie contra la población civil, que inclusive sirvió para que algunos campesinos miraran para otro lado ante la acción de las AUC contra las Farc y sus cómplices.

En forma reiterativa las Fuerzas Militares llamaron la atención en torno al silencio cómplice de organizaciones no gubernamentales, promotoras o defensoras de derechos humanos, frente a los actos de barbarie cometidos por los terroristas contra sus oponentes políticos, en particular las ejecutadas por las guerrillas comunistas.

Atentados terroristas contra los medios sanitarios

Los ataques contra instalaciones y medios sanitarios reflejan los niveles de descomposición a los que ha llegado el conflicto colombiano y la irracionalidad de los agentes generadores de violencia, radicalizados en los propósitos extremistas de cambiar la manera de pensar o de actuar del adversario.

Además del secuestro en las selvas del Chocó de un voluntario de la ONG Médicos sin Fronteras, perpetrado por el quinto frente de las Farc en julio de 2000, algunos hospitales y centros de salud resultaron afectados por los ataques terroristas contra puestos de policía y edificaciones de organismos oficiales en municipios alejados o con protección insuficiente.

Mientras que durante el paro cocalero en el Putumayo, también llamado paro armado por las Farc, los terroristas hurtaron las ambulancias de los centros de salud en Puerto Asís y Puerto Caicedo, con la amenaza de muerte para quien atendiera a algún miembro de las AUC, en Tibú-Norte de Santander, las autodefensas ilegales desterraron y luego asesinaron al médico del hospital municipal.

Una semana después de perpetrado este crimen, las AUC interceptaron la ambulancia del hospital en la que iba un herido a quien remataron con tiro de gracia. De inmediato, algunos funcionarios del hospital que ya habían recibido amenazas de muerte renunciaron a los cargos.

Después de un combate con tropas del batallón de Juanambú, el 24 de septiembre de 2001 en la vereda Filoseco de Albania-Caquetá, terroristas de las cuadrillas 14 y 15 de las Farc, tomaron por la fuerza el jeep campero de placas YT9853, asignado a la Cruz Roja Colombiana, para transportar a unos terroristas heridos que fueron custodiados dentro del vehículo por dos bandidos armados con fusiles.

Otros actos terroristas contra las tripulaciones de vehículos asignados a la salud pública, fueron el ataque de las AUC en el Cesar contra un vehículo de la Secretaría Departamental de salud, al mismo tiempo que en el centro del Valle, las Farc atacaron una ambulancia, según denuncia de médico León Fernández director de un hospital.

La destrucción con explosivos de un puente sobre el río Jaguas en la vereda La Holanda de San Carlos-Antioquia, perpetrada por la novena cuadrilla de las Farc, fue otra razón que forzó al presidente Pastrana a romper el proceso de paz, debido a que una ambulancia que transportaba a unos campesinos enfermos cayó al agua y causó la muerte de una mujer embarazada, que iba para el hospital a que le atendieran el parto.

Días después los mismos terroristas atacaron con fuego de fusiles y granadas y asesinaron a cuatro campesinos que viajaban a bordo de una volqueta que se desplazaba por la misma carretera.

Secuestros de aeronaves

Tres secuestros de aeronaves perpetrados por terroristas de las Farc durante la vigencia de la Zona de Distensión, pusieron en tela de juicio ante el mundo, la seriedad y compromiso real de las Farc frente a la terminación del conflicto, por tratarse de un delito catalogado de lesa humanidad.

En el primer episodio el miliciano Arnubio Ramos integrante de la cuadrilla Teófilo Forero, secuestró en Neiva una aeronave de la empresa Aires y obligó al piloto a aterrizar en San Vicente del Caguán.

La complicidad de los cabecillas de las Farc y la incapacidad del presidente Pastrana para obligar a los terroristas a que entregaran al aeropirata a la justicia colombiana, dejó la sensación de connivencia oficial con el delito, debilidad del gobierno nacional y mas arrogancia de las guerrillas comunistas que creían tener ganada la guerra.

El segundo episodio sucedió en San Vicente del Caguán, territorio entregado por Pastrana a las Farc, cuando un pistolero supuesto desertor del grupo narcoterrorista, abordó con violencia una aeronave de Satena y puso en riesgo la vida de todos los pasajeros.

Al aterrizar en Bogotá, el secuestrador fue dominado por la tripulación y entregado a la Fiscalía General de la Nación. El bandido confesó las razones del crimen cometido y el desencanto que le producían los postulados de la lucha revolucionaria.

El tercer y más sonado episodio ocurrió en el aeropuerto de Neiva, cuando terroristas de la cuadrilla Teófilo Forero entrenados en técnicas de sabotaje, secuestraron una aeronave de Aires que transportaba pasajeros hacia la capital de la república.

La espectacularidad, sorpresa y novedad de la acción, demostró los niveles de entrenamiento especializado que han alcanzado algunas células terroristas, capacitadas en la Zona de Distensión por miembros de Eta e Ira, con miras a urbanizar el conflicto.

Los aeropiratas desviaron hacia el sur del Huila el rumbo normal del avión. Obligaron a los pilotos a efectuar un azaroso aterrizaje sobre la vía Neiva-Garzón, donde otros terroristas dotados con ayudas tecnológicas primarias orientaron la irregular maniobra sobre una pista improvisada.

En esa aeronave viajaba el senador huilense Eduardo Gechem Turbay, objetivo principal de la arriesgada incursión armada. De inmediato los terroristas transportaron a los secuestrados en un vehículo hacia la Zona de Distensión.

La absurda muerte de una mujer embarazada que se transportaba en la ambulancia que cayó al agua en el puente destruido en San Carlos-Antioquia, y el secuestro de la aeronave de Aires con el senador Eduardo Gechem, forzaron al presidente Pastrana a simular dignidad agredida y supuesta autoridad, para declarar terminadas las conversaciones con la frase demagógica que Tirofijo le había mentido y lo había engañado.

Acciones demenciales

A las graves infracciones y violaciones descritas, que fueron cometidas por todos los agentes generadores de violencia, durante el periodo en que se realizaron las estériles conversaciones de paz en El Caguán, se suman otras acciones que por su magnitud pueden ser catalogadas como demenciales.

Por ejemplo, terroristas del Eln dinamitaron el acueducto de Pailitas-Cesar y sembraron minas antipersona alrededor del lugar, donde murieron los funcionarios civiles del municipio que fueron a reparar los daños.

En otro escenario, terroristas de la cuadrilla 13 de las Farc vertieron compuestos químicos venenosos, dentro del acueducto municipal de Pitalito-Huila.

La alarma y el pánico se extendieron a otros municipios, donde milicianos de las Farc hicieron terrorismo telefónico con amenazas de situaciones similares.

En Pasto-Nariño, terroristas de la cuadrilla 29 de las Farc destruyeron la bocatoma del acueducto municipal y causaron desabastecimiento temporal de agua potable en esa capital departamental.

Al mismo tiempo, terroristas de la cuadrilla 42 de las Farc destruyeron con explosivos la bocatoma del acueducto del municipio Pulí-Cundinamarca.

En la represa de Chingaza, terroristas de la cuadrilla Abelardo Forero de las Farc activaron varias cargas explosivas de mediano poder, con el fin de paralizar el suministro de agua potable a Bogotá.

Este hecho que fue denunciado por el alcalde de Bogotá, ante los organismos internacionales de derechos humanos, causó indignación total dentro y fuera de Colombia.

Producto de la desaforada guerra entre las AUC y las Farc, terroristas de la cuadrilla 35 secuestraron y quemaron vivos a los campesinos Filadelfo Méndez y su hijo identificado con el mismo nombre, en el corregimiento de Puerto López ubicado a tres horas de camino del municipio de El Bagre-Antioquia.

Por su parte las AUC arrasaron el corregimiento de El Chengue en el municipio de Ovejas-Sucre, y cometieron una de las más crueles masacres de la historia de violencia política de Colombia, descrita en el capítulo XI de esta obra.

El 15 de julio de 2001, la cuadrilla 39 de las Farc perpetró el secuestro de Alán Jara exgobernador del departamento del Meta, cuando viajaba a bordo de un carro de la ONU. Por la misma época las Farc secuestraron al dirigente deportivo Hernán Mejía Campuzano, desafortunado suceso que puso en entredicho la realización de la Copa América de fútbol en Colombia.

Fue tal el impacto de esta noticia que pasó a segundo plano la publicitada noticia de la liberación de 302 soldados y policías secuestrados en diferentes acciones armadas.

Resultado de los alarmantes índices de violencia, a principios de 2002 algunos de los equipos de fútbol que participaron en la Copa Toyota Libertadores de América, no querían jugar en los estadios colombianos alegando falta de garantías de seguridad.

Para aumentar los niveles de desprestigio internacional derivados de la crítica situación de inseguridad en Colombia, durante la realización de la Copa Davis de tenis en Villavicencio-Meta, las Farc realizaron varios atentados terroristas en esa ciudad, lo cual motivó la cancelación de los Juegos Deportivos Bolivarianos en Colombia.

En conclusión, fueron muchos los actos demenciales cometidos por las Farc, el Eln y las Auc en Colombia durante el lapso 1998-2002.

Incluyen trampas pérfidas con cadáveres-bomba en la Escuela de Artillería en Bogotá, con un soldado muerto en combate contra la cuadrilla 51 de las Farc y después con el cuerpo sin vida de un campesino secuestrado y luego asesinado en Sibaté-Cundinamarca, por terroristas de la cuadrilla 55 de las Farc.

A esto se suman animales vivos cargados con explosivos, colocación de carros-bomba y artefactos explosivos en lugares públicos, juicios revolucionarios contra desertores de las cuadrillas, lanzamiento de granadas contra pobladores civiles en sus casas o establecimientos públicos concurridos, destrucción de caseríos y poblados, indolencia manifiesta en el caso de la muerte del niño Andrés Felipe Pérez enfermo de cáncer, o el caso de la muerte del padre de la excandidata presidencial Ingrid Betancur, mientras ella permanecía en cautiverio.

CAPÍTULO VIII

EL EJÉRCITO NACIONAL

Constante histórica

Ante las innegables evidencias de la rampante deshonestidad e inmoralidad administrativa de la dirigencia política colombiana, en casinos militares y ámbitos académicos, oficiales y suboficiales de diferentes graduaciones, comentan y autocritican al interior de la institución, que en nombre de la democracia el Ejército colombiano ha sido condescendiente y ha servido de idiota útil para sostener en el poder a una casta de legisladores y gobernantes corruptos[7].

A lo largo de la historia colombiana los dirigentes políticos han encendido la hoguera de las pasiones partidistas con trazas descomunales de violencia fratricida. En contraste, los militares son quienes han hecho la paz en el país.

La enquistada corrupción administrativa aunada a la carencia de autoridad moral de la dirigencia política, han tenido enorme incidencia negativa en el manejo de los asuntos de Estado o en las

---

7 Un politólogo colombiano aseveró que el Congreso colombiano es una asociación para delinquir.

administraciones regionales o municipales, con el consecuente caldo de cultivo para enquistar grupos armados, contrarios a la frágil estabilidad institucional.

Producto de la improvisación complementaria de la arraigada corrupción administrativa, Colombia nunca ha tenido objetivos nacionales ni planes integrales de los dirigentes de turno para poner en práctica movilizaciones nacionales de defensa nacional, en casos de conmoción o desastres naturales.

Sin excepción, todos los presidentes de la república han sido reactivos y nunca proactivos para encarar este tipo de problemas. Ninguno de ellos ha enlazado su plan económico, político o social con el de su antecesor.

Cada quien ha cumplido su cuatrie-nio, para satisfacer cuotas burocráticas, y pasar a la historia más por sucesos lamentables que por ejecutorias trascendentales para la vida política colombina.

Ninguno de los mandatarios electos ha llegado a ocupar el cargo con un plan coherente social, económico, político y cultural articulado con una estrategia integral de defensa nacional, para resolver el problema del narcoterrorismo comunista.

Cada quien ha cumplido su periodo presidencial enfatizando en el cumplimiento de cuotas burocráticas por favores recibidos o compromisos adquiridos, además de pasar a la historia por sucesos lamentables que son vergüenzas históricas para el país.

Por ejemplo, a Carlos Lleras se le recuerda por la actitud pantallera de ordenar al país que se fuera a casa, so pena de acciones restrictivas de la Fuerza

Pública, pero el verdadero propósito de esa fanfarronada, era evitar un caos civil derivado del presumible fraude electoral que desconoció al general Gustavo Rojas Pinilla como ganador de las elecciones, y permitió el ascenso a la presidencia del conservador Misael Pastrana Borrero, para así cumplir los acuerdos de la repartija de poder entre liberales y conservadores, durante el periodo del Frente Nacional (1958-1974).

A Misael Pastrana Borrero se le recuerda porque cuando entregó el poder, el Eln estaba casi derrotado gracias a la acción de las tropas no a su discreta gestión, por ende, no dejó ninguna política de Estado definida para completar el proyecto.

De remate, su sucesor Alfonso López Michelsen cohonestó con los terroristas del Eln y permitió su salida del cerco al que los tenía sometidos el Ejército en el sur de Bolívar.

Excepción hecha de las relaciones laborales e interpersonales del general Alberto Ruiz Novoa con el presidente Alberto Lleras Camargo, y del general Luis Carlos Camacho Leiva con el presidente Julio César Turbay Ayala, la interacción del alto mando militar con los sucesivos presidentes colombianos, ha sido de mutua prevención debido al mal entendimiento de la supremacía del poder civil sobre el militar.

En conclusión, las relaciones de los altos mandos militares con las élites civiles, han sido más de conveniencias mutuas para cuidar los cargos, que una integración cohesiva, en aras de concretar esfuerzos sólidos y unificados para defender la soberanía nacional.

Por estas razones es que algunos críticos concuerdan en afirmar que si las Fuerzas Militares crearon la república, tienen la obligación de salvarla, máxime que consecutivos gobiernos han descargado en el Ejército Nacional con el apoyo de las demás instituciones armadas, toda la responsabilidad del control del orden público, pero sin la suficiente dotación y lo que es peor sin respaldos jurídicos y políticos.

Cambios operacionales pero no de estrategia

El Ejército Nacional no cambió de estrategia durante el periodo gubernamental de Andrés Pastrana Arango, debido a que estuvo maniatado a los caprichos personales del presidente, empecinado en ser nominado Premio Nobel de Paz.

En realidad, las tropas fueron parcialmente cualificadas en técnicas de combate cercano como unidades de infantería ligera y contraguerrillas.

Cuando el gobierno nacional finalizó la vigencia de la Zona de Distensión, no hubo despliegue de guerra integral, porque con excepción del general Ruiz Novoa, a partir de 1965, las Fuerzas Militares olvidaron la aplicación de operaciones de guerra sicológica integradas a programas de acción cívico-militar para mitigar los problemas sociales en las zonas afectadas por la violencia comunista y ganar el apoyo de la población civil.

Gran parte de los oficiales, suboficiales y soldados continúan en el Ejército sin dar importancia a la acción sicológica, ni la necesidad de integrar la inteligencia de combate con los programas de desarrollo comunitario y la interacción con las tropas.

Prevalece el errado criterio de medir la gestión de cada comandante de tropas por la cantidad de terroristas dados de baja en combate, acciones que redundan en la imposición de medallas por servicios distinguidos en orden público, medallas al valor, cualificación para los ascensos, comisiones diplomáticas o de estudios en el exterior, ascensos, o destinaciones para otros cargos o guarniciones, donde pueda compartir con la familia así sean unos pocos días a la semana.

En la práctica los militares colombianos no se sienten respaldados ni por el Estado que defienden hasta con sus vidas, ni por la sociedad a cuyo servicio entregan los mejores años de su existencia.

Si algún miembro de la institución resulta implicado en alguna investigación penal, disciplinaria o administrativa por causa y razón del servicio, debe pagar los gastos de su defensa, o en el mejor de los casos afiliarse con pagos mensuales deducidos de su salario, por organizaciones externas de abogados facilitadas por la institución armada.

No todos los actuales generales y coroneles comandantes de divisiones y brigadas del Ejército, tienen la idoneidad forjada con la experiencia táctica en el campo de combate, para comandar unidades de esa importancia y nivel, debido a que durante sus carreras ocuparon cargos administrativos o logísticos en los que el mando de tropas se ejecuta en unidades urbanas, sin responsabilidad en operaciones contraterroristas rurales.

Es inexplicable que sucedan hechos tan vergonzosos como el caso del general Manuel Bonett Locarno, que por no haber tenido mando de tropas en unidades de combate, hubiera tenido que esperar su ascenso al grado de mayor general en el cargo de Comandante de la Segunda División, para que por simpatía y por operaciones que realizaron tropas de la Quinta Brigada, le otorgaran la medalla por servicios distinguidos en orden público.

También es inaceptable que un oficial en razón de sus condiciones académicas o lo que es más grave por padrinazgos y amistades, pasó gran parte de la carrera en el exterior, o en las escuelas de capacitación dictando clases teóricas de táctica militar, y cuando llegó al grado de brigadier general recibiera el mando de brigadas cuyas jurisdicciones estaban comprometidas en operaciones contra las Farc o las AUC.

Y, a pesar de estruendosos fracasos operacionales se haya mantenido en el cargo, por el hecho que era de la misma especialidad de los superiores jerárquicos o amigos de ellos, como sucedió en la Cuarta y Séptima brigadas con los generales Eduardo Herrera Berbel y Fredy Padilla De León.

O que para dirigir la Escuela Superior de Guerra, institución académica encargada de capacitar y entrenar a los futuros comandantes de brigadas y batallones del Ejército o sus equivalentes en las otras Fuerzas, se hubiera nombrado al general Henry Medina Uribe, oficial sin experiencia en mando de tropas y operaciones de combate.

Además de carecer de liderazgo para inculcar habilidades tácticas o destrezas operacionales a los alumnos; solo porque por medio de intrigas con los ministros de Defensa de turno consiguió aval presidencial para ocupar ese cargo, en el mismo momento que la guerra arreciaba por la terminación de la era del Caguán.

Selección de personal

La selección de personal en especial para los cargos de alto nivel dentro de la jerarquía castrense, no siempre coincide con el acumulado profesional de las hojas de vida de los coroneles y generales, porque en casos específicos se superponen la amistad o la predilección propia de la condición humana.

Cuando llega las época para seleccionar los coroneles y generales, si un general activo, pero descriteriado, desea impedir el ascenso de un oficial a quien tiene en ojeriza, elabora un concepto lleno de juicios de valor, inclusive contrario a lo que el mismo anotó en la hoja de vida cuando el oficial afectado estuvo bajo su mando.

Y con base en ese concepto, busca que otros generales voten en contra de esa persona, para cobrar venganza porque casi siempre sucede, se opuso a alguna actuación fuera de la ley. Así obraron en varios casos conocidos los generales Jorge Mora Rangel, Gabriel Contreras Ochoa, Gilberto Rocha Ayala, Francisco Pedraza Peláez, Rafael Ruiz Navarro, y otros de la misma calaña, durante la época en que el Ejército estaba en vilo, por lo que sucedía dentro y fuera de la Zona de Distensión.

En otros casos, acudieron a la facultad discrecional, que permite a los comandantes de Brigada elaborar un concepto secreto en contra de determinado oficial, y con ese documento, es retirado del servicio activo, sin importar el tiempo de servicio que tenga en su haber.

En la selección del curso de Altos Estudios Militares para el año 2001, fueron eliminados coroneles de excelente trayectoria profesional, que a lo largo de la carrera ejercieron el mando de tropas en unidades de combate, en cambio fueron escogidos otros con muchos méritos en actividades administrativas o buen desempeño académico en cursos anteriores, que por sus perfiles profesionales no eran indispensables en la Fuerza.

Pero no fue el único curso que tuvo esa connotación negativa, ni tampoco sería el último, pues la anómala situación permanece en la institución militar. Pese a la manipulación que hicieron las Farc de las conversaciones de paz en la Zona de Distensión, el perfil de algunos coroneles seleccionados para generales durante 1998, 1999, 2000, 2002, no coincidió con las necesidades operacionales de la Fuerza, sino que en algunos casos, con la simpatía de los altos mandos de turno.

Asimismo, en los estudios del Comité Asesor para los ascensos al grado de coronel, no siempre cuentan los registros consignados en la hoja de vida de cada oficial.

Por simpatía o animadversión deri-vada de los roces que pueden surgir de los actos del servicio, las intrigas pueden más que el acumulado profesional de los afectados.

Así, son escogidos oficiales que no son tan brillantes, y de tajo son eliminados tenientes coroneles cuya capacidad mental, visión estratégica, liderazgo, ejemplo y condiciones profesionales superan a muchos coroneles y generales activos, es decir a quienes los eliminan.

Al deshacerse de experimentados y valiosos oficiales pierden Colombia y el Ejército, porque la experiencia y el amplio conocimiento militar de las capacidades e intenciones de los terroristas, deben ser aprendidos de manera empírica por quienes vienen detrás en los grados subalternos.

De remate, a menudo se bloquea cualquier acceso a la cátedra o la instrucción de los nuevos oficiales, por parte de los experimentados oficiales que fueron retirados de manera irregular, porque pesan más los comentarios subjetivos que las realidades objetivas.

Otra cruda realidad: El nivel académico de los oficiales y suboficiales de las Fuerzas Militares es mediano frente a la dimensión del problema. Es mínimo el porcentaje de oficiales o suboficiales con estudios universitarios complementarios a los cursos militares de ley para ascenso o especialización.

O lo que es más grave, son muy pocos los oficiales que se autopreparan por medio de la lectura o el ejercicio académico investigativo.

La falta de la capacitación complementaria es suplida con la interacción social y en algunos casos puntuales por la inclinación autodidacta del oficial. Lo demás se maneja dentro del esquema de la cultura militar que se nutre de los documentos, circulares, directivas, planes e instrucciones de coordinación laboral internas de la Fuerza.

En el ámbito operacional, sonados fracasos militares derivados de indisciplina táctica fueron suplidos con altas dosis de heroísmo. Durante las estériles conversaciones de paz, hubo casos negativos de unidades estáticas con mentalidad defensiva, sin actitud proactiva que las indujera a operar de manera ofensiva.

Uno de los casos ocurrió con la golpeada base militar de Coreguaje, adscrita al batallón de selva No. 49, que por nefasta coincidencia fue la misma unidad que sufrió el fracaso táctico de la base militar de Las Delicias en agosto de 1996.

Otro caso ocurrió en Gutiérrez-Cundinamarca con tropas del batallón de artillería General Landazábal, donde un pelotón de esa unidad fue arrasado por terroristas de la cuadrilla 51 de las Farc.

Además de sorpresivos ataques con explosivos contra las instalaciones del batallón Vargas en Granada Meta, del batallón Magdalena en Pitalito-Huila y la Escuela Militar de Cadetes en Bogotá.

Como el Estado colombiano carece de estrategia de guerra integral, la persistente actividad combativa y decidida del Ejercito Nacional estuvo enfocada durante esta época a responder a los ataques terroristas.

Por esta razón, durante los cuatro años de conversaciones de paz (1998-2002), la guerra mantuvo un empate estratégico de sumatoria cero fuera de la Zona de Distensión, no obstante la admirable labor desarrollada por algunas brigadas móviles, algunos batallones de contraguerrillas y por las Fuerzas Especiales Rurales.

Aunque estas unidades especiales obtuvieron resultados positivos, los batallones normales apenas cumplieron con los estándares mínimos operacionales, es decir que en algunas jurisdicciones militares no se afectó el Plan Estratégico de las Farc, sino que facilitó el asentamiento de los terroristas en esos sectores.

Una conclusión primaria indica que la estructura piramidal del Ejército y el mando centralizado sin asesoría adecuada de Estado Mayor, pudieron conducir a los fracasos tácticos o a la improductividad operacional, sin que se hubiera hecho la autocrítica constructiva.

Ansias de protagonismo

El ansia de protagonismo y el desmedido deseo de aparecer en los medios de comunicación fue un mal que hizo carrera dentro de la institución militar, durante la vigencia de la Zona de Distensión.

Por esa razón, sucedió en algunos casos, que antes de realizar alguna operación de importancia, los periodistas conocían detalles de la información, o que durante el desarrollo de la misma los periodistas tuvieran datos de cuáles serían los próximos objetivos por atacar, últimas informaciones de inteligencia, planes de las guerrillas, cantidades de tropas comprometidas y hasta el dispositivo táctico de las unidades en el campo de combate.

En ocasiones se produjeron declaraciones innecesarias a los medios de comunicación, que por su contenido ridiculizaron la seriedad de la palabra de un militar, y permitieron que con malicia se pusieran en duda los resultados operacionales de las unidades de combate.

El locuaz brigadier general Francisco René Pedraza Peláez, comandante de la Tercera Brigada con sede en Cali marcó la pauta en ese tipo de salidas en falso, impropias para una persona de su grado y cargo militares, consecuente con el compromiso institucional que demanda la investidura.

En desatinadas declaraciones el general Pedraza afirmó enfático, con aspecto por demás ridículo, que el Mono Jojoy había muerto en la Zona de Distensión. En contraste durante la emisión de los noticieros que anunciaban la supuesta "chiva" periodística que pretendía adjudicarse el lenguaraz comandante de la Tercera Brigada, otros periodistas presentaron en directo al Mono Jojoy rozagante y sonriente desde el Caguán.

Sin escarmiento para asumir con responsabilidad su cargo e investidura y evitar ese tipo de ligerezas, y sin que sus superiores directos los pusilánimes generales Jorge Mora Rangel y Rafael Ruiz Navarro le hubieran llamado la atención, pocas semanas después, el general Pedraza aseguró en una rueda de prensa en Cali, que las Farc habían enviado a Joaquín Gómez al sector de Santo Domingo-Cauca.

De nuevo los periodistas de RCN televisión lo ridiculizaron al presentar en el noticiero del medio día a Joaquín Gómez en directo desde San Vicente del Caguán donde oficiaba como negociador de las Farc.

Días después, alguien utilizó la red de Internet para diseminar una especie de tarjeta de crédito Express, con la figura de los cabecillas de las Farc, mediante la cual con un mal chiste, adujo que esa era la constancia que estaban entregando las Farc a quienes estaban extorsionando con base en la "Ley 002".

Sin investigar a fondo la veracidad del comentario, el general Pedraza volvió a los medios de comunicación para dar por cierta esa información, que en pocas horas fue desvirtuada por la Fiscalía y por los gestores de la absurda idea.

El afán de protagonismo exagerado por aparecer en los diarios y telenoticieros, indujo al general Pedraza a cometer otra indiscreción por exceso de locuacidad.

Al termino de un retén terrorista instalado por las Farc en la vía Buena-ventura-Cali, que Pedraza adjudicó al Eln, tropas del batallón Palacé realizaron la persecución de los bandidos.

En vista de la falta de resultados tangibles, el general Pedraza, se aventuró a decir en público que ahora las autodefensas de Carlos Castaño andaban de la mano con las Farc, que por eso era difícil capturar a los responsables del retén ilegal.

Tamaño despropósito fue desmentido por los terroristas de ambos bandos, que ese mismo día se enfrentaron en cercanías a la represa de La Salvajina, donde murieron cinco integrantes de las AUC.

Pero Pedraza no fue el único general locuaz durante la vigencia de la Zona de Distensión. En Puerto Rico-Meta las cámaras de televisión presentaron los cadáveres de 43 terroristas de las Farc abatidos por la Fuerza Aérea, mientras que los generales Mora y Tapias dijeron a los medios de comunicación que habían caído 100 delincuentes.

Asimismo durante la Operación Siete de Agosto, el general Carlos Fracica Naranjo pronosticó triunfalista ante el corresponsal del Diario El País de España, el 24 de agosto de 2001, que la intensa persecución militar terminaría con una entrega masiva de guerrilleros, si es que antes las tropas no los traían muertos y empacados en bolsas negras, y agregó enfático que sus tropas saldrían del área cuando hubiera destruido las cuadrillas que delinquen allí.

En esta operación también se presentaron diferencias en las cifras reportadas por las tropas. El general Fracica informó que las tropas bajo su mando abatieron a 19 terroristas incluidos Urías Cuéllar hombre de confianza de Jojoy. Por su parte la Fuerza Aérea reportó 24 bajas.

El general Fernando Tapias comandante de las Fuerzas Militares, presentó otra cifra. Para colmo de errores, los periodistas que estuvieron en el lugar de los hechos vieron los cadáveres de 13 terroristas.

Al parecer, se pretendía presentar una cifra inflada de terroristas muertos, para aparentar mayor eficiencia operacional de las tropas de Fracica.

Exitosas operaciones del Ejército Nacional

El descomunal ataque dirigido por Romaña contra Mitú-Vaupés en noviembre de 1998, indicó que la pauta de conducta de la Farc durante las conversaciones de paz con la administración Pastrana, sería dilatar el proceso mientras demostraban poderío militar frente a los negociadores del gobierno, mediante poderosas ofensivas armadas y desproporcionadas arremetidas contra objetivos estratégicos, donde no había suficiente presencia militar.

Después de varios días de combate en Mitú, en el más eficaz y oportuno de los apoyos brindados por el Ejército a la Policía Nacional, 800 terroristas de las Farc fueron repelidos por la Fuerza de Despliegue Rápido, que mediante una operación sincronizada de alto riesgo, con desembarcos diurnos y nocturnos de unidades de paracaidistas y contraguerrillas borraron la imagen negativa de recientes fracasos militares en Patascoy[8], Puerres, Las Delicias, La Carpa, Juradó y el Billar.

Después de varios días de combate en Mitú, en el más eficaz y oportuno de los apoyos brindados por el Ejército a la Policía Nacional, 800 terroristas de las Farc fueron repelidos por la Fuerza de Despliegue Rápido, que mediante una operación sincronizada de alto riesgo, con desembarcos diurnos y nocturnos de unidades de paracaidistas y contraguerrillas borraron la imagen negativa de recientes fracasos militares en Patascoy, Puerres, Las Delicias, La Carpa, Juradó y el Billar.

Con la recuperación del control de Mitú, las tropas evitaron la ambiciosa conquista temporal de una ciudad capital de departamento, sumado al oportuno número de terroristas abatidos por los

---

8 En el fracaso de Patascoy se endosó la responsabilidad al coronel Álvaro Ruiz Hernández y se eximió al verdadero responsable coronel Víctor Julio Burgos Segura, debido a que estaba casado con la familiar de un general en servicio activo.

bombardeos de la Fuerza Aérea durante la dispersión y el desordenado repliegue de los asaltantes.

Con el argumento de atacar objetivos limitados a la par con acciones dilatorias, mientras en la mesa de conversación se discutían asuntos sin precisar en la agenda, las Farc desataron en julio de 1999 una costosa oleada de acciones terroristas contra la economía nacional y la golpeada población civil colombiana.

La respuesta de las Fuerzas Militares fue exitosa, con la circunstancia agravante que en diferentes puntos del territorio nacional, fueron hallados y decomisados buldóceres, artillados con caño-nes artesanales y capas protectoras de blindaje.

El fuego de la Fuerza Aérea coordinado con la maniobra táctica de las unidades de superficie, propinó muchas bajas a las Farc en Puerto Rico-Meta.

Esta operación oportuna y eficiente impidió un ataque masivo del Bloque Oriental de las Farc contra la sede del batallón Vargas en Granada-Meta, así como una oleada terrorista preparada en la Zona de Distensión contra los municipios de Florencia y Doncello en el Caquetá.

Pese a las evidencias de los planes y acciones de las Farc, el presidente Pastrana continuó obcecado en el empeño de la improductiva y lesiva mesa de conversaciones, que no arrojaba nada positivo para Colombia.

Un mes después de la ofensiva de las Farc contra Puerto Rico-Meta y Doncello-Caquetá, bombarderos OV 10, aviones fantasma y helicópteros artillados de la Fuerza Aérea, atacaron una columna motorizada de las Farc que se disponía a incursionar en Corozal-Casanare.

Aunque en forma extraoficial, los medios de comunicación difundieron la noticia de 45 terroristas abatidos por el bombardeo y el ametrallamiento, nunca se pudo establecer la cifra exacta de los delincuentes muertos.

La Operación Berlín efectuada por tropas de la Quinta Brigada, con posterior apoyo de la Fuerza de Despliegue Rápido (Fudra), fue hasta esa fecha sin duda la operación sostenida de contraguerrillas más exitosa del Ejército colombiano en la historia de combate contra guerrillas comunistas móviles.

Al cabo de una sincronizada ofensiva contra la columna móvil Arturo Ruiz de las Farc, enviada por el Mono Jojoy desde la Zona de Distensión hacia el Magdalena Medio, tropas comandadas por el general Martín Carreño Sandóval, desarticularon por completo la numerosa cuadrilla, de la que murieron la mayor parte de sus integrantes, otros quedaron heridos, otros desertaron y el resto fue capturado por el Ejército.

A este golpe se sumaron las bajas de Miller Perdomo y Franklin en Cundinamarca, consideradas como el primer paso del trabajo constante que nueve años después condujo a la muerte del Mono Jojoy. Los resultados operacionales de las demás brigadas fueron muy discretos frente a la dimensión de la agresión narcoterrorista.

La Operación Gato Negro efectuada en agosto de 2001, que culminó con la captura de un centenar de narcotraficantes entre ellos el capo brasileño Fernandinho, y la refrendación que las Farc son un cartel de narcotraficantes, confirmó la capacidad combativa del Ejército colombiano cuando las tropas cuentan con medios tecnológicos adecuados, pese a la actitud grotesca e irrespetuosa del general Carlos Fracica Naranjo en el trato con sus subalternos.

Los documentos incautados a la cuadrilla 16 de las Farc durante la Operación Gato Negro, confirmaron la inmersión de los terroristas en el narcotráfico, el comercio y el envío de cargamentos de coca; la organización de redes de narcotraficantes, fueron utilizados por la justicia de Estados Unidos para pedir en extradición al terrorista Tomás Medina Caracas alias el Negro Acacio.

La sorpresiva Operación Tsunami realizada en Barbacoas-Nariño, dejó al descubierto el intenso trabajo de adoctrinamiento y reclutamiento de campesinos para las Farc, así como la existencia del hasta ese momento desconocido por la inteligencia militar, extenso corredor estratégico de movilidad, tráfico de armas, insumos para el procesamiento de coca y complejos contactos con funcionarios oficiales ecuatorianos afines a la ideología marxista-leninista de las Farc.

Fracasos operacionales del Ejército colombiano (1998-2002)

De manera errónea y con el fin de minimizar equivocadamente la capacidad bélica del adversario, quizás para engrandecer el ego de los comandantes de las tropas en los niveles superiores, característica singular arraigada con rasgos culturales en las Fuerzas Militares colombianas desde mediados de la década de los ochenta, los generales Mora y Tapias fueron reiterativos en afirmar que a partir del 7 de agosto de 1998, ellos dos cambiaron la estrategia operacional del Ejército, porque no se volvieron a repetir fracasos operacionales como los sucedidos en Puerres, La Carpa, Pavarandó, Las Delicias o Patascoy.

Tal aseveración es falsa. Después de que los generales Tapias y Mora recibieron los dos más altos cargos de las Fuerzas Militares, las Farc si propinaron a las tropas regulares demoledores golpes tácticos con connotaciones estratégicas, que llevaron a importantes sectores de opinión a sugerir que Colombia estaba balcanizada, era un Estado fallido y las Farc estaban cerca de tomar el poder político por medio de las armas.

Tan solo ocho días después de posesionado Andrés Pastrana como presidente, el general Tapias como Comandante General de las Fuerzas Militares y el general Jorge Mora Rangel como comandante del Ejército, tropas de la Cuarta Brigada comandadas por el general Eduardo Herrera Berbel, sufrieron un duro revés operacional en el sitio Tamborales del Corregimiento Puerto Lleras de Riosucio-Chocó, donde tres cuadrillas del bloque noroccidental de las Farc, asesinaron a 20 soldados y dejaron heridos a 23.

Recién iniciada la vigencia de la Zona de Distensión, el Bloque Oriental de las Farc propinó un rudo golpe a tropas de la Decimotercera Brigada en el área rural de Gutiérrez-Cundinamarca. Los terroristas sorprendieron a dos pelotones del batallón Landazábal ubicado en un terreno desfavorable.

Los atacantes hicieron una maniobra envolvente, basada en iniciativa, sorpresa y superioridad numérica. En el sangriento ataque perecieron 38 soldados y 10 terroristas.

El trágico episodio culminó con el llamamiento a calificar servicios del comandante del batallón, sin que se establecieran las responsabilidades penales de los comandantes de la Decimotercera Brigada, Quinta División y el propio Ejército Nacional.

En el área rural de Saravena-Arauca, las Farc derribaron un helicóptero MI de fabricación rusa destinado al transporte de tropas. En el atentado murieron 24 soldados y 2 tripulantes de la aeronave, como consecuencia de la ingenuidad del comandante del batallón de contraguerrillas, que envió esas tropas a desembarcar cerca del lugar donde los terroristas habían explotado un petardo contra el oleoducto Caño Limón-Coveñas.

En otro escenario de la guerra, en el nordeste antioqueño, tropas del batallón Rifles resultaron golpeadas al entrar a un sitio donde estaban en combate reductos de las Farc y las AUC.

Así mismo, la muerte de 30 militares el 21 de julio de 2001, entre ellos los subtenientes Nilson Chafuerlán Díaz y Oscar Parra Encinares, comandantes de dos pelotones adscritos al batallón de selva No 49, tras el ataque terrorista a la base militar de Coreguaje, localizada entre la Zona de Distensión y la frontera con Ecuador.

El descomunal ataque de las Farc a la base de Coreguaje fue dirigido por Fabián Ramírez, quien también era negociador en el Caguán. Igual que en el ataque a la base de Las Delicias realizado también por el Bloque Sur contra el batallón de selva 49, el fracaso táctico de Coreguaje fue el resultado de una sumatoria de errores tácticos, logísticos, administrativos y estratégicos, suplidos con mucho heroísmo.

A diferencia del fracaso de Coreguaje con el de Las Delicias, los terroristas cuya mayoría participó en ambos asaltos, no secuestraron a ningún militar. Además el general Mora manejó la información al respecto, con mesura y evitó un despliegue publicitario similar al anterior.

Para aumentar la cadena de desaciertos e infortunios, debido a descoordinaciones con entidades legales encargadas de identificar los cadáveres, la entrega de los féretros a los familiares de las víctimas, demoró hasta cinco días e inclusive se presentó el caso en el que se dificultó la ubicación de los familiares de un soldado natural del Departamento de Risaralda.

En el área operacional de la Cuarta Brigada, terroristas del bloque noroccidental de las Farc arrasaron una compañía de contraguerrillas, producto de la incapacidad técnica y táctica del comandante de esa unidad operativa y del oficial de operaciones, quienes dirigieron la acción.

El estruendoso fracaso operacional inició cuando los terroristas atacaron el puesto de policía de Dabeiba-Antioquia. Con el apoyo de una gran cantidad de milicianos, esperaron escondidos entre la maraña aledaña al municipio, la llegada de tropas de refuerzo en helicóptero.

En pocos minutos fue aniquilada una compañía de contraguerrillas entrenada para el combate cercano, de la misma forma que los gue-rrilleros Vietcong, cercaban y copaban unidades del Ejército de Estados Unidos en los arrozales y selvas del Vietnam.

Forzado por las circunstancias el general Eduardo Herrera Berbel comandante de la Cuarta Brigada solicitó el retiro del servicio activo y el obvio relevo del cargo, pero de manera increíble los generales Mora y Tapias lo ratificaron en el mismo cargo, y tiempo después fue trasladado a la Dirección de la Escuela Superior de Guerra en reemplazo del general Henry Medina Uribe.

Además del fracaso operacional en Dabeiba, en la jurisdicción de la Cuarta Brigada ocurrieron otros hechos lamentables. El cuartel general de la Brigada y la sede del Grupo Antiextorsión y Secuestro (Gaula) rural fueron blancos de tres atentados terroristas con carros-bomba.

El área urbana del municipio de Granada-Antioquia fue arrasada por la novena cuadrilla de las Farc. Como si esto fuera poco, la presencia de los terroristas de las Farc, las Auc y el Eln en la carretera Bogotá-Medellín se convirtió en una pesadilla para los viajeros.

En horas de la tarde del 15 de agosto del 2000, más de doscientos terroristas de las Farc entraron al área urbana de San Rafael-Antioquia. Asesinaron a Evelio Quinchía y Ramiro Marín los vigilantes de dos parqueaderos, y luego incendiaron los lugares, llenos de carros.

También incineraron las dos estaciones de gasolina. Asesinaron al tendero Mauricio Garro. El campesino Octavio Espinosa murió víctima de un infarto por el susto que le causaron las explosiones.

Al replegarse hacia las montañas, para contener las tropas que los perseguían, los terroristas sembraron minas antipersona. Cambiaron la presencia masiva por pequeños grupos. Sus ataques se volvieron esporádicos, pero igual de violentos. Derribaron varias veces las torres de energía y algunos puentes que comunicaban a San Rafael con otros pueblos.

Para rematar los desaciertos de la Cuarta Brigada, una patrulla del batallón Nutibara mató a unos niños que confundió con terroristas.

El masivo ataque y destrucción parcial de la repetidora del cerro de comunicaciones en Santa Cecilia área rural de Pueblo Rico-Risaralda, perpetrado en septiembre de 2001 por terroristas de las Farc, que terminó con la muerte del coronel Jorge Rodríguez comandante del batallón San Mateo y heridas al coronel Luis Ardila Silva comandante de la Octava Brigada, y la pérdida de un avión fantasma que se estrelló contra el cerro, fue otra operación negativa para las tropas en este lapso.

Pese a que las tropas evitaron la toma del cerro por parte de las Farc y la repetición de un fracaso similar al sucedido en el Cerro de Patascoy en diciembre de 1997, los terroristas tuvieron menos bajas y además, aplicaron con éxito los principios bélicos de objetivo claro, maniobra adecuada, seguridad en el ataque, sencillez en la ejecución y sorpresa en el momento del ataque.

La Tercera Brigada bajo el mando del brigadier general Francisco Pedraza tuvo varios fracasos operacionales, que costaron muchas vidas de soldados y grandes costos para el presupuesto nacional.

Sin embargo, por su conducta tirana con los subalternos y arrodillado con los superiores, Pedraza fue sostenido en el cargo en contubernio con el general Mora Rangel, incapaz de relevarlo de la alta responsabilidad que incumplía el lenguaraz comandante de la Tercera Brigada, sindicado por la Fiscalía de tener algún grado de responsabilidad en la masacre del Naya perpetrada por las AUC.

En marzo de 2001 las Farc arrasaron las tropas de infantería de marina que operaban una repetidora de comunicaciones en el Cerro Tokio, en el corregimiento El Queremal del municipio de Dagua, ubicado a menos de una hora de Cali por vía terrestre.

Este duro golpe a las Fuerzas Militares fue producto de la improvisación y la ineptitud táctica del general Rafael Ruiz Navarro comandante de la Tercera División y de su inmediato subalterno el general Francisco Pedraza comandante de la Tercera Brigada, que nunca antes del fracaso coordinaron los apoyos tácticos requeridos por la unidad atacada, pues ni siquiera conocían el lugar.

Sin ninguna previsión de seguridad, Pedraza envió una compañía del batallón Pichincha a apoyar la unidad de infantería de marina, la cual fue emboscada con saldo negativo de 10 soldados heridos de consideración. Entre tanto los terroristas filmaron el ataque, en el que destruyeron la base militar, asesinaron 22 infantes de marina y robaron todo el material de guerra.

En otra emboscada de las Farc contra el batallón Pichincha sobre la vía que conduce entre Santander de Quilichao y el corregimiento de El Palo, resultaron 15 soldados heridos. Por la misma época las Farc emboscaron a otras unidades de la Tercera Brigada y causaron heridas a otros 15 soldados.

A esa cadena de fracasos operacionales y evidente incapacidad táctica del general Pedraza, se sumó otro grave error suyo en enero de 2002. De nuevo tropas bajo su mando fueron emboscadas en Los Farallones de Cali, donde murieron15 soldados.

Estos se sumaron a otros ocho soldados, que también por ineptitud de Pedraza fueron asesinados por las Farc en una emboscada cerca al Volcán Puracé en el Cauca.

No obstante esa cadena de pérdidas humanas reflejo de la carencia de liderazgo militar del general Pedraza, su ineptitud fue premiada con el ascenso a mayor general y el nombramiento como comandante de la Tercera División con sede en Cali, en remplazo del también inepto general Rafael Ruiz Navarro, llamado a calificar servicios por estar inmerso en algunas investigaciones penales, por problemas de manejo administrativo de dineros del Estado.

De remate, la incapacidad de Pedraza se reflejó en dos nuevos hechos vergonzosos. En el primero, milicianos de las Farc asesinaron en Cali al obispo Isaías Duarte Cancino cuando salía de una misa. En el segundo, una cuadrilla de las Farc disfrazada de tropas regulares, secuestró a plena luz del día a 12 diputados de la Asamblea del Valle. No obstante estas fallas operacionales, Pedraza siguió en el cargo cobijado por su protector el general Mora Rangel.

En otros hechos negativos para el Ejército Nacional, las Farc activaron un carro-bomba contra la sede del batallón Vargas en Granada-Meta, donde resultaron 20 soldados heridos y fue destruida la sede del Distrito Militar.

También hubo ataques terroristas de las Farc contra la Escuela Militar de Cadetes, la Escuela de Artillería, el puesto de mando de la Brigada 18 en Arauca y el cuartel del batallón de infantería Alto Magdalena en Pitalito-Huila.

En el área rural de Nazareth-Cundinamarca, la cuadrilla 52 de las Farc secuestró y asesinó al sargento Eliud Sarmiento, los soldados Eladio Barreto, Moisés Murcia y Carlos Coronado, orgánicos de la Decimotercera Brigada, quienes estaban desarmados y se encontraban en la zona en desarrollo de actividades logísticas para abastecer a las tropas de esa unidad operativa.

La muerte de 29 soldados en una trampa cazabobos en el área rural de El Dorado-Meta, fue otro de los absurdos fracasos del Ejército durante el comando del general Mora Rangel.

Una compañía completa de contraguerrillas con amplia experiencia en operaciones de combate, fue seducida con engaños y llevada a una trampa mortal, por dos terroristas que se hicieron pasar como desertores de las Farc.

Llama la atención que a pesar del estruendoso fracaso táctico, ni el presidente de la república, ni el ministro de Defensa, ni el alto mando militar, tomaron medidas disciplinarias, administrativas o penales contra los responsables directos del error, cómo si lo hicieron de manera reiterativa contra oficiales que no eran de sus afectos.

Durante los cuatro años de consecutivos errores y fracasos operacionales derivados de la ineptitud de los comandantes directos de las unidades comprometidas, el brigadier general Gustavo Porras Amaya fue único que tuvo carácter y vergüenza para cumplir el código de honor militar, al renunciar al cargo luego que las Farc perpetraron un acto terrorista en su jurisdicción en el Caquetá.

En ninguno de los graves fracasos enunciados se establecieron responsabilidades concretas, ni el Congreso de la República citó al presidente de la república, ni al ministro de Defensa, ni a los generales Tapias y Mora para que explicaran las razones de tantos y tan graves fracasos militares.

Tampoco se pronunciaron la Fiscalía General de la Nación, ni la Procuraduría General de la Nación, ni la Defensoría del Pueblo. Los muertos ya no pueden hablar para esclarecer las responsabilidades de los comandantes directos.

Solo los lloran sus familiares más cercanos, que además deben recorrer el camino de la burocracia para cobrar los pingües seguros de vida y algunos exiguos beneficios legales.

Los medios de comunicación por lo general refieren el hecho en alguna noticia escueta, y los dolientes regresan al diminuto universo de su pobreza estructural, para seguir en su papel de testigos del absurdo desangre y hasta aportando más hijos para la guerra.

Entretanto los responsables de estos fracasos ascienden en la escala civil o militar, o muchas veces son enviados al exterior a desempeñar funciones diplomáticas, pagadas con dineros públicos, acumulan ganancias en dólares, regresan a Colombia para ocupar nuevos cargos, pero nadie los llama a asumir responsabilidades políticas, penales, disciplinarias y administrativas.

Bajas y capturas de cabecillas de las Farc

Las bajas y capturas de cabecillas, son dos de las razones por las cuáles las Farc no han podido avanzar más en la concreción de su Plan Estratégico hacia la toma del poder.

Entre los principales cabecillas abatidos durante el lapso (1998-2002) se destacan Miller Perdomo y Silvio El Pastuso en el Páramo de Sumapaz, Franklin en Gachetá, Urías Oyaga, el abuelo y el chiquitín en Guaviare, Esteban 26 en Vichada, así como la captura en Arauca de Patricia Cabezas concubina de Granobles.

Capítulo IX

La policía nacional

Final del protagonismo mediático del general Rosso José Serrano

Aunque con el cambio de gobierno Samper-Pastrana, el locuaz general Rosso José Serrano continuó en el cargo de Director de la Policía Nacional, con el nuevo presidente disminuyó su protagonismo mediático porque mientras en el gobierno Samper, el general Serrano aprovechó el desprestigio acumulado del inepto mandatario, chocó con Pastrana que deseaba ser el epicentro publicitario de su gobierno, en especial en las relaciones con los funcionarios oficiales de Washington.

Por esa razón no fueron extrañas las reacciones del controvertido congresista Benjamín Gilman y de su compañero republicano Dan Burton, quienes enrostraron a Pastrana ingenuidad por dar categoría política a un grupo narcoterrorista y al mismo tiempo le cuestionaron la ausencia del general Serrano durante uno de los tantos viajes de Pastrana a Estados Unidos.

Fue tan desatinada la posición de los dos congresistas estadounidenses, que uno de los dos comparó el viaje de Pastrana a Washington sin la compañía del general Serrano, como una presentación de la selección Colombia de fútbol sin la asistencia del Pibe Valderrama, a la vez que calificaron como muy pobre la actividad diplomática de la embajada colombiana en la capital de Estados Unidos.

Al cabo del primer año de gobierno de Andrés Pastrana, el otrora encumbrado director de la Policía Nacional, salió en forma discreta del cargo, y ya sin la aureola de imprescindibilidad que le confirió la debilidad de carácter y la marcada ingobernabilidad de Ernesto Samper Pizano.

Caso del coronel Álvaro Acosta Argote

El 5 de abril de 2000 en el área rural del municipio de Tuluá-Valle, la columna Víctor Saavedra de las Farc encabezada por Pablo Catatumbo, perpetró el secuestro del coronel de la Policía Nacional Álvaro León Acosta Argote, tras derribar un helicóptero de las unidades antinarcóticos.

En el sorpresivo ataque perecieron cuarto agentes de policía y otros tres fueron secuestrados entre ellos el coronel Acosta. Pocos días después se conoció la noticia del dramático estado de salud del oficial recluido en una guarida de las Farc en límites de los departamentos de Tolima y Valle, área de importancia para el despliegue estratégico hacia el Pacífico, Cali, el Chocó, el centro del país, Huila y el Putumayo.

Noralba González esposa del coronel Acosta, protagonizó episodios de elogiosa tenacidad en aras de la liberación del oficial. Sin detenerse ante la adversidad constante, la señora González tocó todas las puertas posibles, se entrevistó con los terroristas, tomó contacto con los medios de comunicación, estimuló a sus hijos para no perder la fe, y demostró al mundo entero que los objetivos políticos de las Farc, están salpicados de violencia y violaciones a los derechos fundamentales de las víctimas actuales y potenciales.

Un año y medio después, esa misma columna terrorista incursionó en el crucero la Liberia ubicado al oriente de Tuluá, donde fueron asesinados los agentes de policía Pedro Salazar Urrea, Ricardo Salazar Puentes, Nilson Rodríguez, Julio Marmolejo y resultaron heridos otros uniformados.

Asimismo fue abaleado un helicóptero de antinarcóticos que sobrevolaba la zona donde existen extensas plantaciones de amapola custodiadas por las Farc.

El 17 de marzo de 2000 en la vereda Santa Cecilia de Pueblo Rico-Risaralda, una columna de las Farc atacó el puesto de policía del caserío. La arremetida terrorista destruyó el desprotegido cuartel de la policía y todas las edificaciones construidas alrededor del lugar. Los daños fueron calculados en un millón de dólares.

Al final del asalto fue secuestrado el cabo primero José Norberto Pérez, padre del niño Andrés Felipe Pérez, cuya dramática historia conmovió al mundo entero, y se convirtió en una estocada mortal para las intenciones manipuladoras y propagandistas de las Farc, en torno a la supuesta y engañosa humanización del conflicto, pues el niño que estaba enfermo de cáncer, murió a finales de 2001.

Drama y tragedia del niño Andrés Felipe Pérez

El pintor Omar Gordillo intercedió ante la Farc y se convirtió en el mediador de la familia con los terroristas, pero el artista tampoco pudo conmover a Tirofijo, quien dijo que un médico de las Farc debería revisar al menor, porque él no creía en la propaganda capitalista.

Cada vez más demacrado y asolado por la tortura de no tener cerca a su padre, el niño murió en su casa, luego de rezar y pedir a Dios que al despertar estuviera libre su padre.

En abril de 2002 un lacónico comentario de prensa informó a la opinión pública, que las Farc asesinaron al cabo Pérez, debido a que el suboficial intentó escapar del cautiverio, debido a la presión sicológica que sentía desde cuando se enteró de la muerte de su hijo.

Ataques terroristas contra la Policía Nacional

Los cuarteles de la Policía Nacional se convirtieron en el blanco predilecto, para justificar descomunales arremetidas terroristas de las Farc contra la población civil.

Así, agentes de policía sin instrucción militar suficiente, ni adecuados equipos de combate, ni entrenamiento táctico para defender posiciones fijas en guerra de guerrillas, resistieron con estoicismo demoledores ataques sorpresivos en diferentes lugares del país.

Por norma general la dotación bélica de los alejados puestos de policía es inadecuada para sostener combates desiguales en hombres, armas y maniobra táctica.

Los agentes de policía habitan estrechos espacios dentro de instalaciones fijas, que con facilidad pueden ser sitiados por grupos delictivos armados que utilizan a su favor el factor sorpresa, la superioridad numérica de fuerzas y amplios espacios exteriores para maniobrar.

En ese sentido más que el merecido reconocimiento nacional al heroísmo de sus hombres, los cuarteles de policía necesitan refuerzos y dotaciones adecuadas para contrarrestar los ataques terroristas de las Farc.

Estos hechos lamentables dejaron en claro que llegó la hora que la Policía Nacional, replanteé sus funciones y misiones, para que dejen de aparentar ser una fuerza militar que como rueda suelta se integra al Ministerio de Defensa como fuerza armada, pero que no se somete ni a la disciplina, ni al entrenamiento, ni a la organización, ni a la cadena de mando de las Fuerzas Militares.

La evolución de las conversaciones de paz de Pastrana con las Farc, obliga a futuros gobiernos que impongan a sus ministros de Defensa la tarea de reestructurar, misión, visión, capacidades y objetivos de la Policía Nacional.

Al revisar la situación actual, la Policía Nacional está metida en muchas labores que impiden su eficiencia operacional contra los elevados índices delincuenciales en Colombia.

Un examen global demuestra que la Policía está comprometida en actividades de control de tráfico, turismo, aduanas, aeropuertos, policía judicial, transporte nacional, seguridad de personalidades, delegados en gobernaciones, superintendencias, ministerios, alcaldías, agregadurías policiales en cuerpos diplomáticos, flota aérea como fuerza aérea paralela, antinarcóticos y contraguerrillas.

La diversificación de tareas y la intencional inmersión autopublicitaria en misiones que no corresponden a la Policía Nacional tales como contraguerrillas rurales, aviación paralela, comandos antiterroristas rurales, fuerzas especiales terrestres, deben quedar bajo la responsabilidad de las tres Fuerzas Militares, o de lo contrario convertir a la Policía en la cuarta fuerza militar y trasladarla bajo dependencia directa del Comando General de las Fuerzas Militares.

De esa manera se podría concretar el deseo personal del general Serrano Cadena de crear un ministerio de seguridad pública encargado de la policía, o en su defecto la opción más viable sería, quitar a la Policía Nacional las armas largas, las unidades de fuerzas especiales terrestres, los comandos anti-terroristas rurales, la fuerza aérea paralela y las misiones de contraguerrillas, y trasladarla al Ministerio del Interior.

No es ético ni mucho menos legítimo enviar agentes de policía sin formación militar a lugares de trabajo, donde las Farc o el Eln los pueden asesinar o secuestrar tras descomunales ataques terroristas.

La tenaz resistencia de la Policía al ataque perpetrado por más de 500 terroristas contra la estación de policía en Mitú-Vaupés en noviembre de 1998, es emblemática y sintetiza el aporte de sangre, sudor y sacrificio aportado por esa institución en aras de la esquiva paz entre los colombianos.

Pero ese no fue el único hecho de heroísmo de los agentes de policía, asediados por acciones armadas desiguales del narcoterrorismo comunista. Hubo muchos más.

En el corregimiento San Bernardo ubicado a media hora de recorrido en vehículo de Ibagué-Tolima, las Farc asesinaron a tres miembros de la policía y causaron heridas de gravedad a otros cuatro agentes.

El 17 de julio de 2000, una columna integrado por más de 200 terroristas de las Farc atacó por sexta vez en tres años el alejado municipio de Roncesvalles-Tolima. Durante el prolongado asedio, los atacantes arrojaron reiteradas oleadas de cilindros-bomba contra la estación de policía y las casas aledañas.

Al cabo de casi 24 horas de tenaz resistencia 13 de los 14 agentes de policía se rindieron, pero de acuerdo con el testimonio del patrullero Fernando Méndez Medina, único sobreviviente del ataque, los terroristas masacraron a sangre fría o remataron con tiros de gracia a sus compañeros.

El cobarde crimen llamó la atención del mundo entero, pero igual que en otros sucesos similares ocurridos durante su mandato, el débil presidente Pastrana prestó oídos sordos al clamor nacional de no hacer más concesiones a las Farc, sin que nadie con poder decisorio hubiera cuestionado su laxitud, falta de carácter y carencia de solidaridad con una institución armada que lo ayudó a sostener en el inmerecido cargo de presidente de los colombianos.

Ese mismo día las Fuerzas Militares publicaron un documento analítico, mediante el cual demostraron que todos los municipios aledaños a la Zona de Distensión, se convirtieron en una calculada retaguardia estratégica para preparar y lanzar arremetidas terroristas e incrementar la potencialidad de los anillos de seguridad de los cabecillas del Secretariado de las Farc en el área despejada.

En otro lugar el primer día de diciembre de 2000, la décima cuadrilla de las Farc atacó a una patrulla de la Policía Nacional que regresaba al área urbana del aeropuerto local, luego de asegurar el decolaje de un vuelo comercial. En el ataque terrorista murieron seis integrantes de la Policía Nacional, entre ellos el capitán Edgar Durán Ramírez.

El 15 de enero de 2002, mientras los negociadores del gobierno nacional manoseados por las Farc trataban de salvar la inminente ruptura del proceso de paz, en una emboscada en San José de Albán-Nariño, los terroristas asesinaron a nueve agentes de policía, para presionar a Pastrana para que cediera de nuevo, ante las interminables imposiciones de las Farc.

Una semana después el 23 de enero, una patrulla de Policía de Carreteras fue emboscada en el sitio Las Cruces sobre la vía que conduce de Timbío a Rosas-Cauca. En el atentado murieron cuatro agentes y quedaron heridos otros cinco.

La emboscada coincidió con la visita del presidente Pastrana al departamento del Cauca, sujeto a los vaivenes de una nueva escalada terrorista orientada a torpedear una nueva tregua acordada hasta el 7 de abril con supuesta verificación internacional.

No obstante la pretendida condición interna de cuerpo civil armado, el hecho que las circunstancias de la guerra hayan autoimpuesto a la Policía la condición de fuerza antiterrorista, contraguerrillas rurales y unidades especiales antinarcóticos, hace que los terroristas de las Farc y el Eln la cataloguen como un enemigo militar al que combaten como tal.

La crudeza de la guerra intensificó la deshumanización del conflicto. Luego de los masivos ataques contra Mitú, Puerto Rico y Miraflores, Santa Cecilia, y Doncello donde fueron secuestrados más de 150 miembros de la policía, las Farc persistieron en la terquedad del canje humanitario, en contraste con la enfermedad del coronel Acosta Argote, o del sargento Luis Herazo Maya de 38 años de edad, padre de dos hijos, secuestrado en precarias condiciones de salud.

Agentes de policía secuestrados

En respuesta al clamor nacional que exigía la liberación de los dos policías enfermos, las Farc agregaron a su arrogante desafío a la institucionalidad, el asesinato a sangre fría y en estado de indefensión, de tres miembros de la Policía en Bosconia-Cesar, entre quienes estaba el capitán Ramón Horta.

Capítulo X

Morbosidad criminal de las Farc

Viraje de Human Rights Watch

La sumatoria de errores políticos de las Farc condujo a que la ONG Human Rights Watch (HRW), proclive a sindicar a la Fuerza Pública colombiana por cualquier denuncia en su contra, en un inesperado viraje sindicara a las Farc como los principales violadores de los derechos humanos en Colombia.

Respecto a los múltiples abusos de las Farc contra los pobladores de los municipios desmilitarizados en la Zona de Distensión, José Miguel Vivanco Director de HRW advirtió que por lo menos, deberían adoptarse garantías para que los moradores de la zona pudieran recurrir ante alguna autoridad independiente y creíble para denunciar lo sucedido.

Rubin Kirk uno de los integrantes de HRW que participó en la elaboración del informe declaró a un periodista del Diario Miami Herald que este era un mensaje personalizado, que buscaba notificar a Tirofijo que en esta era de derechos humanos, él como cabecilla de las Farc tenía responsabilidades, por las que podría ser enjuiciado como Pinochet o Milosevic.

Uno de los detonantes para que HRW asumiera esa posición crítica frente a las Farc, fue el múltiple secuestro perpetrado en el Cauca por la sexta cuadrilla contra el cooperante alemán Ulrich Kuenzel director del Proyecto de Cooperación Técnica (GPZ) en compañía de su hermano Tomas Kuenzel y Reichner Bruchman.

Después de la fuerte presión internacional, posterior a la comprobada presencia de terroristas irlandeses en el Caguán, el 11 de octubre de 2001, las Farc se vieron forzados a liberar a dos de los alemanes secuestrados, pues en un descuido de los guardias, Tomás Kuenzel escapó del lugar de cautiverio.

Respecto a este suceso, Olga Marín hija de Tirofijo y concubina de Raúl Reyes, aseguró en México que las Farc no podían dejarse presionar por lo sucedido con los secuestrados alemanes en el Cauca, a lo que los diplomáticos alemanes respondieron que su país tampoco podía dejarse presionar por los terroristas.

El 14 de abril de 2002, el mismo día en que por orden de Iván Márquez las Farc atentaron en Barranquilla contra la vida del candidato presidencial Álvaro Uribe Vélez. El director de HRW José Miguel Vivanco envió la segunda reprimenda a Tirofijo, instándolo a suspender la violencia contra el pueblo colombiano y buscar senderos para llegar a la paz.

Pescas diabólicas y secuestros de civiles

El complejo de inferioridad que contrastaba con la lucidez e inteligencia de Tirofijo, cuya personalidad articuló todos los hilos del tejido social de las Farc, se reflejó en los secuestros masivos perpetrados en retenes ilegales sobre las carreteras de Colombia, denominados pescas milagrosas por los terroristas y pescas diabólicas por los medios de comunicación, con el fin de conseguir recursos financieros para costear la guerra contra Colombia.

Tamaño desacierto puntualizó uno de los mayores despropósitos de las Farc en su intento de buscar reconocimiento político, mediante el controvertido auto convencimiento que el grupo narcoterrorista lucha por defender las capas sociales menos favorecidas, para argumentar que cada acción criminal que cometen, es una respuesta de clase contra la oligarquía.

Pese al intenso trabajo de reclutamiento y adoctrinamiento de pobladores civiles realizado por el Partido Comunista legal y el clandestino, las Milicias Bolivarianas y el Movimiento Bolivariano Clandestino, las acciones terroristas de las Farc contra la población civil, les han generado absoluto rechazo de la opinión pública colombiana en todos los estratos y organizaciones sociales.

El secuestro de Carolina Cruz esposa de Hernando Martínez alcalde de Villavicencio, cuando la desafortunada dama viajaba hacia Bogotá con su pequeño hijo Juan José de apenas tres años de edad, conmovió a Colombia y aumentó el repudio nacional contra las Farc y su criminal proceder.

En el mismo hecho fue secuestrada Nora Tovar esposa de un concejal de Villavicencio, con la circunstancia agravante, que para la época los archivos de inteligencia militar indicaban que durante los primeros siete meses de 2000, las Farc habían secuestrado a 125 personas de quienes 86 habían sido liberadas, previo pago de cuantiosas extorsiones.

El asediado alcalde de Villavicencio tenía informaciones que el Mono Jojoy, había ordenado a la cuadrilla 31 de las Farc que lo secuestrara con el propósito de hacerle un juicio revolucionario por presuntas indelicadezas administrativas, pero en una reunión de los alcaldes de los municipios del departamento del Meta con el cabecilla del Bloque Oriental, este dijo que no las Farc no tenían pruebas contras contra el señor Martínez.

Carolina Cruz fue reina departamental de belleza y tiene especial inclinación por participar en obras de beneficio social, con énfasis en la tercera edad y la niñez desamparada, por ende su publicitado secuestro aumentó la repulsa e indignación de los habitantes de Villavicencio contra las Farc.

Campos de concentración

Como parte de su no muy clara actividad humanitaria, la contadora Marleny Orjuela, autodeclarada supuesta víctima de los secuestros cometidos por las Farc, debido a que un sobrino suyo cayó en poder de los terroristas en Mitú, llegó en una poco convincente visita con el periodista Jorge Botero quien es muy inclinado a elogiar a las Farc, hasta uno de los campos de concentración donde el Mono Jojoy tenía secuestrados a algunos militares y policías en condiciones inhumanas.

Las aterradoras imágenes divulgadas por el Canal Caracol Televisión, difundidas por todo el planeta, causaron críticas comparativas con los campos de concentración nazis durante la segunda guerra mundial.

En este video apareció Granobles –hermano del Mono Jojoy- sindicado de la masacre de los tres indigenistas norteamericanos en los límites con Venezuela, como encargado de la seguridad de los secuestrados encerrados en estrechas jaulas, rodeadas de cientos de alambres de púas y terroristas armados con instrucciones de asesinarlos si intentaban escapar.

La actitud silenciosa del presidente Pastrana frente a esta realidad, sumada a la incapacidad técnica de las Fuerzas Militares para ingresar a la Zona de Distensión y liberar a los secuestrados, marcaron la pauta de la debilidad del gobierno, para hacer cumplir la constitución y las leyes en todo el territorio nacional.

Producida la liberación de una parte de los secuestrados, ya que los oficiales y suboficiales continuaron en poder de los terroristas, los soldados y agentes de policía que recuperaron la libertad narraron a los medios de comunicación las degradantes condiciones de salubridad, convivencia y de espacio en que permanecieron durante el cautiverio.

Pérdida de cabecillas

La muerte o captura de un cabecilla implica pérdidas significativas para el Plan Estratégico de las Farc, porque las cuadrillas pierden la experiencia acumulada y los conocimientos tácticos de combate, que pudieran ser transmitidos a los terroristas recién incorporados, con la circunstancia agravante, que esas bajas redundan en desmoralización y retiros de terroristas rasos o de otros cabecillas.

Además de los cabecillas de las Farc abatidos o capturados por el Ejército Nacional, a finales de 2000 la Policía Nacional capturó en Bogotá a Milciades Urrego alias Rigoberto Lozada, jefe de la cuadrilla 57 de las Farc, encargado de negociar las armas del grupo, en el momento en que tomaba contacto con la red urbana Antonio Nariño en la capital del país.

Este terrorista está sindicado de dirigir en 1994 la masacre de La Chinita, contra terroristas desmovilizados del Epl, que integraban el movimiento político Esperanza, Paz y Libertad.

Asimismo Urrego estaba sindicado de ordenar en 1993, el secuestro y asesinato en las selvas del Urabá chocoano, de los misioneros norteamericanos Mark Rich, David Mankins, Rick Tennenoff.

Secuestro y asesinato de la exministra de Cultura

El secuestro y posterior asesinato de la dirigente política cesarense, exministra de Cultura Consuelo Araujo Noguera y esposa del entonces Procurador General de la Nación Eduardo Villazón de Armas, fue otro de los censurables actos de barbarie perpetrado por las Farc durante la vigencia de la Zona de Distensión.

La señora Araujo y 20 personas más fueron secuestradas por la cuadrilla 19 de las Farc en un paraje rural del departamento del Cesar, donde fueron obligados a vestir prendas de uso privativo de las Fuerzas Militares, con el siniestro propósito que si las tropas los perseguían, podrían disparar contra ellos al confundirlos con los terroristas.

Ante la presión de las contraguerrillas de la Segunda Brigada, los terroristas dispararon contra la exministra Araujo, y dejaron abandonado su cuerpo sobre la ruta de escape.

La cruenta noticia causó estupor e indignación en todo el país pues la señora Araujo era recordada por su jovialidad, entusiasmo y liderazgo comunitario. La situación se agravó con las declaraciones de Raúl Reyes y Simón Trinidad, quienes afirmaron que los responsables del crimen eran el gobierno nacional y el Ejército, opuestos al proceso de paz.

El 14 de enero de 2002, unidades de la Policía Nacional capturaron en Valledupar a Edward Quintero Daza alias El Tigre, señalado por los organismos judiciales como el responsable del secuestro y asesinato de la exministra Consuelo Araujo. Con base en su testimonio fueron capturados en la misma ciudad William Araujo Morón alias Chocolate y Alberto Jiménez Cantillo alias Pony.

La masacre en la que murieron el congresista Diego Turbay Cote y algunos de sus familiares más cercanos, perpetrada por la cuadrilla 15 de las Farc en El Doncello-Caquetá muy cerca de la Zona de Distensión, a finales de 2000, incrementó el repudio nacional e internacional contra las Farc.

Documentos incautados con posterioridad a los hechos, sumados a los testimonios de desertores del Bloque Sur de las Farc, confirmaron que esta masacre fue producto de las instrucciones recibidas de Eta, Ira y Al Qaeda, que enseñaron a las Farc a atacar con sevicia a los dirigentes políticos contrarios a la ideología marxista-leninista.

Asesinato del congresista Turbay Cote

El contraste negativo para la intención político-estratégica de las Farc, infiere que los crímenes cometidos por terroristas europeos contra dirigentes políticos contrarios, ocurren por otras causas y en escenarios diferentes, pero no dentro de un proceso de paz activo, colmado de exageradas concesiones.

La impresión generalizada dentro de la opinión pública se sintetizó en irracionalidad y falta de valoración política de los terroristas a sus acciones armadas contra la población civil.

Resulta contradictorio que las Farc siempre han criticado al M-19 por su infantilismo izquierdista, porque querían ganar la guerra a la oligarquía en un solo día como ocurrió en el Palacio de Justicia, pero de manera irremediable las Farc van hacia la rendición y entrega de las armas, debido a la creciente inmersión en el narcoterrorismo y el consecuente repudio de la población civil.

Ataques terroristas contra municipios y corregimientos

Además de los elevados costos de los daños materiales inherentes a los ataques terroristas contra indefensos poblados o caseríos alejados, como parte esencial para debilitar al Estado colombiano, y construir modelos paralelos de cogobierno comunista, las Farc sumaron a la cadena de errores políticos, las muertes y heridos de los habitantes de las localidades atacadas, en particular de niños que por su naturaleza son crímenes que producen mayor repudio.

El mas renombrado de los ataques terroristas de las Farc contra un área poblada, ocurrió en Granada-Antioquia el 18 de noviembre de 2000, como parte del plan de meter al empobrecido municipio de la convulsa región del suroriente antioqueño, dentro de un espacio de poder periférico clandestino sobre Medellín, la autopista que une a la capital antiqueña con Bogotá, el aeropuerto internacional José María Córdova, y las centrales hidroeléctricas de Peñol-Guatapé, San Rafael y San Carlos.

Durante el año 2000, Granada fue atacada seis veces por las Farc y una vez por las Auc.

Los reite-rados ataques terroristas contra este municipio produjeron el éxodo de 5500 campesinos hacia Mede-llín y otros poblados cercanos. No obstante los pocos habitantes que quedaron en Granada, reconstruyeron el poblado.

En el último ataque contra Granada los terroristas de la novena cuadrilla de las Farc activaron un carro-bomba contra la estación de policía, además de 500 cilindros-bomba cargados con explosivos y metralla, fuego de ametralladoras, fusiles, morteros y granadas de mano lanzados en forma indiscriminada contra la población civil.

Producto de la descomunal incursión, los atacantes destruyeron 200 viviendas en cinco cuadras completas, asesinaron a seis miembros de la Policía Nacional y a 20 habitantes del poblado, entre ellos un niño de 12 años de edad y un bebé de apenas cuatro meses. Los daños fueron calculados en 10 mil millones de pesos.

Por otra parte, el ataque terrorista perpetrado el 25 de octubre de 2001por las Farc contra el área urbana de Pijao-Quindío, en el que murieron seis personas, quedaron destruidas 22 viviendas, la iglesia y el cuartel de policía, causó mucha indignación en todo Colombia, debido a que este municipio fue uno de los mas damnificados por efectos del terremoto que asoló el Eje Cafetero a comienzos de 1999.

Igual sucedió con la utilización de gases venenosos contra los agentes de policía en San Adolfo Huila, el 2 de septiembre de 2001, donde también murieron una niña de 9 años y una terrorista de las Farc producto de la explosión de un cilindro-bomba.

En otro lugar del departamento del Huila, durante el ataque terrorista de las Farc contra el municipio de Colombia-Huila, murió la esposa del agente Weidman Lozano junto con sus tres pequeños hijos de la desafortunada pareja, entre ellos un bebé de brazos.

En el asalto terrorista contra el municipio de Vegalarga-Huila, las Farc destruyeron 22 viviendas con cilindros-bomba, lanzados desde las ruinas del puesto de salud. En el ataque resultaron heridos ocho pobladores civiles.

La guerra sin cuartel entre las Farc y las Auc alcanzó dantescos niveles de barbarie. El 19 de noviembre de 2000, terroristas de la cuadrilla 34 de las Farc irrumpieron en el área urbanizada del municipio de Frontino-Antioquia, ubicado a 158 kilómetros de Medellín, donde asesinaron a seis exintegrantes del Epl, a quienes sindicaron de pertenecer a las Auc.

Durante la misma incursión los terroristas incendiaron seis viviendas, destruyeron un trapiche e incineraron dos de los cadáveres de las víctimas.

Una semana después terroristas de la cuadrilla 30 de las Farc incursionaron en el bar El Recuerdo ubicado en el área urbana de Santander de Quilichao, donde asesinaron a 12 personas señaladas de pertenecer a las Auc, cuyas edades oscilaban entre 20 y 46 años.

Disputas armadas con el Eln

Las disputas internas de las Farc con el Eln son de vieja data y constituyen la razón principal por la cual las guerrillas colombianas nunca pudieron cohesionar la Coordinadora Nacional Guerrillera.

Desde los inicios de las dos agrupaciones terroristas, las Farc han pretendido ser el actor preeminente y válido, dueño de la disciplina y la moral revolucionaria, que madura la guerra de liberación por medio de la estrategia de desgaste del adversario y la estratagema de la dilatación de la paz.

Por su parte el Eln considera que sus cuadrillas son cercanas a la realidad nacional, por ende son apegados a la tesis que el hombre es el epicentro de la transformación social, política, económica y cultural.

En julio de 2000 salieron a la luz pública, comunicados internos del Bloque Caribe de las Farc, en la que por orden del Secretariado fueron declarados objetivos militares las guerrillas del Eln y e Epl que delinquen en la región del Catatumbo, por problemas derivados de los ingresos que produce el narcotráfico en la zona.

En medio de las refriegas las Farc secuestraron y desarmaron a seis integrantes de una cuadrilla del Eln y luego los entregaron a una comisión humanitaria en el departamento del César.

Gracias al entrenamiento táctico en manejo de artefactos explosivos, empleo de carros-bomba, y operaciones terroristas urbanas, las Farc establecieron la supremacía en Arauca, pues antes el Eln hacía voladuras calculadas para sacar ventaja en los contratos de reparación, pero ante la negativa del Frente Domingo Laín del Eln, de compartir el área de influencia con las cuadrillas 10 y 45 de las Farc, el Secretariado del grupo terrorista ordenó imponerse con la fuerza, por medio de atentados indiscriminados contra el oleoducto.

En el departamento del Cauca ocurrieron situaciones similares. Terroristas de la octava cuadrilla de las Farc secuestraron a varios integrantes del

Eln, los desarmaron y los entregaron a voceros de organismos humanitarios.

Otros elenos (integrantes del Eln) perecieron en diversos combates. Dada la inminente guerra entre las dos agrupaciones armadas ilegales, durante el viaje de los terroristas a Europa pagado con dineros públicos de los colombianos, se reunieron en España Raúl Reyes de las Farc y Antonio García del Eln, para evaluar la situación y acordar nuevos mecanismos de convivencia en las áreas compartidas por las dos agrupaciones criminales.

Reclutamiento de indígenas

Todas las acciones políticas de los Estados relacionadas con los derechos humanos o la evolución de los conflictos internos, tienen trascendencia internacional.

Con el fin de prolongar los tentáculos de la colonización armada y fortalecer las estructuras clandestinas de apoyo al narcotráfico, las Farc expulsaron de la selva amazónica a cinco extranjeros provenientes de Francia y Estados Unidos, miembros de la ONG Gaira Amazonas, quienes durante varios años habían actualizado a las comunidades indígenas de la región de Araracuara, en temas afines a la medicina moderna, la organización comunitaria y el trabajo en equipo.

Daniel Miterrand viuda del exprimer ministro francés, fue la primera persona que reaccionó con vehemencia ante el criminal proceder de las Farc.

En entrevista con Gabriel García Márquez, los cinco extranjeros confirmaron a la revista Cambio que las Farc han reclutado a varios jóvenes indígenas para vincularlos a las cuadrillas armadas o para enviarlos a controlar los laboratorios y pistas clandestinas del narcotráfico en la extensa selva.

El reclutamiento de indígenas para la guerra se extiende a todo el país, pese a constantes discrepancias con los jefes de los cabildos que han pedido a los terroristas que se vayan de sus áreas, y en otros casos, indígenas ya adoctrinados han firmado convenios o acuerdos de no agresión con las Farc, como ocurrió en el sur del Tolima en 1996.

En otros casos las Farc han atacado los resguardos indígenas. El 24 de mayo de 2000 fue secuestrado y luego asesinado por las Farc, el cacique emberá Luis Bailarín, profesor de lenguas de la comunidad del Murrí, quien con anterioridad había sido amenazado de muerte por los terroristas.

El atroz asesinato del líder emberá fue denunciado en la mesa de conversaciones en El Caguán, pero los cabecillas del Secretariado de las Farc hicieron caso omiso.

Capítulo XI

Las autodefensas ilegales

Quienes integran las autodefensas ilegales

La contundencia criminal de los golpes propinados por las Auc a las redes logísticas y de inteligencia de las Farc y el Eln, radica en la vinculación a los mal llamados paramilitares de desertores del narcoterrorismo comunista, porque conocen a quienes integran las Milicias Bolivarianas o las Populares, el Movimiento Bolivariano Clandestino y el Partido Comunista Clandestino.

Por ejemplo, David Navarro Londoño alias El Gato, desertor de las Farc, fue capturado en Barrancabermeja por el Ejército Nacional cuando dirigía el Bloque del Magdalena Medio de las AUC.

En igual forma, después del descomunal atentado terrorista del Eln en Machuca, desertores de ese grupo llevaron a las Auc a masacrar en ese sitio a los milicianos populares, responsables de activar la carga explosiva contra el poliducto.

Los primeros terroristas de filiación comunista que ingresaron a las Auc fueron algunos de los desmovilizados del Epl en Antioquia y Santander, así como unos desmovilizados de la Corriente de Renovación Socialista del Eln muy cercanos al Epl en Urabá, exintegrantes del M-19 en Peque, y, algunos del casi desconocido PRT.

Además, casi todos los cabecillas de nivel medio de las Farc que desertaron del grupo terrorista, ingresaron a las Auc debido a que necesitaban sobrevivir de la implacable persecución desatada por sus antiguos compinches, que los buscaban para asesinarlos por haber traicionado la revolución comunista.

Como ejemplo de esta situación específica, en noviembre de 2000, el periódico El Tiempo publicó una crónica con la historia personal de un excabecilla del Epl que se enroló a las AUC con su compañera de andanzas en la guerrilla en el Magdalena Medio, e inclusive su hijo criado por Ramón Isaza también hacía parte de los enemigos mortales de los comunistas armados.

Otros integrantes de las AUC son campesinos familiares de finqueros, ganaderos, mineros o comerciantes que fueron asesinados o secuestrados por las guerrillas comunistas, quienes por obvias razones y por atávicas costumbres del campesinado colombiano, pretenden cobrar sangrienta venganza contra los verdugos de sus seres queridos.

También ingresaron a las AUC soldados reservistas de las Fuerzas Militares agobiados por el desempleo; oficiales y suboficiales de todas las instituciones armadas retirados del servicio activo por actos de mala conducta, miembros de las bandas de narcotraficantes que pretenden legitimarse como delincuentes políticos, muchos delincuentes comunes y desempleados comunes y corrientes de los barrios marginados.

Después de la masacre de 29 personas cometida a finales del año 2000 en el departamento del Cesar, Carlos Castaño confesó a la revista Time de Estados Unidos, que tenía contactos con algunos integrantes de la Policía y el Ejército.

La delicada confesión de Castaño sirvió de nuevo argumento a las Farc para dilatar las conversaciones en El Caguán, calificar al presidente Pastrana con el adjetivo débil y exigir resultados concretos del gobierno contra las Auc.

Justificación tácita de los impulsores del fenómeno

Ante la incapacidad del Estado colombiano para contener la arremetida terrorista y las constantes violaciones de los derechos humanos perpetradas por las Farc, el Eln, y los reductos del Epl; sectores definidos de la población colombiana afectados por el fenómeno, iniciaron a auspiciar desde la década de los setenta, la organización y financiación de grupos de autodefensas ilegales.

Tras los allanamientos de la Fiscalía a las presuntas sedes de las AUC en Montería, algunos ganaderos comentaron a un periodista de El Tiempo, que el gobierno de Andrés Pastrana estaba amangualado con las Farc, para que los terroristas regresaran a controlar terrenos perdidos en el departamento de Córdoba. En respuesta, el ministro de Defensa Gustavo Bell, arguyó que había doble moral de quienes apoyaban a las AUC.

Para nadie es un secreto, que debido a la incapacidad del Estado colombiano para garantizar la vida, honra y bienes de los ciudadanos, dadas las dificultades estructurales propias de la guerra de guerrillas; las antiguas autodefensas campesinas creadas en su momento para contrarrestar a las Farc y el Eln en sus áreas de influencia, cayeron en el narcotráfico y la barbarie crónica.

En diversas entrevistas con medios de comunicación Carlos Castaño enfatizó que las AUC existen como una respuesta a las guerrillas marxistas, pero que no pueden ser legales porque a pesar de constituir fuerzas contraterroristas con objetivos políticos, deben utilizar los mismos métodos de barbarie comunista para combatir a las Farc o el Eln.

En ese orden de ideas, son escalofriantes las cifras presentadas por el gobierno nacional ante el Congreso de la República para buscar la aprobación de la ley antiterrorista:

Entre enero y agosto de 2000 las Farc cometieron cuatro masacres, 785 asesinatos selectivos de civiles, 19 asaltos a poblaciones desprotegías, 1126 secuestros y 301 ataques contra la infraestructura económica del país.

Por su parte las AUC habían cometido 212 masacres, 749 ataques contra pobladores civiles, 120 secuestros, cuatro ataques a poblaciones y nueve actos terroristas contra la infraestructura.

La guerra de las AUC contra las Farc se extendió a la propaganda escrita dirigida a los soldados del batallón Palacé en Buga:

Antes de disparar tu fusil o de atacarnos en cualquier forma, no olvides a tu hermano policía que muere en estos instantes en cualquier lugar de la patria, a manos de asesinos guerrilleros.

Nosotros por el contrario jamás te atacaremos, y si lo hacemos perdónanos, pues será siempre en defensa propia para salvar nuestra vida. Queremos que sepas que el responsable de esto se encuentra en Bogotá, arrodillando nuestras Fuerzas Militares ante los bandidos, entregando el honor de todos los colombianos, mientras ustedes y nosotros nos estamos enfrentando por culpa de un deshonesto presidente.

La realidad demostró que comunidades enteras que fueron azotadas por las Farc y el Eln, como sucedió en el Magdalena Medio, el departamento de Córdoba, y el sur de Bolívar, aceptan y reconocen el fenómeno de las AUC no como una directriz del Estado colombiano, figura dentro de la cual la enmarcan las Farc, el Eln y el Epl, sino como una necesidad de la comunidad para defenderse de las atrocidades del brazo armado del Partido Comunista.

Por eso a pesar de que las AUC estaban fuera de la ley, recibían apoyo popular, además porque consideraban que entre dos males deberían optar por el menos dañino.

Evolución interna de las Auc

Luego de aceptar durante varios años desde la clandestinidad, la responsabilidad del terrorismo de las AUC, Carlos Castaño salió a la luz pública en una entrevista televisada transmitida por el canal Caracol.

La inesperada aparición de un hombre joven, hiperactivo y locuaz, con formación autodidacta, con rasgos de líder y claridad de conceptos antisubversivos, esgrimidos para justificar la crueldad de su guerra, explicó ante el mundo, la razón de ser de las AUC.

Las explicaciones de Castaño acerca del creciente fenómeno socio-político, pusieron a pensar a los analistas especializados, que no se podría dar estatus político a las guerrillas comunistas, a la vez que se calificaba a las AUC como simples bandas criminales, porque ambas agrupaciones cometían acciones de barbarie, y por igual aducían luchar por hacer cambios políticos y sociales en el orden nacional, regional y local.

Meses después RCN televisión transmitió el programa La Noche desde la guarida principal de las AUC en el noroccidente del país.

La aguda entrevista de Claudia Gurisatti a Castaño, sumada a las entrevistas que hizo a las Farc en El Caguán, en la que cuestionó la barbarie comunista, le significaron exilarse por un tiempo en Estados Unidos, debido a que el Mono Jojoy ordenó asesinarla.

En agosto de 2001, las AUC dirigieron una carta a la ONU para justificar las acciones de barbarie, como la respuesta más pragmática para contrarrestar la acción criminal de las Farc y el Eln, pero se comprometieron a respetar el Derecho Internacional Humanitario, debido a la conciencia y carácter político de sus integrantes.

Por la misma época, Carlos Castaño Gil renunció a la dirección de las AUC. Los medios de comunicación especularon al respecto:

Crisis internas, ansias de poder, purgas, diferencias ideológicas. Finalmente, las propias AUC absolvieron las dudas.

Carlos Castaño y Ernesto Báez asumieron la dirección política de las AUC. Salvatore Mancuso, Ramón Isaza, Botalón, Julián Bolívar, Martín Llanos, Rodrigo Molina, Antonio Cauca y Adolfo Paz asumieron la dirección federalizada de las cuadrillas, para que cada cabecilla respondiera por lo que hicieran sus delincuentes.

Y obvio, que no todo se descargara en el jefe principal, como venía sucediendo con las muertes de contradictores de las AUC, señalados como cómplices de las Farc.

Durante todo el proceso de conversaciones de la administración de Andrés Pastrana Arango con las Farc, las AUC evitaron ingresar a la Zona de Distensión. El argumento para actuar de esa manera fue reiterado por Carlos Castaño como respeto por las decisiones de paz del presidente de la república.

Rotos los diálogos, las AUC ingresaron a la zona pero no fueron tan contundentes como se suponía, porque ya estaban carcomidas por las divisiones internas, por el narcotráfico y porque el gobierno de Álvaro Uribe negoció con los cabecillas la desmovilización de las estructuras armadas.

Sin embargo, el aparente respeto de Carlos Castaño a las decisiones presidenciales de Andrés Pastrana tomó otro rumbo, según consta en comunicado emitido por las AUC vía internet, el 8 de octubre de 2000:

—El pueblo entero se levantará contra Pastrana y su zona de tolerancia para el terrorismo por allá en El Caguán. Somos un obstáculo para los protectores del terrorismo, aunque se disfracen de presidentes. Colombia reclama urgentemente que el gobierno exija y presente cese de hostilidades. De lo contrario el país y las AUC no respetaremos más el Afganistán del Caguán y a sus protectores—

Análisis de hechos concretos

Desde su aparición como jefe de las AUC, Carlos Castaño fue enfático en señalar que el objetivo de su agrupación era derrotar al Eln, cooptar a sus integrantes y vincularlos a las AUC para luego atacar y destruir a las Farc, mediante una ofensiva sin cuartel contra sus fuentes de financiación, sus redes de apoyo y sus simpatizantes.

Por esa razón cuando el Eln pidió la desmilitarización del sur de Bolívar y el nordeste antioqueño, con el fin de iniciar conversaciones de paz con el gobierno nacional, en la llamada Zona de Encuentro, más de 1.000 patrulleros de las AUC lanzaron una ofensiva de aniquilamiento contra 500 integrantes del Eln, encargados de la seguridad de los campamentos del Comando Central (Coce).

El masivo ataque de las AUC contra las guaridas de Gabino cabecilla principal del Eln, fue desarrollado pese a que Andrés Pastrana ofreció a este grupo una Zona de Encuentro en los municipios de San Pablo y Cantagallo en Bolívar y Yondó en Antioquia.

La población civil de la zona afectada reaccionó con airadas protestas. Miles de campesinos auspiciados por las AUC e interesados en liberarse del prolongado yugo del Eln, taponaron las vías e impidieron el tráfico vehicular por las carreteras aledañas a esos municipios, hasta cuando concretaron algunos acuerdos con funcionarios del gobierno central, para impedir que se estableciera otro Caguán en el Magdalena Medio.

En el masivo ataque de las AUC contra el corazón del Eln, hubo de más de 100 muertos de ambos bandos, pero nunca se establecieron las cifras de muertos y heridos en Yondó, porque allí se unieron las Farc y el Eln para atacar a las AUC.

Las noticias de la elevada cantidad de muertos y los reclamos de la aterrorizada población civil, obligaron al laxo presidente Pastrana a enviar de nuevo las tropas del Ejército y la Infantería de Marina a la zona, que días antes había desmilitarizado.

La guerra de propaganda no se hizo esperar. El Eln dijo que el gobierno fue complaciente con las AUC. Castaño respondió que los soldados salvaron a los guerrilleros.

William Delahunt de la bancada demócrata de Estados Unidos, afirmó que Castaño decía una cosa pero hacía otra en torno al Derecho Internacional Humanitario, y agregó, que para creer en las ofertas de Castaño para acatar la normativa internacional de la guerra, era necesario que permitiera despejar el sur de Bolívar, para que el gobierno negociara con el Eln. Castaño no dio trascendencia a estos comentarios.

El 20 de noviembre de 2000, integrantes de las Auc masacraron a 39 pescadores y ocasionaron el desplazamiento forzado de 160 familias, residentes en el poblado Nueva Venecia, ubicado sobre las márgenes de la Ciénaga Grande del Magdalena.

Los muertos fueron señalados por los sicarios como alcahuetas y encubridores de las Farc y el Eln en la zona que tiene importancia estratégica para el flujo logístico y el transporte de secuestrados hacia la Sierra Nevada de Santa Marta.

La noticia se esparció como pólvora en todos los medios de comunicación del mundo, con el consecuente aumento del deterioro de la maltrecha imagen de los derechos humanos en Colombia.

En el ámbito interno, el efecto pretendido por las AUC era contrario, pues por obvias razones los agredidos no dejarían de apoyar a las guerrillas, sino que muchos de los sobrevivientes se vincularían a ellas.

El 17 de enero de 2001 en horas de la noche, tres camiones ocupados por miembros de las AUC irrumpieron en el corregimiento El Chengue, situado en los Montes de María, comprensión municipal de San Onofre-Sucre. La violenta incursión armada significó la muerte de 27 pobladores y la destrucción parcial del caserío, con daños avalados en más de 1500 millones de pesos.

Seis meses después fue asesinada la Fiscal que conocía el caso. Un año después los pobladores de Chengue regresaron a sus parcelas, pero encontraron que de nuevo la zona era ocupada por las Farc.

En octubre de 2001 las Auc lanzaron una nueva arremetida terrorista en todo el país, contra quien consideraran cómplice o aliado de las Farc. En la nueva ofensiva murieron 142 personas, señaladas de auxiliar las guerrillas comunistas.

La caravana de la muerte producida por la absurda guerra de supervivencia en la que quien saluda a un enemigo también es enemigo, indica que según estadísticas del diario El Tiempo, las AUC cometieron masacres en Pueblo Viejo-Magdalena, Buga-Valle, Tibú Norte de Santander, Bogotá así como en los departamentos de Antioquia, Caquetá, Guajira, Arauca y Tolima.

Algunos cabecillas regionales de las AUC expresaron que esa era la forma como ellos manifestaban su descontento por la laxitud de Andrés Pastrana frente al tema de la Zona de Distensión, pese a las evidentes manipulaciones de las Farc.

Esa nueva oleada de muerte tuvo diferentes interpretaciones. Algunos analistas políticos aseveraron que esa era la forma como las AUC protestaban ante el gobierno nacional, por la laxitud del gobierno nacional en la prórroga de la vigencia de la Zona de Distensión.

Otros analistas aseguraron que esas masacres eran la respuesta de las AUC al documento de la Comisión de Notables infiltrada por las Farc, en el cuál pedían al presidente Pastrana, mano dura contra los mal llamados paramilitares y ninguna acción contra las Farc, que a menudo destruían poblados, asesinaban pobladores civiles y secuestraban militares y policías.

Por ende, el 20 de febrero de 2001 las AUC masacraron a 38 personas en El Salado-Bolívar, situación que agravó el desplazamiento forzado de campesinos, cuya cifra ya superaba en ese momento a medio millón de personas.

La masacre de 24 campesinos perpetrada por el Bloque Calima de las AUC en la vereda Alaska de Buga-Valle, generó además del obvio repudio contra los autores materiales del crimen colectivo, graves críticas y sindicaciones contra el general René Pedraza Peláez comandante de las tropas en el área, y también cuestionado e investigado por la masacre cometida por el mismo grupo terrorista, contra varios campesinos en la región del Naya.

El cabecilla del grupo criminal manifestó en un comunicado, que él tenía autonomía para actuar de esa manera, pues el criterio específico de las estructuras superiores de las AUC, era establecer una especie de colchón entre el norte y el sur del país, para evitar la concreción del Plan Estratégico de las Farc.

En un ambiente de violencia como el descrito hasta ahora, del cual podría suponerse que ya no habría nada que pudiera causar asombro, Salvatore Mancuso uno de los cabecillas nacionales de las AUC desató una tormenta política y mediática al asegurar que el 35% de los congresistas electos para el periodo 2002-2006, financiaron sus campañas con dineros de las AUC.

De inmediato la cuestionada senadora liberal Piedad Córdoba cuyas extrañas actuaciones parecían ser muy proclives al proyecto político de las Farc, aprovechó las declaraciones de Mancuso para asegurar que uno de los parlamentarios recién elegidos, tenía nexos con dirigentes cívicos del Sur de Bolívar y el Magdalena Medio, muy cercanos a las AUC.

Consciente de los efectos negativos venideros derivados del vertiginoso descenso de la intención de voto a su favor, Horacio Serpa Uribe, el más clientelista y demagogo de los candidatos a la presidencia de la república, buscó réditos personales politiqueros al asegurar en público, que las AUC hacían campaña política a favor del candidato independiente Álvaro Uribe Vélez, que ya vislumbraba como el seguro ganador de los comicios.

Guerra en Barrancabermeja y Medellín

El puerto petrolero de Barrancabermeja, corazón geopolítico del Magdalena Medio, ha sido escenario principal de todas las violencias políticas y sociales ocurridas en Colombia durante los siglos XIX, XX y XXI.

Durante la época de la sangrienta confrontación político-armada bipartidista, denominada por los historiadores como La Violencia, las guerrillas liberales de Rangel pusieron en primer plano los nombres de los municipios circunvecinos a Barrancabermeja, y a la larga, se convirtieron en la base humana para 16 años después, conformar la primera cuadrilla del Eln en la convulsionada región del Chucurí.

Con el auge de la industria petrolera en Barrancabermeja, los sindicatos de obreros infiltrados por el Eln, el Epl y las Farc, sirvieron de soporte para la incubación de núcleos terroristas, hasta convertir el

Magdalena Medio en un polvorín del cual también sacaron ventajas otras formas de delincuencia.

A ellos se sumaron la eterna corrupción política y la aparición de las AUC en la zona, ansiosas de arrebatar como en efecto lo lograron, el control coactivo que las Farc y el Eln ejercían sobre los barrios deprimidos construidos de manera ilegal en la periferia de la ciudad, casi todos, instigados por dirigentes comunistas, que inducían a los nuevos habitantes a apoyar las guerrillas.

La reacción de las milicias bolivarianas de las Farc y populares del Eln fue violenta.

Barrancabermeja entró en los laberintos de una guerra urbana entre pandillas de todas las vertientes, causantes de acciones violentas similares o peores a las sucedidas en otros escenarios internacionales reconocidos por la barbarie de sus actores.

La disputa territorial se enfocó en el reclutamiento de jóvenes para las cuadrillas, las extorsiones a comerciantes y ganaderos, los secuestros selectivos, y el control de las válvulas clandestinas en el poliducto, instaladas para extraer gasolina refinada o gas, con el fin de comercializarla de manera ilegal.

Producto de esa guerra despiadada, el primer día de enero de 2000, milicianos del Eln estallaron un carro-bomba frente a la casa de uno de los cabecillas de las AUC. En retaliación, ese mismo día las AUC asesinaron a 7 integrantes de las redes urbanas del Eln en el puerto petrolero.

Otro suceso que describe la descomposición social y la dimensión de la violencia vivida en Barrancabermeja como si fuera tierra de nadie, ocurrió cuando integrantes de las AUC encontraron a dos mujeres menores de edad, en el momento que atracaban a un taxista que había abusado sexualmente de una de ellas.

Los patrulleros de las AUC obligaron a las dos menores a barrer varias calles del empobrecido barrio y a portar consigo sobre el pecho y la espalda, sendas cartulinas colocadas a manera de ruana, con el letrero: Castigada por estar robando.

Dada la ausencia de presencia estatal, la madre de una de las dos jóvenes aceptó el irregular proceder como una forma práctica de evitar que la juventud caiga en el delito. De esa manera las AUC establecieron en Barrancabermeja una autoridad paralela, similar a la impuesta por las Farc en la Zona de Distensión. Poco a poco los terroristas de todas las vertientes ideológicas se repartían el control del país.

En las 16 comunas de Medellín permeadas desde la década de los ochenta por la acción intimidante de los carteles de las drogas y las pandillas de sicarios, la guerra entre milicianos de las Farc y el Eln contra las AUC, se agravó con la presencia y luchas sectoriales de pandillas dedicadas al narcotráfico, los atracos, las extorsiones, la trata de blancas y los secuestros.

Una alarmante cifra estimativa de las autoridades metropolitanas de Medellín indicaban que en el entorno descrito, las guerrillas comunistas y las AUC se disputaban la posibilidad de controlar a mas de 9.000 jóvenes incursos en delitos cometidos por más de 600 pandillas urbanas.

Cada uno de los actores armados buscaba concretar a su manera el objetivo de urbanizar el conflicto. El Eln ofrecía electrodomésticos para la casa, a los potenciales terroristas a cambio de ingresar a los Comandos Armados del Pueblo.

Las Farc ofrecían entrenamiento táctico en técnicas de combate urbano, organización político-militar en milicias bolivarianas, manejo de explosivos y suministro de armas de infantería ligera, incluidas granadas de mano, fusiles de asalto y ametralladoras M-60, para atacar objetivos de valor acorde con el Plan Estratégico del grupo terrorista

Las Auc les ofrecían salario mensual y armas, a cambio de organizar grupos de "limpieza social" y de combate contra las guerrillas comunistas en todas las comunas.

Esta desafortunada oferta, resultó ser la más atrayente para muchos jóvenes en un entorno donde circulaba una masa flotante de más de 200 mil desempleados, 25.000 niños y adolescentes sin acceso a la educación formal, 50.000 familias sin vivienda digna, miles de hogares afectados por las violencias anteriores, y una enorme suma de desplazados por la guerra en los municipios antioqueños, hacinados en barrios subnormales ubicados en cinturones de miseria.

El principal inconveniente que tuvieron las Auc para reclutar más jóvenes para sus bandas armadas, se derivó de la experiencia sufrida por la banda de La Terraza que se alió con Carlos Castaño, para combatir a las milicias del Eln y las Farc, pero algunos de sus integrantes cometieron delitos comunes a nombre de las Auc, situación que exasperó a Castaño quien ordenó asesinar a muchos de ellos.

El problema se acrecentó debido a la incapacidad del Estado en los niveles nacional, departamental y municipal para resolver los complejos problemas sociales, que desembocan en todas las formas de violencia en las 16 comunas de Medellín.

El sicariato es una enfermedad endémica de los estratos 1 y 2 de Medellín. Los niños y los jóvenes crean estereotipos alrededor de las figuras de los cabecillas de las bandas delincuenciales, que imponen su autoridad en los barrios populares de la ciudad.

Un cálculo impresionante indica que los jóvenes muertos en las guerras entre pandillas en las comunas de Medellín durante el periodo 1998-2002, totalizan un millón trescientos mil años de vida laboral perdidos.

Recomendaciones de la Comisión de Notables

La calculada recomendación de la Comisión de Notables para que el Estado combatiera de manera frontal a las AUC, sin sugerir la misma radicalidad contra las guerrillas comunistas, indican la abierta incidencia de las Farc en todas las decisiones emanadas de la mesa de conversaciones, como la ventaja de tener copartidarios con propuestas favorables al Plan Estratégico de las Farc, frente a un solo comisionado encargado de defender los intereses nacionales. Guerra perdida de antemano.

Aunque la propuesta de combatir a las AUC se ajustaba a la normatividad legal y a lo que debe ser un Estado de Derecho, lo correcto es que un grupo integrado supuestos ciudadanos probos con ideas altruistas y patrióticas, hubiera también sugerido combatir sin claudicaciones todas las acciones armadas y las estratagemas de las Farc.

En la manipulada recomendación de los notables, quedó escrito que el gobierno nacional debería cerrar todas las posibilidades de considerar a las AUC como un actor político del conflicto, seguir recomendaciones de la OEA y la ONU al respecto, depurar la Fuerza Pública, apoyo a las unidades de derechos humanos de la Fiscalía General de la Nación, y controles fronterizos para todos los extranjeros que simpatizaran con las AUC.

Esta sugerencia fue una audaz respuesta de las Farc y el Partido Comunista a la disposición gubernamental que ordenó controlar a todos los extranjeros que iban a visitar la Zona de Distensión, debido a que de manera inconsulta, Hugo Chávez envió muchos funcionarios oficiales a coordinar con el Secretariado de las Farc detalles del Plan Estratégico y los apoyos de Venezuela.

Asimismo, porque fueron capturados tres terroristas irlandeses que entrenaron a decenas de explosivistas de las Farc en técnicas de guerra de guerrillas urbana.

La propuesta de combatir solo a las AUC pretendía enmarañar al gobierno nacional en un entuerto jurídico y moral, mientras las Farc aparentaban ser "víctimas de la oligarquía y del Estado".

Pero al mismo tiempo pretendían enmarañar al gobierno en un asunto fuera del foco de las conversaciones, para dilatar el proceso en El Caguán, ganar tiempo y espacio en la readecuación de sus estructuras terroristas, mientras las Milicias Bolivarianas y el Partido Comunista Clandestino continuaban dedicados a construir el Movimiento Bolivariano Clandestino, lanzado por Alfonso Cano en San Vicente del Caguán en abril de 2000.

Mientras tanto, las Farc planeaban dejar a más de 50 cuadrillas diseminadas por todo el territorio nacional, sin presión militar, dedicadas al secuestro, la extorsión, el boleteo, la eliminación sistemática de desafectos, el robo de tierras, y el reclutamiento de nuevos terroristas.

Por otro lado, con esas medidas las Farc protegían a las milicias bolivarianas y sus estructuras clandestinas desarmadas, de posibles incursiones depredadoras de las AUC dirigidas por desertores de las Farc, que conocen en detalle quienes son los auxiliadores del grupo terrorista en cada región.

La audacia de las Farc en El Caguán no era una conducta novedosa. Cuando Belisario Betancur inició a entregar a las Farc parte de la soberanía de Colombia en Casa Verde y alrededores, Jacobo Arenas recomendó a todos los terroristas explotar la tregua con artilugios. Si secuestraban a alguien, deberían trasladar la responsabilidad a grupos de delincuencia común.

Años después, las Farc recurrieron al método de coordinar los secuestros extorsivos con bandas de delincuencia común, a las que les pagan por llevarles las víctimas a las guaridas.

Evolución armada de las Auc para enfrentar al Eln y las Farc

Diversos cálculos para evaluar la correlación de fuerzas, demostraron el creciente aumento de integrantes de las AUC durante la vigencia de la Zona de Distensión. Las cifras de la época indicaban que en esos cuatro años las AUC pasaron de 2.000 a 8.000 delincuentes, pero cuando se desmovilizaron en 2004, totalizaron más de 33.000 bandidos.

Los hechos demostraron que el crecimiento de las Auc dependió del narcotráfico, igual que sucedió con las Farc. En un allanamiento en Santa Marta, la Policía Antinarcóticos encontró pruebas que demostraban que el jefe de las AUC Jairo Musso Torres, dirigía una organización de narcotraficantes con ramificaciones en los departamentos de Valle, Antioquia, Atlántico, Cesar y Magdalena.

En la medida que aumentó la intensidad del conflicto, las AUC crecieron cualitativamente, condición que les facilitó la posibilidad de atacar algunos campamentos del Eln y las Farc, o sostener prolongados combates en zonas que antes eran de absoluto control de las guerrillas comunistas.

Por ejemplo, el Niche Fabián un joven de apenas 16 años de edad incorporado a las AUC en Urabá, confesó ante las autoridades judiciales que consiguió la libreta militar de reservista con una cédula de ciudadanía falsa que le dieron sus jefes, y que luego se enroló a las AUC, de quienes recibió entrenamiento militar con 108 bandidos para atacar el campamento principal de Pablo Catatumbo en la zona rural de Barragán-Valle.

En medio de la disputa de territorios que no es una guerra de posiciones sino de posesiones entre las AUC y las Farc, ocurrieron masacres indiscriminadas, verbigracia la matanza en La Gabarra-Santander, donde las AUC desalojaron a las Farc, pero Tirofijo envió desde la Zona de Distensión una cuadrilla con la misión específica de recuperar esa zona cocalera para las Farc.

En el cruce de disparos en 2001, murieron más de 100 cultivadores de coca. Al área viajaron delegados de la Cruz Roja Internacional acompañados por funcionarios de la ONU y del gobierno nacional. Lo único que pudieron establecer es que entre el Eln, las Farc y las AUC asesinaron a más de 100 personas.

Poco tiempo después, en una sola incursión, las Farc asesinaron a 33 campesinos sindicados de ayudar a las AUC.

Para la frágil memoria histórica quedaron escritos sangrientos episodios del ascendiente enfrentamiento entre Auc y guerrilleros comunistas, con incalculables e impredecibles consecuencias para la población civil.

A comienzos de 1998 una cuadrilla de las Farc atacó una base de las AUC cerca a Caucasia-Antioquia. Tropas del batallón Rifles enviadas al sitio del combate cayeron en una emboscada con resultados fatales: 15 soldados muertos y un helicóptero averiado.

En otro combate entre ambas agrupaciones ilegales en Briceño-Antioquia, la Fuerza Aérea bombardeó el sitio, causando considerables bajas por parejo a las Farc y a las AUC. Luego de varios días de encarnizados combates sin que las tropas regulares de la Cuarta Brigada pudieran entrar al sitio de los enfrentamientos, comisiones humanitarias encabezadas por el párroco de la localidad ingresaron al destrozado caserío y encontraron varios cadáveres en avanzado estado de descomposición.

En octubre de 2001, las Farc atacaron de manera simultánea un campamento base de las AUC en Riosucio-Chocó, otro en Córdoba y otro en el sur del Tolima. En los combates murieron más de 30 delincuentes de ambos bandos.

Después del masivo ataque de las cuadrillas 5, 18 y 36 de las Farc contra el campamento principal de las AUC en el Nudo del Paramillo en el noroccidente de Antioquia, la guerra entre las dos agrupaciones armadas ilegales se trasladó a la frontera de Colombia con Panamá, con consecuencias dramáticas para las comunidades indígenas y campesinas de la región.

En abril de 2001 la quinta cuadrilla de las Farc, masacró a 15 campesinos en el corregimiento Alto de

San Juan en San Pedro de Urabá, acusados de tener nexos con las AUC.

En febrero de 2002, murieron seis guerrilleros de las Farc y cuatro patrulleros de las AUC en un sangriento combate en Concepción-Antioquia. Los enfrentamientos se extendieron a Chocó, Casanare, Sucre, Valle, Tolima y Caldas.

El crecimiento cualitativo y cuantitativo de las AUC era proporcional con el asentamiento de las estructuras armadas en los departamentos de Valle, Cundinamarca, Cauca, Nariño, Arauca, Santander, Tolima, Boyacá, Antioquia, Quindío, Risaralda y Norte de Santander.

Entre enero y octubre de 2001, las Farc incrementaron su accionar armado en 47 municipios, amenazaron con actuar en otros países contra quien apoyara a las Farc o el Eln, y aumentaron la carga monetaria impuesta a ganaderos, comerciantes, agricultores e industriales donde actuaban.

Igual que las Farc, las AUC cometieron muchos errores políticos y tácticos en el afanado recorrido para buscar estatus político. La guerra contra las milicias de las Farc y el Eln, incrustadas en la Universidad de Antioquia amenazó con deteriorar más la imagen de seguridad y convivencia de Colombia en el entorno universal.

Al asesinato del humorista Jaime Garzón, se sumaron los crímenes perpetrados por las AUC contra los congresistas Octavio Sarmiento y Luis Alfredo Colmenares Chía, confirmados con la declaración:

—Las AUC respetamos al Honorable Congreso de la República, pero hay algunos bandidos que se han colado para enriquecerse y amangualarse con la guerrilla y representan una vergüenza para el escenario de las leyes—

Las AUC también realizaron espectaculares incursiones urbanas, para demostrar su capacidad de contrarrestar los ataques de las Farc. El secuestro del dirigente conservador antioqueño Guillermo León Valencia Cossio, hermano de Fabio y Ramiro dos reconocidos caciques políticos de esa región, demostró los alcances tácticos y operacionales urbanos de las cuadrillas de los hermanos Castaño Gil.

Guerra de pobres contra pobres

El conflicto armado en Colombia es sui generis. Desde los inicios de la república en el siglo XIX, las guerras civiles y los levantamientos armados, han llevado la destrucción y la muerte a las familias de menores recursos económicos, que por circunstancias sociales y políticas son quienes integran las

Fuerzas Militares del Estado y las cuadrillas de grupos armados.

Prueba de ello, es la base social orgánica de las AUC y la fuerte reprimenda de Human Rights Watch a las Farc por haber asesinado a 496 civiles inermes durante el año 2000, señalados de ser auxiliadores de las cuadrillas de Carlos Castaño.

El caso patético ocurrió en Iscuandé-Nariño, olvidado municipio del sur del país donde durante años, terroristas del Eln sometieron a su arbitrio a más de 4.300 habitantes, que hallaron un aliento cuando aparecieron las AUC en la región, pero con el paso del tiempo resultó peor el remedio que la enfermedad.

La acción exterminadora de las AUC contra todas las personas que por alguna circunstancia habían cooperado con el Eln, redundó en el desplazamiento forzado de casi todos los habitantes de Iscuandé.

En retaliación, el Eln promovió un paro armado que mantuvo incomunicados a 33 municipios y aislados a más de 250.000 habitantes del departamento de Nariño.

Los terroristas del Eln instalaron emboscadas en sitios predominantes del terreno, para contener el avance de las tropas del Ejército y la Infantería de Marina, complementados por la instalación de trampas explosivas con vehículos de carga sobre las vías, listas para ser activadas cuando se acercara alguien a verificar el contenido de los camiones.

El empobrecido corregimiento de Santa Cecilia ubicado en límites de los departamentos de Risaralda y Chocó, ejemplariza el drama de la guerra de pobres contra pobres en zonas habitadas por perso-nas de extracción económica humilde.

A la prolongada presencia en esa región de las Farc, el Eln y el Ejército Guevarista Revolucionario (ERG), se sumó la aparición de las AUC, con la amenaza permanente de asesinar a quien colaborara con las guerrillas comunistas.

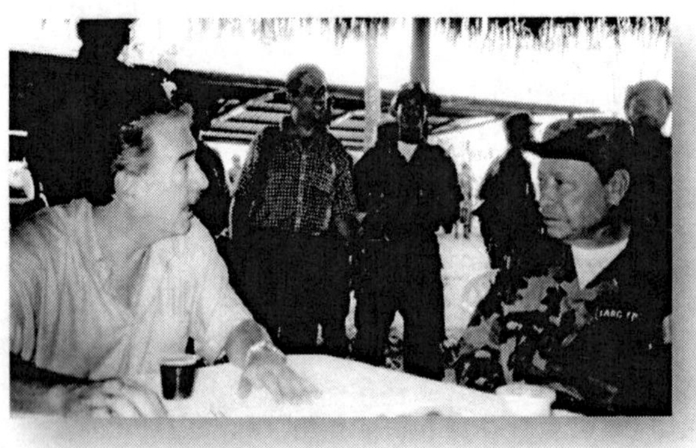

Durante la primera quincena de febrero de 2002, cuando el gobierno de Pastrana marcaba los más altos índices de debilidad y carencia de autoridad, las AUC rodearon y bloquearon a Santa Cecilia, impidieron el ingreso de víveres al caserío, redujeron el flujo vehicular y ocasionaron la pérdida de muchas cosechas de las veredas.

En otro escenario de la guerra de pobres contra pobres, las Farc asesinaron a 12 indígenas en Corinto-Cauca. Como era característico en su afán mediático el general René Pedraza comandante de la Tercera Brigada, salió a los medios a sindicar primero a las Farc y luego se retractó para culpar a las AUC.

Y como si fuera poco el complejo cuadro de violencia, en Santa Marta las AUC declararon la guerra contra el narcotraficante Jairo Musso antiguo lugarteniente de Carlos Castaño, quien se había convertido en el jefe del cartel de las drogas en el Caribe colombiano.

Los enfrentamientos armados entre las AUC y el cartel de Musso arrojaron saldos de más de cien muertos, todos provenientes de familias de origen humilde, que por las circunstancias sociales, políticas, económicas y culturales, terminaron enrolados en las cuadrillas enfrentadas por el control del narcotráfico.

Proyección armada e incidencia geopolítica

A la estrategia publicitaria de las AUC en búsqueda del reconocimiento político a partir de la paralización del Magdalena Medio, y los sucesivos contactos clandestinos para entregar narcotraficantes a la justicia de Estados Unidos, se adicionaron hechos que aumentaron los alcances políticos y estructurales del mal llamado paramilitarismo en Colombia, tales como:

Las explosivas declaraciones de Salvatore Mancuso, según las cuales el 35% del Congreso de la Re-pública fue elegido por las AUC, las denuncias de Piedad Córdoba contra un congresista y la sindicación del candidato Horacio Serpa al entonces candidato Álvaro Uribe por supuestos nexos con las AUC.

Mientras las Farc desarrollaban su Plan Estratégico en búsqueda del estatus político nacional e internacional, sin importar las masacres, los secuestros, los atracos a mano armada, la destrucción de poblados, las extorsiones, y el narcotráfico; las AUC arreciaron las acciones terroristas contra quienes consideraron aliados de las guerrillas comunistas.

Con el paso del tiempo, los dirigentes políticos que apadrinaron a los delincuentes de todas las pelambres, eludieron sus responsabilidades y las trasladaron a las Fuerzas Militares y la Policía, instituciones de las cuales algunos de sus miembros impotentes ante la laxitud del gobierno, optaron por aliarse mediante acción u omisión con las AUC para combatir el desaforado auge de las Farc.

Al mismo tiempo crecieron la recesión económica, el desempleo, la baja productividad de los agentes económicos, con el resultante fortalecimiento de los grupos armados ilegales con alta influencia en importantes epicentros geopolíticos consecuentes con la inminente urbanización del conflicto.

Capítulo XII

La población civil

Cruda realidad

En Colombia la población civil no es partícipe de las decisiones que toma el Estado para defenderla. Por ende, surge una enorme contradicción. Muchos colombianos quieren que el Estado gane la guerra, pero no aceptan que sus hijos acudan al servicio militar obligatorio, con la responsabilidad específica de combatir los grupos narcoterroristas.

La ya mencionada tendencia de la población civil de creer que la guerra en Colombia es un problema entre las Fuerzas Militares con los terroristas, y que la paz es un asunto entre el presidente y las guerrillas, trae consigo la carga de ausencia de patriotismo, falta de identidad y carencia de objetivos nacionales.

El grave error parte del hecho, que ni los medios de comunicación, ni la academia, ni la dirigencia política, ni la ciudadanía en general identifican que la guerra es contra la población civil, pero las Farc si piensan que es una lucha de clases del campesinado contra la burguesía citadina, que terminará cuando alcancen el poder e impongan una dictadura comunista. En consecuencia, quien no esté de su lado es enemigo del proceso revolucionario.

Por esta razón, con suma facilidad se incluye dentro del mismo nivel de actores de conflicto, a las Fuerzas Militares con los terroristas, y con la mayor estulticia se pide que la población civil quede ajena al conflicto.

La opinión pública colombiana en general está desinformada, tanto del Plan Estratégico de las Farc como de las acciones gubernamentales. La guerra y la paz son dos conceptos ajenos.

Y con absoluta ligereza se pide a los terroristas que no agredan a la población civil, como si en realidad fueran válidas las agresiones contra los miembros de la Fuerza Pública y cómo si la guerra revolucionaria comunista no fuera contra la nación en su conjunto.

Tan ligeras apreciaciones dan pie para que las guerrillas comunistas incrementen el accionar político clandestino, para constituir todo su andamiaje de apoyo publicitario organizativo dentro de la masa, encaminado a destruir el sistema de gobierno democrático que en contradicción les permite subsistir y es demasíado tolerante con ellos.

En consecuencia, los colombianos comunes y corrientes no pueden ser ajenos al conflicto, pues su dominio es el objetivo final de la guerra planteada por las Farc, y no la visión simplista y ridícula de agremiaciones sociales, políticas, económicas o culturales, que cuando se pronuncian en torno al conflicto, actúan con tal insensatez que se convierten en idiotas útiles de la propaganda terrorista.

Así ocurrió con un grupo de artistas colombianos, encabezados por Gloria Zea que para buscar figuración mediática, publicaron un controversial comunicado cuando las Farc asesinaron a Consuelo Araujo Noguera, en el cual manifestaron:

—Es un acto atroz que condenamos con ira y que nos impulsa a exigirle a las partes en conflicto que pare la guerra—

Los ataques contra cuarteles de policía o lo que las Farc denominan objetivos militares durante la vigencia de la Zona de Distensión, produjeron ingentes cantidades de pérdidas humanas y grave deterioro de la economía nacional.

La consecuente destrucción de poblados no pudo ser cuantificada con exactitud, pero acumuló cifras astronómicas que superaron el total del Producto Interno Bruto de dos años consecutivos, pues en cada ataque terrorista contra la Policía Nacional, los habitantes de las viviendas aledañas resultaron tan afectados como los agentes del orden.

La cruda realidad del drama de la violencia que desde hace cinco décadas padece la población civil colombiana, está reflejado en un informe elaborado por la Corporación Excelencia de la Justicia, difundido en abril de 2001, según el cual la mayor cantidad de víctimas del conflicto son pobladores civiles.

Según esta ONG, la tasa de homicidios en Colombia (1998-2001) superó 70 veces los crímenes cometidos en Europa, y cuadruplicó los promedios históricos de Brasil y México, considerados para la época dos de los países más violentos del planeta.

De remate, las estadísticas de Corporación Excelencia de la Justicia, mantuvieron la espiral negativa durante los meses subsiguientes a la publicación del informe. Durante los tres años de estériles conversaciones de paz, las Farc y las AUC asesinaron a 1.253 civiles, y otras 3.903 personas perdieron la vida en hechos derivados de la violencia política, hubo 2.804 actos terroristas, y fueron secuestradas 5.864 personas.

Durante el lapso 1998-2002 las Farc crecieron un 19% y las AUC el 23%, motivo por el cual las Farc cuadruplicaron los actos terroristas contra poblados desprotegidos o parcialmente protegidos por la Fuerza Pública.

Debido a la inseguridad generalizada la producción agropecuaria descendió a niveles dramáticos, hasta el extremo de forzar la importación de 7.000 millones de toneladas de productos agrícolas, que hubieran podido ser cultivados en territorio colombiano.

De igual forma, disminuyeron las exportaciones, y aumentó el éxodo de colombianos hacia Ecuador, Panamá, Costa Rica, España, Italia, Estados Unidos, Brasil y Canadá, con la obvia fuga de capitales con ellos.

Hasta el momento de escribir este libro (marzo-abril de 2002) no existían cifras exactas acerca de la pérdida de importantes talentos humanos, el avalúo económico de la pérdida de mano de obra calificada, o los cálculos exactos de las cantidades de dinero, que dejaron de circular debido a la cantidad de potenciales inversionistas que salieron del país, ni la medición científica socio-económica del impacto causado por este fenómeno en el desarrollo del país.

Tales cifras se incrementaron de manera dramática en un país como Colombia donde más del 50% de la población deriva su sustento diario de actividades vinculadas a la economía informal.

Aquí surge otra realidad de a puño. Con acuerdo de paz con las guerrillas o sin él, Colombia necesita profundas reformas estructurales en el agro, la inversión social, el gasto público, la educación y la cultura, el fomento de pequeñas y medianas empresas, el desembotellamiento de ricas regiones, la apertura hacia el comercio exterior y la lucha contra la corrupción.

Si no se solucionan estos problemas, las guerrillas siempre encontrarán caldos de cultivo para justificar el accionar armado y los actos terroristas. Y las AUC o quien las reemplace encontrarán razones para justificar su existencia.

Reacciones ante los ataques

Los ataques terroristas perpetrados por las Farc y el Eln contra pequeños y alejados caseríos, no son acciones contra la Policía Nacional sino contra la población civil, además de constituir pequeños laboratorios experimentales para la planeación de ataques posteriores contra medianas y grandes ciudades.

En contraste a esta realidad, la población hastiada de los actos de barbarie de los terroristas, reaccionó en forma ascendente en algunas partes del país.

La ausencia de liderazgo político desde el nivel nacional hasta el municipal, causó ejemplares reacciones de los habitantes de algunos municipios del departamento del Cauca.

Primero fue el corregimiento de Ortega en el municipio de Cajibío, donde los campesinos e indígenas se armaron con escopetas y combatieron contra una célula de las Farc, que en retaliación cometió una masacre contra los labriegos.

Después fueron los habitantes del olvidado municipio de Caldono. Acto seguido procedieron los habitantes de Bolívar en la denominada Bota Caucana al sur del departamento.

En este municipio, terroristas de la cuadrilla 30 de las Farc atacaron a la población civil durante 18 horas con el fin de arrasar el puesto de policía. Los daños causados totalizaron más de 3.000 millones de pesos, por la destrucción total de la Casa de la Cultura, el Banco Agrario, la personería municipal y la cárcel.

Ante la demora de la Policía Nacional para enviar refuerzos a los agentes atacados, la población civil enarboló banderas blancas y sin tener una organización jerárquica visible, pero como consecuencia de observar más de 100 viviendas averiadas y la evidente destrucción de su patrimonio histórico, los airados habitantes exclamaron cientos de arengas y frases desafiantes, hasta obligar a los terroristas a abandonar el lugar y así evitar también que hubieran secuestrado a los agentes del orden, que se habían quedado sin municiones.

Jaime Ruiz uno de los habitantes de Bolívar-Cauca afectados por la incursión terrorista, asumió la vocería de la comunidad para expresar ante los medios de comunicación que llegaron al lugar, para expresar:

—No había otra forma de obrar para sacar a los casi 400 guerrilleros, porque ellos no querían dialogar y porque era aterradora su barbarie. Estaban enceguecidos contra un pueblo (sic) que dicen querer defender—

Por haber dado estas declaraciones, Jaime Ruiz fue amenazado de muerte por las Farc.

La capital de la república tampoco quedó fuera del accionar terrorista de las Farc durante el periodo de acumulada debilidad de Pastrana. Terroristas de la cuadrilla 52 de las Farc dirigidos por Nelson Robles activaron una carga explosiva contra los cuartos de máquinas de la Represa de Chingaza, con la siniestra intención de dejar sin agua a Bogotá.

Sin tapujos ni medias tintas, el alcalde Antanas Mockus desenmascaró a los terroristas, recalcó que los acueductos son bienes protegidos por el Derecho Internacional Humanitario, y encabezó una campaña continuada para unir a la población civil en contra del terrorismo comunista.

Mockus viajó a Estados Unidos donde denunció a las Farc por la comisión de actos terroristas contra la población civil, instauró demandas contra los cabecillas de las Farc en la Fiscalía General de la Nación.

Días después Mockus fue hasta el lugar de los hechos, donde inauguró la adecuación de unas señales internacionales que indican la neutralidad y la obligación de las Farc para respetar este tipo de bienes.

Además de esas medidas, Mockus ordenó que junto con la factura de pago mensual del servicio telefónico, la Alcaldía de Bogotá enviara a cada uno de los hogares, un volante invitando a la comunidad a denunciar ante las autoridades legítimas todas las acciones terroristas de las Farc y a crear formas de resistencia civil contra este grupo armado.

La valerosa actitud de Mockus causó impacto en muchos países y generó muchos problemas de credibilidad a los cabecillas de las Farc. Miles de bogotanos asistieron a las multitudinarias concentraciones políticas organizadas por el alcalde contra el terrorismo de las Farc.

Se trataba de respaldar una iniciativa coherente, que mediante hechos sencillos demostró la posibilidad de articular líneas metodológicas, para deslegitimar a las Farc, a diferencia de los abrazos y sonrisas del presidente Pastrana con Tirofijo, la arrogancia de Víctor Gumersindo Ricardo y la estulticia de Camilo Gómez.

Ese mismo día los habitantes de la vereda La Sirena de Cali, enviaron una carta a los cabecillas de la cuadrilla José María Becerra del Eln, para rechazar el asesinato de cinco campesinos de esa comunidad, sindicados por el grupo terrorista como informantes del Ejército.

Los habitantes de Caicedo-Antioquia dieron otro ejemplo de resistencia civil, cuando los campesinos desafiaron a los terroristas de la cuadrilla 34 de las Farc, que pretendía obligarlos a entregar 54 toneladas de café a cambio de permitirles que avanzaran con los 18 vehículos, en que llevaban ese producto para Medellín.

No obstante las amenazas, que los terroristas tomarían después represalias contra los campesinos, una semana después, la caravana realizó el mismo recorrido acompañada por el alcalde y el cura párroco de la localidad.

Sin embargo, la tercera vez que los campesinos intentaron sacar la cosecha de café, los terroristas asaltaron la caravana, hurtaron parte de la carga e incendiaron varios camiones. La acción terrorista generó grandes pérdidas para los agricultores.

Los defensores de derechos humanos

Desde hace más de dos décadas algunas ONG´s promotoras o defensoras de los derechos humanos, has sufrido la pérdida de algunos de sus miembros asesinados por las Farc, el Eln, el Epl, o las AUC.

Como es usual, las guerrillas comunistas asesinan a toda persona que catalogan con el mote de enemigos de clase, en particular cuando les enrostran la criminalidad que cometen contra la población civil.

En la misma forma, las AUC han asesinado a civiles desarmados, contra quienes tienen pruebas o indicios que hacen parte de las estructuras políticas de las guerrillas, o son delatados a veces sin pruebas suficientes, por los mismos pobladores de las áreas afectadas.

El diario El Tiempo publicó a finales de 2000, informó que durante el periodo 1998-2000, los agentes generadores de violencia habían asesinado a 40 activistas de derechos humanos en Colombia, como consecuencia de la guerra por el control de territorios y del narcotráfico.

Igual suerte corrió José Manuel Bello personero municipal de Vigía del Fuerte en el Chocó, secuestrado y asesinado por terroristas de las Farc después de atacar y arrasar el empobrecido caserío en marzo de 2000.

Drama de las madres y familiares de los secuestrados

Las contradicciones derivadas de la guerra de pobres contra pobres son inconcebibles. Desde cuando ocurrieron los secuestros de policías y soldados que defendían a la sociedad colombina de las arremetidas terroristas de las Farc, las madres y familiares de las víctimas iniciaron a transitar los senderos de un verdadero calvario.

No fueron escuchados por Tirofijo. Raúl Reyes los engatusó con mentiras y artimañas en San Vicente del Caguán y luego en Uribe-Meta. Las atribuladas madres recurrieron a medidas protagónicas para llamar la atención internacional mediante tomas pacíficas a templos católicos, visitas al Palacio Presidencial, contactos con líderes políticos o sociales, y marchas por todo el país.

El 18 de agosto de 1999, 600 familiares de uniformados secuestrados por las Farc, arribaron a la sede oficial de las conversaciones de paz en San Vicente del Caguán.

Luego de sortear dificultades logísticas por insuficiencia de alojamiento y alimentación, fueron transportados en buses hasta un paraje rural donde los miembros del comité temático hablaron con tono claro y amenazante. Los 600 familiares regresaron decepcionados a sus lugares de origen.

El 25 de octubre de 2000, los desesperados familiares de los secuestrados desfilaron por las calles de Uribe-Meta, con pancartas para reclamar la liberación de sus seres queridos, recluidos por las Farc en humillantes e inhumanos campos de concentración.

Además de los mensajes alusivos a no más violencia, los marchantes colocaron sobre sus bocas, sendas cintas en las que estaba escrita la palabra libertad.

Al término del recorrido, los familiares de los secuestrados fueron recibidos por Raúl Reyes, quien además de obligarlos a escuchar una perorata anti-yanqui, enredó las peticiones, no resolvió nada, y en forma descarada los instó a que buscaran otros mecanismos de presión para que forzaran al débil gobierno de Andrés Pastrana, a seguir cediendo ante todas las pretensiones de los terroristas en torno a la ley de canje.

El 22 de octubre de 1999, trece millones de colombianos desfilaron por las calles de las principales ciudades, para rechazar la violencia de las Farc y las AUC.

Como suele suceder en Colombia, los medios de comunicación orientaron los comentarios de la marcha al rechazo de la guerra como tal, y no contra las atrocidades que los grupos generadores de violencia cometen contra la población civil.

Esta situación dio margen para malas interpretaciones incluida la de confundir a las Fuerzas Militares como un actor mas del conflicto, al tiempo que la dirigencia política colombiana principal y única responsable del caos al que llegó el país, quedó exenta de sus acciones erróneas.

Otros secuestros de pobladores civiles

Después de los asesinatos, el secuestro de civiles con fines extorsivos, es el segundo delito que mas repudio causa, entre los cometidos por las Farc. Las elevadas sumas que reclaman los captores para liberar a las víctimas, además del desasosiego y la zozobra que producen entre los familiares de los secuestrados, son factores de presión sicológica utilizados por los terroristas para aligerar el pago extorsivo, máxime cuando se trata de ancianos o niños.

No existen cifras exactas para determinar cuántas personas fueron secuestradas por las Farc durante el periodo de la vigencia de la Zona de Distensión, porque no todos los casos fueron denunciados, por temor a las retaliaciones de los terroristas, circunstancia que genera silencio favorable para los delincuentes.

Los secuestros de niños causaron estupor. El caso de la niña de 5 años Luisa Fernanda Cano Madrid secuestrada durante 70 días por la cuadrilla de las Farc conmovió al país.

La menor fue secuestrada junto con su mamá en zona rural de Urrao-Antioquía, en el momento que se movilizaban en un bus de servicio público el cual fue parado en un retén ilegal. Las víctimas fueron obligadas a descender del vehículo, para luego ser llevadas a una zona montañosa el 15 de abril de 2001.

Luz Amilbia Madrid de Cano madre de la menor fue dejada en libertad algunos días después, pero la niña no fue liberada, porque los terroristas decidieron que la suma de dinero pagada por su rescate no era suficiente.

La atribulada familia Cano Madrid acudió a los medios de comunicación para exigir la liberación de la pequeña Luisa Fernanda. Presionados por las circunstancias, los terroristas la entregaron en la vereda La Encarnación de Urrao a la defensora del Pueblo María Girlesa Villa.

En el año 2000, cuando Tirofijo y sus secuaces manoseaban con mayor descaro al laxo presidente Pastrana, dos historias de secuestros de niños en Bogotá, ocuparon las noticias de primera plana en los medios de comunicación, porque ocurrieron casi al mismo tiempo y porque los familiares de los dos menores confrontaron a Raúl Reyes en el programa La Noche de Claudia Gurisatti.

El terrorista aseguró que las Farc no tenían a los niños secuestrados. Los infortunados protagonistas fueron Clara Olivia Pantoja, de nueve años de edad, y Andrés Felipe Navas, de tres años.

Clara Olivia fue la primera víctima. Su secuestro ocurrió el 22 de marzo de 2000, en el norte de Bogotá.

Las Farc exigían ocho millones de dólares de pago para liberarla. Dos semanas después, el 7 de abril, también en la capital del país, terroristas urbanos de las Farc dirigidos por Carlos Antonio Lozada irrumpieron en la residencia del niño Andrés Felipe Navas.

Los terroristas se comunicaron con los familiares. Exigieron que Marisol Suárez, madre del pequeño, quien estaba próxima a graduarse en medicina general, viajara a Mesetas-Meta para atender a unos bandidos heridos.

La familia de Andrés Felipe no aceptó la exigencia, entonces los secuestradores pidieron cuatro millones de dólares por su liberación. Pese al cinismo de Raúl Reyes, tiempo después por interceptaciones de inteligencia técnica, se supo que los dos niños estaban en la Zona de Distensión

La niña fue liberada el 20 de diciembre de 2000 y el niño, un año y medio después de su secuestro, previo pago de astronómicas sumas de dinero utilizadas por las Farc para comprar más armas y avituallar mas terroristas en nuevos ataques contra la institucionalidad y la población civil en Colombia.

La fuga de unos parapentistas en Santa Ana Huila quienes habían sido secuestrados por la cuadrilla 25 de las Farc en Cunday-Tolima, despertó interés en la opinión pública, esperanzada que por fin Andrés Pastrana tendría carácter para meter en cintura a las Farc, pero tampoco pasó nada.

El audaz asalto al exclusivo edificio Miraflores en Neiva-Huila, donde terroristas de la cuadrilla Teófilo Forero de las Farc disfrazados de agentes de policía, favorecidos por la ineptitud profesional del general Gilberto Rocha Ayala comandante de la Novena Brigada ubicada a escasas cuadras del lugar, ingresaron al inmueble y secuestraron a 15 personas, causó indignación, estupor y rechazo generalizado de los colombianos.

Las Farc catalogaron el hecho como un éxito operacional, porque funcionó la inteligencia, los comandos guerrilleros actuaron sincronizadamente, y además lograron el objetivo de secuestrar a casi todas las víctimas seleccionadas con antelación.

El 17 de enero de 2002, en la zona selvática del Chocó la cuadrilla 57 de las Farc secuestró a siete turistas ecológicos, entre quienes estaba Juan José Arango un prestigioso cardiólogo del Valle del Cauca.

El 27 de noviembre de 2000, la cuadrilla 42 de las Farc secuestró en Silvania-Cundinamarca al industrial Lázaro Montes, gerente de Hyundai-Colombia. La noticia circuló por el mundo. En algunos medios se calificó a Colombia como estado fallido y otros críticos fueron más allá catalogándola como país paria.

Asesinatos de pobladores civiles

El trasiego terrorista de las Farc durante las fallidas conversaciones de paz con la administración Pastrana Arango está salpicado con mucha sangre de inocentes. No hubo un solo día de este periodo en que los medios de comunicación no relataran algún crimen cometido por estos terroristas.

Por ejemplo, el asesinato de siete pasajeros dentro de una buseta que recorría la ruta Neiva-Gigante, fue manipulado con la disculpa que los terroristas que pasaban por el lugar, confundieron el vehículo de transporte público con un automotor de la Policía Nacional.

Días antes la cuadrilla 13 de las Farc masacró a 13 deportistas en las montañas del Cauca. Los cabecillas de las Farc aseveraron que los muertos eran miembros de las AUC. Con similar descaro, Raúl Reyes aseguró que el comerciante Rolfe Ramírez estaba en poder del Mono Jojoy, pero en realidad los terroristas lo asesinaron después de secuestrarlo en la vía Bogotá-Villavicencio, y sin embargo, cobraron dos veces el pago de la liberación a su esposa Mayibe Ardila.

En la finca Villa Luz en Mutatá-Antioquia, la cuadrilla 47 de las Farc asesinó a cinco campesinos y un indígena, casi al mismo tiempo que otra cuadrilla de las Farc asesinó al hijo de un integrante de la comisión de paz del departamento de Antioquia.

En el ataque terrorista contra el campamento minero de Tutunendo-Chocó, ubicado a menos de una hora de viaje terrestre desde Quibdó, las Farc destruyeron las instalaciones, robaron los víveres y elementos servibles, secuestraron a siete personas y asesinaron a otra. Los daños fueron avaluados en 1500 millones de pesos.

El 27 de mayo de 2000, la sexta cuadrilla de las Farc instaló un retén ilegal en cercanías a Sevilla-Valle. Un menor de edad que pasaba cerca al lugar, salió corriendo al observar a los terroristas, pero murió asesinado por un tiro de fusil disparado sobre su espalda.

En una marcha por la paz, desde Medellín hacia el municipio de Caicedo Antioquia, la cuadrilla 34 de las Farc secuestró a Guillermo Gaviria gobernador del departamento y a su asesor de paz, el ex ministro de Defensa Gilberto Echeverri Mejía, a quienes masacró en cautiverio en mayo de 2003, cuando el Ejército intentó rescatarlos.

Capítulo XIII

Guerra contra las drogas

Problema mundial

El narcotráfico es un problema mundial. Los grandes capos del narcotráfico utilizan algunos bancos de Estados Unidos, Reino Unido, Francia, Suiza, Israel, Suiza, Líbano, y los paraísos fiscales para blanquear anualmente, cerca de 600 mil millones de dólares derivados de la producción y comercialización de sustancias alucinógenas.

No obstante la gravedad del asunto, la solución más simplista ha sido enrostrar los males del narcotráfico a los países productores, sin que se produzcan acciones contundentes contra los consumidores de sustancias alucinógenas y los traficantes de precursores químicos.

En 1989 Francia lideró la creación de un bloque de control financiero, para congelar las cuentas de los narcotraficantes en el mundo, pero la fusión de varios países se quedó corta, sin que durante los primeros trece años de existencia hubiera producido algún resultado positivo.

La conducta de Estados Unidos frente a Colombia en torno al espinoso tema del narcotráfico, ha gravitado en torno a los intereses político-estratégicos pero sin decisión y apoyo total, para contrarrestar todo el esquema constitutivo del fenómeno.

Durante las décadas de los ochenta y los noventa del siglo XX, Estados Unidos enfocó su ayuda militar para que Colombia combatiera las redes de narcotraficantes, sin comprometerse en atacar a las guerrillas comunistas o a las AUC. El locuaz embajador Myles Frechette fue reiterativo en asegurar que las Farc no son un cartel de narcotraficantes.

Colombia siempre ha sido clara en que desea combatir el fenómeno en forma integral, pero el panorama político internacional inherente, está salpicado de diversas propuestas que van desde la legalización del consumo de la cocaína y la morfina, hasta la guerra total contra las drogas con el comprometimiento político, militar, social, financiero y cultural de los países industrializados afectados con el fenómeno, pero no hay acuerdos definidos al respecto.

Coca, política y guerra

La ascendiente identidad de la guerra revolucionaria que afecta a toda Colombia, gravita en torno a la influencia del dinero derivado del narcotráfico, fenómeno que incide de manera trascendental en el poder relativo de combate de las AUC, las Farc y el Eln.

A esto se agrega que desde la década de los setenta del siglo XX, con el poder corruptor del dinero, los capos del narcotráfico permearon todas las estructuras sociales, políticas y económicas de Colombia.

Ya parecería no ser noticia que determinado candidato a cualquier cargo público, pudo haber recibido dineros de los narcotraficantes.

En ese ámbito de descomposición moral e ideológica, primero el M-19 y luego los demás grupos terroristas, incluidas las AUC, aplicaron la misma estratagema siniestra de la campaña ganadora en las elecciones presidenciales de 1994 en Colombia:

Para derrotar al adversario se requiere mucho dinero, sin importar su origen.

La ramificación de ese cáncer extendió los tentáculos a casi todas las regiones del país, con particular incremento de la violencia en los sectores menos favorecidos, localizados en las barriadas populares de las grandes ciudades, o en las comunidades rurales donde escasea la autoridad del Estado y las guerrillas comunistas han insertado sus retaguardias estratégicas.

En el año 2002, el cultivo y tráfico de coca, amapola y marihuana, se convirtió en incontrastable realidad en el 30% del territorio nacional, y en el motor del conflicto armado, y la financiación de la actividad proselitista de las Milicias Bolivarianas y el Partido Comunista Clandestino, mediante el cual las Farc han construido un extenso enjambre revolúcionario desconocido o ignorado por los sucesivos gobiernos nacionales y en general por la nación entera.

Son muy pocas las voces que se pronuncian al respecto, con obvios réditos para los grupos narcoterroristas, que tienen bien clara la argucia de negociar en medio del conflicto, e imponer los ritmos y los tiempos de las conversaciones de paz.

El fenómeno es complejo, pues además de los evidentes intereses de Estados Unidos en la guerra contra las drogas, el entorno del complejo conflicto armado en Colombia aglutina a campesinos en la etapa de cultivo y recolección de la hoja de coca, que por física necesidad derivan su economía primaria del ilícito.

A ellos se suman los demás niveles del negocio a los que se vinculan personas de diferentes estratos sociales incluidos los terroristas de izquierda y de derecha, los dirigentes políticos corruptos, algunos integrantes de la farándula, los reinados de belleza, clubes deportivos, y obviamente los capos de los carteles del narcotráfico etc.

Alrededor de ellos gravitan millones de ciudadanos desorientados, periodistas ansiosos de la chiva dependientes de directores que impiden la veracidad total de las noticias para sostener la pauta publicitaria, defensores de derechos humanos manipulados o no por el Plan Estratégico de los terroristas, y la Fuerza dependiente de una dirigencia política indecisa y de una justicia cuando no permeada, incompetente para combatir el tráfico de drogas.

Todo ese engranaje social y político para que la nación colombiana combata a un adversario que aunque parezca caduco, aún sueña con tomar el poder por medio de la combinación de las formas de lucha, hasta implantar una dictadura totalitaria marxista-leninista, sin que la sociedad en general tenga claro el asunto, ni se interese mucho por resolver el problema del cual muchos se consideran ajenos.

Por ende no basta con el discurso, sino con la imperante necesidad de contrarrestar la fuente de la agresión. Si no hay drogas ilícitas para exportar tampoco habrá dinero para financiar a los grupos terroristas.

Olvidar esta realidad equivale a navegar sin rumbo y permitir que el prolongado desangre aumente las cifras acumuladas producto de la indiferencia ante la amenaza de la continuidad de la democracia, que con tanta vehemencia vociferan los dirigentes políticos en todos los estrados de la vida nacional.

La guerra contra el cultivo, producción y comercialización de drogas ilícitas no da espera ni en Colombia ni en el exterior.

Cada peso o dólar que se pague por los consumidores en cualquier parte del mundo, tiene como destino final la financiación del conflicto armado o el incremento de todas las formas de violencia en el país.

El crecimiento del 1100% de las Farc durante el lapso 1982-2002, y la inusitada progresión geométrica y matemática de las AUC durante el periodo 1998-2002, son pruebas fehacientes de la importancia del dinero del narcotráfico en la logística de la guerra en Colombia.

Carlos Castaño aseguró en comunicado difundido en julio de 2001 por la página web de las AUC, que sin temor a equivocarse, los flagelos que azotan a Colombia son la guerrilla, el narcotráfico, la corrupción y las mismas AUC forzadas por las circunstancias de la guerra.

Luego agregó que el narcotráfico con sus torrentes de dinero ilícito corrompe a las instituciones del Estado y a los dirigentes nacionales. Según palabras de Castaño, primero corrompió a la guerrilla revolucionaria y luego a las AUC contrarrevolucionarias, pues penetra a todas las esferas de la sociedad involucrándolas en el negocio.

En ese orden de ideas, el aumento de los índices de desempleados, es una de las consecuencia de ese caos, máxime que el dinero del narcotráfico circula en las esferas del delito y en muy poca proporción se vincula a la economía legal.

En uno de los pocos actos con el temple de carácter que corresponde a un presidente de la república, Andrés Pastrana pidió a la ONU un compromiso internacional a que implemente líneas de acción efectivas, para que no haya más connivencia con el lavado de activos, así salgan afectados grandes conglomerados financieros del planeta.

Por la misma época, Mark Sourder Presidente de la Comisión del Grupo de Acción contra las Drogas Ilícitas del Congreso de Estados Unidos, afirmó que en Colombia y en Afganistán, el narcotráfico y el terrorismo están unidos, por lo tanto se debe combatir en el hemisferio americano, con la misma intensidad que se ha hecho en el Asia Central.

El cartel de las Farc

Desde 1996 año en que se publicó el libro El Cartel de las Farc, documento investigativo que demostró con detalles la inmersión del grupo terrorista en el tráfico de drogas, hubo altibajos por parte del gobierno nacional, para tratar a las Farc como tales.

Después de que el entonces comandante del Ejército general Harold Bedoya Pizarro instituyó que en todos los documentos públicos, que las Farc deberían ser denominadas como un cartel, en forma inexplicable su sucesor el locuaz general Manuel Bonnet Locarno, envió una orden escrita a todas las guarniciones militares, para prohibir que se utilizara la palabra cartel para mencionar a las Farc.

Durante el lustro 1995-2000, el gobierno de Estados Unidos mantuvo una actitud ambigua respecto al tema. Mientras el Departamento de Estado reconoció que las Farc derivaban la mayor parte de su sustento del tráfico de coca, marihuana y amapola, el lenguaraz embajador Myles Frechette y sus sucesores se empecinaron en afirmar que las Farc no son un cartel.

En contraste con las demagógicas posiciones de la embajada estadounidense en Bogotá, la ayuda militar y policial para erradicar los cultivos de coca y los laboratorios para procesar el alcaloide, creció en espiral hasta consolidar el Plan Colombia, después de dos años continuos de imperiales descertificaciones al desprestigiado gobierno de Ernesto Samper.

Poco a poco la dinámica de los acontecimientos dio la razón a los planteamientos del general Harold Bedoya, quien desde 1989 calificó a las Farc como un grupo narcoterrorista.

El 28 de agosto de 2000 fue detenido en México por la policía de ese país, el médico colombiano Carlos Ariel Charry director de la Clínica

El Rosario de San Vicente del Caguán. Según informes de las autoridades mexicanas, el doctor Charry actuaba como enlace entre las Farc y los narcotraficantes del cartel de Tijuana, para concretar negocios de cocaína enviada a México desde la Zona de Distensión en Colombia.

Pocos meses después el presidente colombiano Andrés Pastrana entregó a su similar mexicano Vicente Fox, mas pruebas documentales que corroboraron la relación y los nexos del médico Charry con las Farc y los narcos de Tijuana.

Los elementos probatorios incluyen interceptaciones con orden judicial a las llamadas telefónicas hechas por el médico Charry desde su consultorio y las de un familiar suyo en otra ciudad de Colombia, análisis de documentos incautados al Bloque Sur de las Farc, fotografías, y otros elementos.

Todo esto corroborado con una carta personal, enviada por Charry desde la cárcel a un capo del cartel de Tijuana, en la que pedía, que le consiguiera unas facturas falsas de un supuesto ingreso suyo a un hotel para justificar su presencia en otro lugar de México.

Luego la policía colombiana capturó en el aeropuerto El Dorado de Bogotá a José Wilmer Guzmán integrante de las Farc, cuando pretendía sacar del país 20 kilos de cocaína pura y un fajo de billetes ue totalizaban 49.000 dólares, de los cuales 22.800 eran falsos.

Después de pacientes labores de inteligencia coordinadas con la DEA y la CIA, las autoridades colombianas capturaron a Juan Pablo Rubiano Camacho de 35años de edad, quien de acuerdo con las pruebas recaudadas sería uno de los cerebros financieros, lavador de dineros y testaferro de las Farc.

Los sellos encontrados en el pasaporte del capturado corroboraron que Rubiano viajó varias veces a Ciudad de Panamá y Ciudad de México en actividades relacionadas con el narcotráfico de las Farc con el cartel de Tijuana, según confesó el detenido ante los fiscales que lo interrogaron.

En poder de Rubiano las autoridades encontraron documentos que demuestran que las Farc tenían inversiones por más de 50 millones de dólares que les rentaban réditos del 2.5% mensual, en bancos panameños, con dineros enviados desde la Zona de Distensión por Raúl Reyes.

En el allanamiento a la casa de Rubiano fueron encontradas otras pruebas de envío de cocaína de las Farc a México y Paraguay, archivos contables con datos precisos de ingresos monetarios por concepto de venta de cocaína, compras de insumos químicos para procesar alcaloides, constancias de operaciones bancarias para blanquear esos dineros, y facturas comerciales que demostraban que el capturado había adquirido elementos avaluados en más de 200 millones de pesos, para avituallar algunas cuadrillas de las Farc.

Todas estas pruebas fueron utilizadas por la una corte federal de Estados Unidos para pedir a Rubiano en extradición en marzo de 2002, al lado de Tomás Medina Caracas alias el Negro Acacio y otros dos terroristas de la cuadrilla 16 de las Farc, procesados por narcotráfico en ese país.

En julio de 2001, la primera cuadrilla de las Farc secuestró a cinco narcotraficantes en el Guaviare, porque los sujetos no querían pagar a los terroristas la cuota extorsiva de gramaje.

Ese mismo día fue capturado en el barrio Roma de Bogotá, el terrorista Robinson Céspedes Calderón alias Ancízar, quien confesó al corresponsal del periódico El País de Cali, que él fue encargado por Alfonso Cano y Jerónimo Galeano para cobrar $50.000.oo pesos colombianos a los cultivadores de amapola y los productores de látex, radicados en las veredas de Chaparral, Planadas y Roncesvalles en el sur del Tolima, de acuerdo con tarifas impuestas a los campesinos por las Farc.

A la captura de Céspedes Calderón se agregó la detención en una casa del norte de Bogotá del periodista Oscar Fernando Cuevas, presentado en la edición 409 de la revista Cambio, como un cerebro financiero de las Farc que se identificaba con una cédula de ciudadanía a nombre de Jairo Galeano Lee un colombiano fallecido hace varios años en Italia.

Los documentos incautados a Cuevas incluyen cuentas de empresas ficticias encargadas de blanquear importantes sumas de dinero en dólares, fotografías de Cuevas con los cabecillas de las Farc, y otros documentos de identidad falsos, utilizados para hacer transacciones bancarias que no lo comprometieran ante las autoridades.

Pero para distorsionar la realidad de la inmersión de las Farc en el narcotráfico, los cabecillas sugirieron al gobierno nacional en la mesa de conversaciones en San Vicente del Caguán, que se creara una comisión especial para determinar cuáles de los cultivos de coca eran industriales, y cuáles, pequeños, para evitar las fumigaciones con glifosato.

Y para complementar la osadía, los terroristas manifestaron que era necesario que los candidatos presidenciales fueran hasta San Vicente del Caguán a explicarles cuáles planes tenían para resolver los problemas de cultivo y procesamiento de cocaína.

Participación militar de Estados Unidos en el Plan Colombia

En cumplimiento del objetivo primordial del Plan Colombia, destinado a combatir el narcotráfico en el suroriente colombiano, a partir de la erradicación de los cultivos ilícitos y la sustitución de los mismos por productos agrícolas comerciales, el congreso de Estados Unidos autorizó al presidente George W. Bush para enviar a Colombia a 800 asesores entre militares y civiles, aunque dicha actividad generó desde el primer día diferencias conceptuales entre el legislativo y el ejecutivo estadounidenses.

La primera disensión surgió porque por medio de la firma Dyncorp, los encargados de la asesoría militar trajeron a Colombia personas de nacionalidad peruana, hondureña y guatemalteca cuya presencia superaba la cantidad de asesores autorizados para asistir al gobierno de Colombia en la lucha contra la droga.

La segunda incomodidad provino del escándalo mediático que quiso armar el candidato liberal Horacio Serpa Uribe, acompasado por algunos periodistas, un día después de haberse roto los diálogos, cuando fue fotografiado un militar norteamericano al lado de funcionarios colombianos en San Vicente del Caguán.

Como el problema del narcotráfico es internacional, hay muchas organizaciones y personas que se consideran autorizadas para opinar, actuar y hasta decidir cómo se resolvería el problema de las drogas ilícitas en Colombia, obviamente desde la óptica de lo que beneficia a sus países y no los daños que padece Colombia, en la guerra oxigenada por el narcotráfico.

En enero de 2002 arribaron a Bogotá 50 ciudadanos estadounidenses miembros de la ONG Testigos de Paz, integrada por líderes sindicales, ambientalistas, y estudiantes universitarios quienes se desplazaron hasta las selvas del Putumayo, para evaluar el impacto de la política exterior antinarcóticos de su país, y los efectos de esa línea de acción en la guerra contra las Farc.

Los visitantes observaron en el lugar de los hechos, las técnicas utilizadas para las fumigaciones y la sustitución de los cultivos, financiados con dineros del Plan Colombia.

Luego se reunieron con los comisionados de paz, y elaboraron informes dirigidos a la Casa Blanca y el Congreso de Estados Unidos.

Por razones poco claras, los pacifistas conceptuaron en contra de la ayuda militar a Colombia, destinada a combatir las guerrillas comunistas, pues según palabras de Janet Hiostetler presidente de la singular ONG, la ayuda de Estados Unidos a Colombia en la guerra contra las drogas, contribuyó de manera significativa en la pérdida de confianza de las partes en las conversaciones de paz, por lo tanto no se podía echar combustible al fuego del conflicto.

Plante

La Operación Seis Fronteras realizada durante el año 2000, con la participación de fuerzas de seguridad de Colombia, Venezuela, Ecuador, Perú, Bolivia y Panamá, en la que fueron arrestadas 58 personas relacionadas con el narcotráfico, es señal inequívoca que la guerra internacional contra las drogas va de la mano con la internacionalización del conflicto armado en Colombia, amén que el 80% de las finanzas de los grupos terroristas se derivan del narcotráfico.

Con base en esa experiencia y con la asesoría de Estados Unidos, el gobierno colombiano diseñó el Plan de Desarrollo Alternativo más conocido por la sigla Plante, orientado a erradicar los cultivos ilícitos dentro de la Zona de Distensión, y los departamentos aledaños afectados por los cultivos y el procesamiento de cocaína.

La primera parte del plan previó el desembolso de seis millones de dólares destinados a la sustitución de los cultivos ilícitos dentro de la Zona de Distensión, dineros de los cuales Colombia aportaría 2.8 millones y Estados Unidos 3.2 millones.

Esta parte del proyecto cobijaría 2400 hectáreas dentro de las cuales se beneficiarían 800 familias, mediante la inserción de ganado vacuno y la siembra de caucho. Sin embargo, cuando terminó la vigencia de la Zona de Distensión quedó claro que esos recursos se perdieron, porque los cultivos de coca controlados por las Farc, aumentaron en comparación a 1997.

La segunda parte del proyecto monitoreado por USAID de Estados Unidos, previó la asignación de 15 millones de dólares, para los departamentos de Huila, Cauca, Tolima y Nariño, encaminados a beneficiar a 2500 familias con la esperanza que en la medida que el programa adquiriera resultados positivos, otros países podrían interesarse en aportar más recursos para combatir los cultivos ilícitos.

Pero del dicho al hecho hay mucho trecho. En diciembre de 2000, el periódico El Tiempo reveló la verdad del imaginativo plan antinarcóticos. Faltaban cerca de tres mil millones de pesos para cumplir los objetivos de la época, incluida la congelada participación del Banco Interamericano de Desarrollo.

La noticia fue complementada por el acuerdo entre el gobierno nacional el gobernador Jorge Iván Guerrero, 13 alcaldes y los cultivadores de coca en el Putumayo, para impulsar la erradicación manual e impedir la fumigación. En respuesta las Farc promovieron un paro armado en el sur del país para exigir al presidente Pastrana que arreciara la ofensiva militar y judicial contra las AUC.

Por la misma época el canciller mexicano Jorge Castañeda, publicó un libro de su autoría, cuya tesis es la legalización o despenalización de las drogas alucinógenas, para minimizar el problema y dejar que sea Estados Unidos el encargado de resolverlo sin sangre de latinoamericanos, como se corrobora en el aumento de la violencia en los países afectados por la cadena del narcotráfico.

Pero como si no faltaran las desgracias, al mismo tiempo que Castañeda pedía la legalización de las drogas y que Colombia estaba inmersa en la guerra contra el narcotráfico, resultó afectado el buen nombre del país en el entorno internacional, tras la detención en Miami del hijo de la directora nacional del Plante, con un alijo de cocaína.

Brigada Antinarcóticos

Con base en la enmienda Leahy, que restriñe el apoyo financiero a unidades militares colombianas que hayan sido investigadas o denunciadas por casos de derechos humanos, el Congreso de Estados Unidos aprobó un paquete de 800 millones de dólares, como apéndice del Plan Colombia, destinados a conformar la Brigada Especial Antinarcóticos, con sede en Tres Esquinas-Caquetá y jurisdicción en todo el territorio nacional.

La selección del personal fue rigurosa. Estados Unidos asesoró el entrenamiento militar, la estructuración organizativa de la unidad operativa, y suministró las dotaciones de equipo de combate, inteligencia técnica e información satelital para planear y ejecutar operaciones antinarcóticos.

El primer entrenamiento con énfasis operaciones de alto riesgo fue dirigido por las Fuerzas Especiales del Ejército de Estados Unidos, con capacitación complementaria en intercepción fluvial y apoyo logístico en combate irregular, para 2398 integrantes de la Brigada Antinarcóticos se realizó entre octubre de 2000 y mayo de 2001 en la base militar de Larandia-Caquetá.

El aumento de asesores norteamericanos para la fumigación de cultivos ilícitos y la destrucción de laboratorios de procesamiento de coca alrededor de la

Zona de Distensión, produjo toda clase de especulaciones acerca de la inmersión de Estados Unidos en una guerra que les podría significar un nuevo Vietnam, con el habilidoso argumento de los comunistas armados y desarmados, que esos recursos deberían ser destinados a obras de beneficio social.

Durante el primer año de operaciones ofensivas contra el narcotráfico, la Brigada Antinarcóticos alcanzó importantes resultados, razón por la cual el Secretariado de las Farc torpedeó una vez más las conversaciones de paz, con el premeditado fin de evitar el ingreso de las tropas a las áreas donde funciona la vasta infraestructura de cultivos y laboratorios, baluarte esencial para financiar el terrorismo comunista contra Colombia.

Al finalizar las conversaciones de paz, tropas de la Fuerza de Despliegue Rápido (Fudra), descubrieron que en medio de la selva los cabecillas de las Farc tenían centros de recreación al estilo mafioso, en los cuales realizaban fiestas y orgías como cualquier cartel de narcotraficantes.

Paro armado en el Putumayo

A los constantes problemas sociopolíticos que padecen los habitantes del departamento del Putumayo, se agregó el paro armado promovido por las Farc a finales del año 2000, como respuesta a la inminente fumigación de 5.000 hectáreas dedicadas al cultivo industrial de la hoja de coca y no a los cultivos de pancoger que pretendían hacer creer las Farc y sus cómplices.

Después que las fuerzas especializadas en operaciones antinarcóticos perfeccionaron el plan, sobrevinieron las irreverentes declaraciones de prensa del gobernador Jorge Iván Guerrero:

—Me preocupa que la paciencia y los ánimos de la gente se vayan a desbordar. Lo que pase de ahora en adelante será de exclusiva responsabilidad del gobierno nacional. Me parece que una vez mas el gobierno le falló a los putumayenses—

El paro armado que comenzó en octubre y finalizó en diciembre de 2000, produjo pérdidas por cientos de millones de pesos dado el estancamiento del necesario flujo de recursos económicos y financieros en la región. En las refriegas murieron 17 personas, y un éxodo total de 400 familias que totalizaron 2500 campesinos—

De los 21.000 millones de pesos entregados por el Plan Colombia para proyectos de beneficio social, el gobierno nacional destinó 6.000 millones de pesos para adelantar este tipo de obras por medio de una ONG en el Putumayo.

En contraste a la inyección financiera con fines sociales, Manuel Alzate Restrepo alcalde de Puerto Asís Putumayo, aseguró que por infortunio la aspiración de algunos jóvenes de su municipio, es tener un tajo de coca para sobrevivir e insistió en la importancia de la erradicación manual y la sustitución de los cultivos.

Sin embargo, los organismos de inteligencia establecieron que la idea de erradicar manualmente las matas de coca, es parte de la estratagema de dilatación utilizada por las Farc, con el fin de explotar a sus anchas los cultivos "industriales", mientras el gobierno nacional se engolosina con la erradicación manual de pequeños cultivos.

Capítulo XIV

El ELN

Acuerdo de Maguncia

Camilo Gómez con Ramiro Vargas del Eln

En contraste con el tratamiento de segunda prioridad que la administración Pastrana Arango dio al Eln durante el periodo de vigencia de la Zona de Distensión en El Caguán, salieron a relucir una vez más, los nexos ideológicos y procedimentales de este grupo terrorista con algunos sacerdotes católicos, algunos de ellos jesuítas fervientes difusores de la

Teología de la Liberación, ubicados en España y Alemania.

El 12 de julio de 1998 se reunieron en el Monasterio Puerta del Cielo ubicado en la ciudad de Mainz (Maguncia) Alemania, los cabecillas del Eln, con algunos personajes colombianos ávidos de oportunismo politiquero y ansias de figuración mediática, autodenominados representantes de la sociedad civil avalados por el grupo terrorista.

La reunión de Maguncia que terminó con uno de los tantos etéreos documentos firmados en las últimas tres décadas entre el gobierno nacional y las guerrillas comunistas, denominado Acuerdo de Puerta del Cielo, se convirtió en la vitrina internacional que necesitaba el Eln para recuperar el protagonismo político, demostrar que estaba vivo como grupo terrorista, y no una serie de cuadrillas desarticuladas por la ofensiva del Ejército colombiano o la guerra particular contra las AUC.

La prueba reina: Uno de los insípidos puntos del tropical Acuerdo de Puerta del Cielo, estipuló que los terroristas del Eln se comprometían a no secuestrar más personas menores de 15 años y mayores de 65.

En ese orden de ideas, sin concretar nada, como ya es costumbre de los narcoterroristas comunistas cada vez que conversan con los gobiernos colombianos de turno, para plantear utópicas reformas a corto plazo, la reunión en Maguncia culminó con un aparente compromiso para realizar una gran convención nacional.

Como es obvio de suponer, en la reunión en Maguncia patrocinada por los sacerdotes europeos afines al Eln, no se cuestionaron los consuetudinarios actos terroristas de esta agrupación delictiva contra la población civil, ni los daños ecológicos, ni los innumerables crímenes de lesa humanidad perpetrados por sus cuadrillas, ni la inmersión del Eln en el narcotráfico.

La reunión se centró en la farsa del Eln alrededor de la propagandística humanización del conflicto, de etéreos cambios estructurales en la vida política colombiana, de su rebeldía armada contra Colombia, y la nueva orientación para los secuestros.

Lo tragicómico es que los autodenominados representantes de la sociedad civil encabezados por el periodista Francisco Santos, no solo soportaron todas esas irreverencias, sino que aceptaron esas imposiciones para seguir negociando la paz con el Eln, situación que a la postre ni prosperó ni dejó nada positivo para Colombia.

Holocausto de Machuca

La elevada cifra de campesinos muertos y mutilados, producto del atentado terrorista perpetrado en noviembre de 1992, por la cuadrilla María Cano del Eln contra la población civil residente cerca al kilómetro 15 del Oleoducto Colombia en Remedios Antioquia, no sirvió de experiencia ni de referente para que el 19 de octubre de 1998, terroristas de la cuadrilla Héroes de Anorí del Eln, activara varias cargas explosivas contra el mismo oleoducto cerca del caserío de Fraguas más conocido como Machuca en el nordeste antioqueño.

En segundos, las llamas producidas por la explosión arrasaron el caserío y causaron la muerte casi inmediata de más de 70 campesinos calcinados.

El holocausto generó toda clase de críticas contra el presidente Pastrana porque autorizó la reunión de Maguncia, y la supresión temporal de las medidas judiciales contra los terroristas Francisco Galán y Francisco Torres, para que asistieran como voceros del Eln a una reunión en Rio Verde cerca a Sonsón-Antioquia

Francisco Galán en Europa

Con esa medida populista de Pastrana, el Eln demostró al mundo que sus terroristas detenidos por cometer crímenes de lesa humanidad eran supuestos presos políticos, al mismo tiempo que concedió la calidad de negociadores a dos bandidos presos en la cárcel de Itagüí, que con el paso del tiempo consiguieron autorización para salir del país, portar celulares y radioteléfonos en las celdas, dirigir acciones terroristas y coordinar el Plan Estratégico del Eln.

En síntesis, las salidas temporales de los terroristas Galán y Torres, con el habilidoso argumento que eran voceros de paz, facilitó a los demás cabecillas del Eln instrumentar mas acciones terroristas contra el Estado y la sociedad civil, habida cuenta que el ataque terrorista contra Machuca tuvo el visto bueno del Bloque Noroccidental de Guerra, asentado en Antioquia y el Viejo Caldas, orientado por Galán y Torres, quienes a pesar de estar presos conocían con suficiente antelación los planes y los aprobaban o expresaban sus puntos de vista para refinarlos.

Como sucede en las demás guerrillas comunistas colombianas, en el Eln nada se ejecuta al azar. Toda acción terrorista obedece a un plan preconcebido y aprobado por todos los cabecillas.

No cabe duda entonces, que Galán y Torres estaban enterados de la intención de dinamitar el oleoducto Colombia cerca a Machuca, con el calculado propósito de intimidar la población civil y plegar el débil gobierno de Pastrana a las imposiciones del grupo terrorista.

Ante el fracasado encuentro previsto para el 10 febrero de 1999 en Caracas-Venezuela, entre el comisionado de paz Víctor Gumersindo Ricardo y el terrorista Antonio García del Eln, para concretar los detalles de la gran convención nacional, el Eln echó a rodar el plan paralelo de terror e intimidación contra la población civil, encaminado a reeditar la espectacularidad del ataque armado contra Simacota-Santander en 1965.

El 12 de abril de 1999 el Eln secuestró una aeronave de Avianca en pleno vuelo, cuando cubría la ruta Bucaramanga-Bogotá. La liberación de los 46 pasajeros fue a cuentagotas y se prolongó durante más de un año, en la medida que los familiares pagaron las extorsiones, e inclusive se rumoró que algunos de ellos fueron obligados a pagar más dinero después de las liberaciones, so pena de secuestrarlos otra vez.

La tripulación de la aeronave fue obligada a aterrizar en una pista abandonada, pero adecuada por los terroristas para el riesgoso descenso y suspensión del vuelo en la mitad de la inhóspita región del sur de Bolívar, asediados por el clima tropical del Magdalena Medio, la inclemencia de los insectos, la ambición económica de los narcotraficantes y la guerra a muerte entre el Eln y las AUC.

La oleada de secuestros fue perpetrada por el Eln con el doble propósito de incrementar las finanzas y recuperar posicionamiento político, para forzar al gobierno nacional a negociar con el Eln en las mismas condiciones que lo hacía con las Farc en el Caguán, y no como grupo rebelde cenicienta.

Por instrucción del Comando Central (COCE) la cuadrilla José María Becerra perpetró un secuestro masivo en la iglesia La María ubicado en el exclusivo sector de Pance en Cali.

Disfrazados de soldados y policías más de 50 terroristas, irrumpieron en la iglesia a la hora de la celebración litúrgica más concurrida de la semana, un domingo en horas de la mañana. Con extrema rapidez y de manera increíble los terroristas secuestraron a 167 personas y las trasladaron hacia el sector de Los Farallones al occidente de Cali.

De inmediato el Ejército desencadenó una intensa persecución para localizar a estos secuestrados, pero de manera sorpresiva la misma cuadrilla perpetró otro secuestro masivo contra los caleños que salieron a disfrutar un día de descanso en el Kilómetro 18 de la vía Cali-Buenaventura. La Fuerza de Despliegue Rápido fue desplazada a Cali para apoyar la búsqueda de los secuestrados.

Durante la incesante persecución a los terroristas, murieron tres de los secuestrados e inclusive se aseguró que los captores los habrían asesinado. En la medida que el cerco militar estrechó el espacio de maniobra de los terroristas, se incrementaron los combates de encuentro con las avanzadas guerrilleras y por ende disminuyeron los víveres y elementos de primera necesidad para sobrevivir en el bosque hostil.

Igual a como sucedió en 1974 en el sur de Bolívar cuando el Ejército Nacional acorraló en la Serranía de San Lucas, al último remanente del Eln que sobrevivió a la Operación Anorí y el entonces presidente Alfonso López Michelsen autorizó una comisión humanitaria, para la supuesta entrega de los terroristas; esta vez, aparecieron en el puesto de mando de la Tercera Brigada en Cali, el comisionado de paz Camilo Gómez y algunos funcionarios de la Cruz Roja Internacional, para coordinar con el Eln la liberación de los secuestrados, y de paso salvar la vida de los terroristas que estaban próximos a caer en combate o en su defecto, ser apresados.

La operación militar fue suspendida. Los terroristas recibieron un respiro, los civiles sobrevivientes fueron liberados y el Ejército Nacional fue burlado una vez más por culpa de la debilidad de carácter del presidente Pastrana, la incompetencia de los generales Jorge Mora y Fernando Tapias que confundieron disciplina con indignidad y la forma desconsiderada como el general Carlos Fracica Naranjo superpuso su labor a las operaciones que había iniciado el general Jaime Canal Albán, entonces comandante de la Tercera Brigada.

No obstante, el drama de algunos de los secuestrados en el kilómetro 18 y La María no terminó con el sainete montado por el gobierno nacional y el Eln para liberarlos.

Sin excepción todos ellos fueron forzados a pagar altas extorsiones cobradas por las redes urbanas del Eln en Cali, que los instruyeron a consignar las cuotas en dólares por medio de bancos que trasladaban el dinero a islas en el Caribe o Panamá, de allí a Estados Unidos y de allí a una cuenta del Eln en Suiza, ubicada por medio de la clave Buen Viento.

Ana Mercedes Gómez directora del periódico El Colombiano de Medellín y durante algunos meses integrante de la Comisión de Notables impuesta por las Farc a Pastrana, afirmó que el gobierno nacional inventó todo un show publicitario alrededor de la guerra, y citó el ejemplo concreto de la primera entrega de los secuestrados de La María, cuando según sus palabras la presidencia de la república patrocinó un espectáculo en vivo y en directo, violando el derecho internacional humanitario.

Retiro del general Canal y repunte electoral

El abrupto retiro del servicio activo del general Jaime Enrique Canal Albán, marcó otro hito de la nefasta e indebida intromisión de la dirigencia política en asuntos militares, cuando las tropas tienen avasallado al adversario.

Igual a lo sucedido 27 años antes en Anorí-Antioquia, en esta ocasión en la zona rural de Cali, la cuadrilla José María Becerra del Eln estaba casi diezmada, minimizada y al borde de la extinción.

El hambre, la escasez de apoyo logístico y la incursión en un terreno inhóspito, aunado al dispositivo táctico de las tropas orientado por el general Canal, indujo a los reductos del Eln hacia la rendición.

No quedó claro si por ansia de protagonismo del general Fracica, o por contactos secretos de los negociadores del gobierno con los terroristas, o si por desafortunada combinación de ambas, el presidente de la república detuvo la operación militar, y de paso salvó a ese grupo del Eln.

Lo cierto es que sin coordinar con el general Canal comandante de la Tercera Brigada, el comisionado de paz Víctor Gumersindo Ricardo coordinó con el Eln la liberación de los secuestrados a bordo de helicópteros con los logos de la Cruz Roja.

El general Canal declaró ante los medios de comunicación que era inconveniente la intromisión politiquera en situaciones militares de alto riesgo, lo que por razones obvias produjo malestar en la presidencia de la república.

En respuesta, en intervención televisada dirigida a los colombianos, el presidente Pastrana felicitó al general Fracica, por la labor cumplida en los Farallones de Cali para liberar a los secuestrados de La María y el Kilómetro 18, pero de manera intencional olvidó mencionar al general Canal verdadero cerebro y líder de la operación de rescate.

Acordada la liberación de los famélicos secuestrados, el general Canal convocó a familiares y periodistas para su recepción en la Tercera Brigada. Curiosamente mientras esto sucedía en Cali, en otro escenario los canales de televisión presentaron al general Fracica mientras abría la puerta de un helicóptero, para que descendieran los liberados a quienes de manera deliberada y preconcertada por el comisionado de paz con los terroristas, se les habían cambiado los harapos, con que trasegaron en la selva, porque ahora lucían vestimentas nuevas.

Los días de la carrera militar del general Canal estaban contados. Con el temple característico de un verdadero soldado, virtud ajena a los generales Tapias, Mora y Fracica que se prestaron para la componenda de Pastrana y su comisionado de paz con el Eln, Canal presentó en público su deseo de re-tirarse del servicio activo, debido a la manipulación politiquera y descarada de las Fuerzas Militares.

La ciudadanía caleña ofreció una multitudinaria despedida al general Canal, quien a diferencia de su mediocre sucesor el general René Pedraza, se ganó el aprecio y la solidaridad de la población civil.

En reciprocidad a su desempeño como comandante de la Tercera Brigada durante tres años y en desagravio por la inescrupulosa forma como el presidente de la república y los altos mandos militares lo sacaron del servicio, la ciudadanía valle-caucana eligió al general Canal representante a la Cámara por el departamento del Valle, con la votación más alta que ha alcanzado un congresista en esa región del país.

Es inaceptable. Al dejar el cargo de comandante de la Tercera Brigada, el general Canal Albán entregó los Farallones de Cali sin presencia de terroristas, y además, con las cuadrillas del Eln y las Farc aniquiladas.

Durante el año 2001 que estuvo el general René Pedraza Peláez en el mismo cargo, y a partir de 2002 que ocupó el cargo de la Tercera División, las Farc asaltaron la repetidora de comunicaciones en Cerro Tokio; emboscaron tres veces a tropas del batallón Pichincha; retomaron el control de Queremal, Felicia, Tocotá, La Sirena y Pance; secuestraron a 12 diputados de la Asamblea del Valle a plena luz del día; asesinaron al obispo de Cali, explotaron petardos en toda la ciudad, reclutaron nuevos terroristas e impusieron la zozobra y el crimen en Cali.

Cuba: Vuelve y juega

La afinidad ideológica y la complicidad del dictador cubano con el Eln data del nacimiento del grupo terrorista en la isla, y del prolongado contacto de los funcionarios oficiales cubanos con los cabecillas, para coordinar apoyos médicos, entrenamiento militar, capacitación político-organizativa y propaganda internacional a favor del Eln.

Pese al rompimiento de relaciones diplomáticas del gobierno del presidente Julio César Turbay Ayala con la dictadura cubana tras comprobar que los terroristas del M-19 fueron entrenados en Cuba, para que vinieran a Colombia a derrocar el gobierno legítimo; en 1993 el demagógico presidente César Gaviria Trujillo reanudó relaciones diplomáticas con los hermanos Castro, a sabiendas que apoyan a los terroristas colombianos.

Esporádicos sucesos comprobaron que de manera clandestina y con mucho tacto para evitar ser descubiertos, los cabecillas del Eln continuaron el envío de terroristas a Cuba, para recibir cursos de entrenamiento en organización de masas y técnicas de guerra de guerrillas, como lo confirmó Gustavo Buitrago Ramírez alias Saúl, capturado en 1993, por tropas del batallón Pedro Nel Ospina en la vereda El Ocho de Cocorná-Antioquia.

Por extraña coincidencia el 22 de octubre de 1999, el gobierno nacional reinició conversaciones de paz con el Eln en La Habana-Cuba, debido a las argucias y engañifas de la dictadura castrista.

A partir de ese momento comenzaron los tropiezos y manipulaciones de las negociaciones con el eje Cuba-Venezuela, debido a la calculada injerencia de Hugo Chávez en el tema, como peón geoestratégico de Fidel Castro en el ajedrez que juega la dictadura cubana contra el continente.

Reunión de Ginebra

Las debilidades tácticas y limitaciones en la disciplina revolucionaria propias del Eln, son compensadas por los nexos afincados en Europa, con terroristas latinoamericanos desmovilizados, intelectuales izquierdistas y proterroristas, comunistas confesos, sacerdotes católicos adscritos a la teología de la liberación y estudiantes enviados por el Eln a Europa a hacer trabajo político-propagandístico.

Con base en esta fortaleza, el 24 de julio de 2000, los cabecillas del Eln convocaron otra reunión en Ginebra Suiza, con la participación de 90 personas autonombradas delegados de la sociedad civil.

Es preciso aclarar que desde comienzos de la década de los años noventa, el Eln ha convocado este tipo de reuniones, para aparentar que a ellas asisten representantes de todas las organizaciones sociales, con el objetivo de reunirse en las mesas de conversaciones, donde encauzan y manipulan los temas hacia las conveniencias del grupo terrorista.

Francisco Galán y Antonio García

A la reunión de Ginebra asistieron algunos de los autonombrados representantes de la sociedad colombiana, entre quienes estuvieron empresarios, negritudes, indígenas, campesinos, sindicalistas periodistas, dirigentes políticos, cooperativistas, académicos, y estudiantes en una mescolanza amorfa y sin objetivos previos, para plantear propuestas de salidas al conflicto, debido a que el Eln manipula la agenda de las reuniones.

La nota resaltante del inicio del sainete propagandístico del Eln en Ginebra, consentido por el gobierno Pastrana, sucedió cuando los terroristas negaron la entrada al evento al alcalde de Manizales, asistente al evento en representación de Juan Gómez Martínez, invitado al show publicitario.

Como era de esperarse, en medio de este modelo variopinto de conversaciones, se habló mucho sin concretar nada, aunque de manera calculada los terroristas plantearon, búsqueda de consenso nacional, cronología del proceso y logística de la convención nacional.

Las cámaras de televisión registraron el desespero de los familiares de las personas secuestradas por el Eln en el avión de Avianca y en las afueras de Cali, que intentaban hablar con el cabecilla Felipe Torres, pero el terrorista rehuía a las solicitudes.

Las víctimas fueron respaldadas por autoridades europeas, cuyas críticas se enfocaron a las violaciones a los derechos humanos y al derecho internacional humanitario, perpetrados por el Eln, al ejecutar secuestros masivos.

En otro comportamiento simultáneo que por su naturaleza despertó suspicacias, fueron vistos algunos sacerdotes colombianos, muy activos y solícitos para cooperar con el Eln en el desarrollo del evento.

Pero en Colombia, la situación se complicó para el Eln e impidió el anhelado show publicitario en el Magdalena Medio, paralelo con el de las Farc en el Caguán, debido a que Carlos Castaño decidió atacar los campamentos del Comando Central (COCE), al mismo tiempo que los campesinos de la región bloquearon las vías y las Farc asesinaron a varios integrantes del Eln en medio de la lucha por dominar territorios.

Estrategia armada del Eln

La metodología del desarrollo sistemático del Plan Vuelo de Águila del Eln, coincide con el Plan Estratégico de las Farc denominado Campaña Bolivariana para una Nueva Colombia, en el sentido de posicionar las guerrillas en las mesas de conversaciones, con base en el poder intimidatorio del terrorismo.

Durante el tiempo que Pastrana sostuvo conversaciones simultáneas con los dos grupos terroristas, el Eln explotó carros-bomba en las carreteras, incineró vehículos de carga y de transporte de pasajeros, cometió asesinatos selectivos, secuestros masivos, y actos terroristas contra la infraestructura vial y energética.

En el área rural de Santa Rosa-Bolívar, cerca a Simití y San Pablo, el Eln secuestró a un funcionario de la empresa de teléfonos para ganar adeptos al obligarlo a arreglar las líneas telefónicas de la región que estaban fuera de servicio.

En otros lugares del país las cuadrillas del Eln derribaron torres de energía eléctrica e instalaron minas antipersona alrededor del sitio, para que explotaran cuando llegaran los técnicos a repararlas.

En Ocaña, murió un operador que reparaba una torre derribada, cuando activó una de las minas dejadas por los terroristas.

Otras cuadrillas del Eln incineraron tractomulas cargadas con vehículos o buses de empresas que no pagan extorsiones, explotaron artefactos explosivos contra cajeros electrónicos, secuestraron la tripulación de un helicóptero con la aeronave y quemaron unos vehículos de carga en Nunchía-Casanare.

En diciembre de 2000, un grupo del Eln disparó contra una embarcación llena de pescadores en el Río Magdalena, ataque terrorista en el que murieron siete campesinos.

En la vía Bogotá-Medellín detuvieron dos buses de Expreso Bolivariano, ordenaron a los pasajeros que los evacuaran y luego arrojaron los automotores por un precipicio.

En un retén ilegal del Eln instalado en Filo Gringo entre Tibú y El Tarra, los terroristas hirieron a 10 pasajeros de un bus de la empresa Transalleno y luego atacaron a las tropas de la Quinta Brigada que llegaron a socorrer a los heridos.

Capítulo XV

Los medios de comunicación

Lenguaje de la guerra

Por vivir empecinados en ganar réditos personales con la chiva periodística, el premio del gremio, o de captar pauta publicitaria, los medios de comunicación hacen eco al terrorismo, y con esa actitud generan temor que cunde imperceptiblemente en la capacidad creativa de los colombianos.

En esa dinámica algunos reporteros y medios de comunicación que transmiten los mensajes, hacen juego a los actores generadores de violencia, con el pretexto que están cumpliendo el deber de informar y mantener al día la vigencia de la libertad de prensa.

Curiosamente en ninguno de los medios de comunicación, se sindica de manera directa a los grupos narcoterroristas de ser los responsables de la situación. A menudo promueven campañas contra la guerra, pero no contra quienes la hacen y fuerzan la respuesta militar del Estado.

Inclusive algunos periodistas que se sienten y actúan como si fueran corresponsales extranjeros, dedicados a informar pormenores de un conflicto ajeno, invocan neutralidad hipócrita y hasta catalogan a las Fuerzas Militares y a la Policía Nacional como actores del conflicto, sin ni siquiera mencionar al Estado y a los gobiernos de turno.

Vale la pena aclarar. El Estado colombiano es el actor legítimo de la guerra que libra el país contra el narcoterrorismo comunista y los demás grupos armados ilegales.

La actuación militar o policial contra las Farc, el Eln o las AUC, es la respuesta armada del Estado, como representante de la sociedad en la lucha contra quienes pretenden destruir o sustituir el orden vigente.

Por ende, el responsable de conservar la tranquilidad en el orden público es el presidente de la república y no el Comandante General de las Fuerzas Militares. En este punto no han querido aterrizar, la población civil, ni los periodistas que cubren la fuente, orden público, ni los dirigentes políticos colombianos.

Por esta razón, los gobiernos desde Belisario Betancur (1982-1986) hasta Andrés Pastrana (1998-2002), manejaron con notorios desaciertos los componentes del orden público y la seguridad nacional, sin que por sus errores, hayan recaído sobre ellos responsabilidades políticas, históricas, penales, administrativas o disciplinarias.

Opiniones ambiguas

La ausencia de claridad durante las fallidas conversaciones de paz en el Caguán, no fue patrimonio exclusivo del gobierno nacional. Los editorialistas y columnistas de opinión también padecieron el mismo problema. Para evaluar un ejemplo concreto.

Léanse los editoriales del periódico El Tiempo durante el periodo citado.

En algunas ocasiones el sinuoso director, calificó a las Farc de ser terroristas, dilatadores y distractores del proceso de paz. En otros escritos los calificó de insurgentes, de guerrilleros con estatus político, o de tener la razón para que haya necesarios cambios sociales.

Posiciones divergentes de la misma persona generan vacíos y dudas dentro de la opinión pública, que termina sin comprender si el gobierno estuvo negociando con terroristas o no, si las Farc son narcotraficantes o no, o si la prensa informa o coadyuva a aumentar la incertidumbre, generalizada dentro de la opinión pública.

Otro fenómeno fue la aparición en los medios de comunicación de advenedizos analistas de guerra convertidos en estrategas de escritorio.

Sin ni siquiera haber prestado servicio militar obligatorio, ni haber experimentado la realidad de la guerra, estos perso-najes pontificaron de lo divino y de lo humano del conflicto.

Invocaron a Sun Tzu, a Clausewitz, a Moltke, a Mao o a Napoleón, y con elementales conceptos de la guerra conseguidos por medio de algún amigo que trabaja en inteligencia militar, produjeron documentos en los cuales aparentaron sapiencia estratégica y conocimiento profundo de la guerra que asedia a Colombia.

La consecuencia negativa del asunto fue que a lo largo de los tres años y medio de conversaciones insulsas, ninguno de los sesudos pensadores y analistas del conflicto, aportó siquiera una luz para que el gobierno Pastrana saliera de la encrucijada.

Excesiva prensa a cabecillas narcoterroristas

Desde la época de las conversaciones de paz del gobierno de Belisario Betancur con los terroristas del M-19, surgió la ya arraigada costumbre de hacer despliegue propagandístico en los medios de comunicación, a las actividades de las guerrillas comunistas.

Durante el lapso 1998-2002, el 80% del tiempo de los noticieros nacionales de televisión, el 45% de las noticias de las cadenas radiales, el 35% de los espacios editoriales, y de noticias nacionales impresas, estuvieron dedicados a presentar a los terroristas, relatar sus actos de barbarie, o reproducir sus declaraciones.

En consecuencia, en los hogares colombianos, niños y adultos, se acostumbraron a observar a los terroristas de las Farc disfrazados de soldados y policías, en abierta apología al delito.

Sucesos como el collar-bomba colocado por la cuadrilla 11 de las Farc a una campesina en cercanías a Chiquinquirá-Boyacá, los secuestros masivos, la liberación de los secuestrados del kilómetro 18 en Cali, los guiños galantes del terrorista Joaquín Gómez a María Emma Mejía en el Caguán, la imagen del presidente Pastrana solo al lado de la silla vacía de Tirofijo, las sarcásticas respuestas de Raúl Reyes tras el secuestro de una aeronave de Aires por parte del miliciano Arnubio Ramos, los asaltos a los poblados, y muchas imágenes más, fueron retransmitidas sin tener en cuenta el drama y el dolor de las víctimas.

La respuesta de los comunicadores siempre es la misma. Argumentan libertad de prensa y responsabilidad del gobierno en ser el primero en fallar al sentarse a dialogar con los bandidos:

Que la población civil tiene derecho a conocer los hechos derivados de la guerra; que existen el sigilo y el secreto profesional, y muchas otras justificaciones que obligaron a los asesores del presidente de la república, a solicitar a la Comisión Nacional de Televisión y los medios de comunicación que tuvieran mesura y objetividad para presentar los contenidos de las noticias relacionadas con la guerra la paz en Colombia.

Medios de comunicación como idiotas útiles

El afán de la chiva para conseguir galardones periodísticos, o de incrementar la venta de publicidad por aumento de los índices de audiencia, conduce a que propietarios, directores de medios y periodistas, caigan en el error de hacer el papel de idiotas útiles, al favorecer la intención propagandística de los grupos terroristas.

En Colombia el M-19 fue el primer grupo terrorista que implementó esa modalidad publicitaria. Antes de cometer las acciones delictivas, sus cabecillas preconcertaban citas con periodistas ávidos de premios o reconocimientos profesionales, convocaban muchas ruedas de prensa clandestinas, y se autopresentaban como revolucionarios de avanzada, para alejarse de las arcaicas guerrillas campesinas comunistas de las Farc.

Preguntada al respecto, la periodista colombiana Ana Patricia Janiot, presentadora de noticias de CNN en español, aseguró que en Estados Unidos la obligación moral y legal de todo periodista que se entera por anticipado de un posible acto criminal, es informar a las autoridades, no buscar galardones periodísticos.

En tiempos de guerra en las naciones industrializadas, los medios de comunicación tienden a adoptar la causa nacional, y se colocan al lado de las ideas y programas que defienden las Fuerzas Militares de su país, porque comprenden que todo lo que afecte a las tropas, afecta al país como un todo.

En Colombia algunos reporteros con la venia de los dueños de los medios de comunicación y de las audiencias que los toleran, aparentan tener una supuesta posición neutral frente a la agresión del narcoterrorismo comunista, como si no fueran colombianos, o lo que es peor, que no tuvieran nada que perder en caso que triunfara la revolución comunista armada.

Pronunciamiento de la CNTV

Ante el pronunciamiento de la Comisión Nacional de Televisión (CNTV) en el sentido de reglamentar la presentación de noticias relacionadas con el conflicto armado, las reacciones de los medios de comunicación fueron inmediatas.

Mientras que la comisión reguladora sostuvo la tesis que la medida pretendía minimizar la posibilidad que la televisión se convirtiera en multiplicador de la violencia, los directores de medios y los reporteros encargados de cubrir las noticias de orden público, calificaron esa disposición como una típica censura.

La discusión se tornó en un tema sin conclusiones, pero ninguna de las dos partes enfocó el asunto medular. En la medida que la niñez y la juventud reciban imágenes violentas y la apología a los delincuentes, los menores de edad crecerán con fijaciones mentales que los podrían inclinar a emular a los cabecillas de las guerrillas comunistas o de las AUC, porque sistemática e inconscientemente, esa es la imagen transmitida por los medios de comunicación.

El hecho coincidió con la petición de los congresistas Germán Vargas Lleras y Juan Fernando Cristo, para abolir la Comisión Nacional de Televisión (CNTV), con el fin de devolver ese control a la presidencia de la república, pues según los ponentes, la CNTV solo servía para devolver favores políticos al presidente Pastrana.

Los periodistas aprovecharon la circunstancia para cuestionar si el planteamiento de la CNTV, era una estratagema del presidente Pastrana para castigar a los medios de comunicación, o para cortar el ya prolongado protagonismo periodístico televisado de los negociadores de las Farc. Tampoco hubo consenso al respecto.

Dentro de la fina línea en la que cada institución pública o privada quiere hacer todo a su acomodo sin amoldarse a las directrices gubernamentales, el periodista Juan Gossaín manifestó:

—Por un lado el control de las imágenes lo apruebo (sic)… La mayor parte de los medios no están actuando de manera responsable frente al problema de la violencia y el conflicto. Pero prefiero que sean los periodistas los que tomen (sic) las medidas de controlarse (sic). Además la CNTV no tiene capacidad moral ni infunde el respeto para ordenar mesura—

César Mauricio Velásquez decano de la facultad de Comunicación Social de la Universidad de La Sabana, fue más sarcástico en torno al espinoso tema, y bajo su dirección esa universidad activó unos observatorios, para hacer un seguimiento metódico a la forma como los medios de comunicación, cubrían los eventos de guerra y paz en torno a las conversaciones del Caguán, y para el efecto afirmó:

—Lo primero es que el gobierno defina que quiere con su proceso de paz. Ellos han movilizado a la prensa muchas veces hasta los sitios. ¿Porqué ahora los quieren sacar del medio?—

Amenazas de Tirofijo

Después de haberse firmado el Acuerdo de San Francisco de la Sombra, mediante agresivas sindicaciones enviadas por intermedio de Raúl Reyes en tres ocasiones diferentes al presidente Pastrana, Tirofijo sindicó a la prensa, al Partido Liberal, a los gremios económicos, y a los candidatos presidenciales, de ser los responsables del fracaso de las conversaciones de paz.

Entre las personas señaladas por las Farc estaban Álvaro Uribe Vélez, Noemí Sanín, Horacio Serpa, Jorge Visbal Martelo, Sabas Pretelt de la Vega, monseñor Pedro Rubiano y Germán Vargas Lleras.

Dos directores de medios masivos de comunicación respondieron a las Farc, sin firmeza y sin claridad, como si se tratara de una rendición de cuentas:

Rafael Santos codirector del periódico El Tiempo respondió que la pugnacidad de las Farc con los medios de comunicación revelaba el desconocimiento de las Farc acerca de cómo funciona la prensa, como se nutre de materia prima y de su naturaleza crítica.

Con el oportunismo característico, Darío Arizmendi director de Caracol Radio aseguró que se trataba de una acusación injusta, porque en el caso de su cadena radial ha existido total apertura no solo con los negociadores del gobierno, sino con los voceros de las Farc y el Eln, porque han expuesto sus comunicados y puntos de vista sin limitación de tiempo.

El senador Luis Guillermo Vélez y al mismo tiempo presidente de la Dirección Nacional del Partido Liberal, respondió a Tirofijo que su partido es el que más ha contribuido al desarrollo del proceso, que inclusive el Congreso de la República con mayorías liberales tramitó la ley 418; además que con esas cartas las Farc demostraban que temían a la paz.

Thimoty Balding presidente de la Asociación Mundial de Periódicos (WAN), entidad que representa a más de 17.000 periódicos de 93 países, pidió a las Farc que renunciaran a la violencia contra la prensa, e instó a Tirofijo a que condenara en público la actitud de algunas cuadrillas contra los periodistas, pero por razones obvias todo quedó igual.

Atentados contra periodistas

Durante 1999, por razón de su oficio, fueron asesinados en Colombia cinco periodistas 29 fueron secuestrados y 15 salieron del país por haber recibido amenazas de muerte.

A manera de ejemplo, la décima cuadrilla de las Farc expulsó de Arauca al periodista Mario Parra y la cuadrilla 22 de las Farc obligó a salir del país a Mireya Álvarez Ramírez directora de un periódico local en La Palma-Cundinamarca, por cuestionar las acciones terroristas contra la población civil.

Francisco Santos fórmula vicepresidencial del candidato Álvaro Uribe Vélez, y el popular animador de televisión Fernando González Pacheco también recibieron amenazas de muerte proferidas por las Farc, pero con el consabido cinismo de siempre, Raúl Reyes cambió la versión.

Inclusive cuando el periodista Guillermo La Chiva Cortés fue liberado por el Ejército y el propio exsecuestardo confirmó la autoría de las Farc, Raúl Reyes lo contradijo pese a la evidencia. Entre tanto, las AUC desterraron de Montería a Orlando Pulgarín corresponsal del Diario El Tiempo.

La Sociedad Interamericana de Prensa (SIP) se manifestó contra el asesinato del periodista Flavio Bedoya en Tumaco. Debido al atentado contra el periodista John Portela jefe de prensa de la Alcaldía Mayor de Bogotá, el presidente de la SIP manifestó en Miami, que el ejercicio de la prensa en Colombia estaba rodeado de inseguridad e impunidad.

Pese a esta crítica, el 23 de enero de 2002, fue asesinado en Cali, Marco Antonio Ayala reportero gráfico de un medio local.

Pero ese no fue el único suceso de agresiones contra periodistas en Cali, porque tres años antes en respuesta al secuestro del fotógrafo Henry Romero por parte del Eln, el 22 de octubre de 1999 periodistas y reporteros gráficos de todo el Valle del Cauca realizaron una concurrida manifestación pública en la Plaza San Francisco de Cali, para expresar que los medios de comunicación no son objetivos de guerra.

La periodista Jineth Bedoya fue secuestrada en Bogotá el 25 de mayo de 2000, cuando pretendía hacer un reportaje acerca de los miembros de las AUC presos en la cárcel Modelo de Bogotá. La periodista fue amordazada por los secuestradores cerca de la penitenciaria, abusada sexualmente y abandonada en la vía Bogotá-Villavicencio.

Pocos días después de este macabro suceso salió del país por amenazas de muerte, el periodista Ignacio Gómez editor de investigaciones del semanario El Espectador, y director ejecutivo de la Fundación País Libre.

Durante la última semana de la campaña presidencial 2002-2006, las Farc activaron una carga explosiva contra la sede de la emisora Radio Súper en Villavicencio, en represalia por transmitir publicidad política pagada, de la campaña del candidato independiente Álvaro Uribe Vélez.

En Aguachica-Cesar, otro periodista sufrió un atentado por transmitir publicidad a favor del candidato liberal Horacio Serpa Uribe. Luego las Farc estallaron un carro cargado de explosivos contra la sede de la cadena Caracol Radio en Bogotá, y milicianos de las Farc dispararon un rocket contra la sede de RCN Televisión también en Bogotá, el mismo día que murieron en las afueras de Cali dos periodistas de RCN, tras el secuestro de los 12 diputados de la Asamblea del Valle del Cauca.

Capitulo XVI

Desangre de la economía y costos de la guerra

Concepto general

Es complicado cuantificar los costos de la guerra escenificada en Colombia durante la vigencia de la Zona de Distensión (1998-2002).

Para establecer una aproximación teórica de dichos costos, es necesario hacer un seguimiento detallado a los daños causados por los terroristas a los bienes públicos, la destrucción o inmovilización de bienes privados, valores acumulados por lucros cesantes, flujos económicos estancados, y a los pagos de rescates por liberación de secuestrados.

Asimismo, ingresos y egresos por narcotráfico, y pagos de seguros de vida e indemnizaciones a lisiados de guerra, costos funerarios, gastos de viaje y viáticos para los comisionados de paz dentro y fuera del país, gastos en estudios socioeconómicos por im-pacto ambiental.

A estos rubros se agregan costos de operación de las Fuerzas Militares, subsidios a víctimas de la violencia, pérdidas de divisas por potencialidad turística, marcada ausencia de inversión nacional y extranjera, limitaciones para exportación de productos colombianos al exterior, y disminución de inversiones en educación, salud e infraestructura.

El desangre padecido por la economía colombiana producto del narcoterrorismo comunista, aumentó la brecha entre los ingresos corrientes del Estado y los 800 mil millones de dólares, que según cálculos moderados de la ONU necesitaba Colombia en 1999, para desarrollar un plan coherente y consistente de desarrollo socioeconómico en el país.

Resulta contradictorio, que la fuerza motriz de ese retroceso tuviera epicentro en parte del Meta y el Caquetá, zona abandonada de la presencia estatal, en la que apenas habita el 0.25% de la población colombiana cuyo aporte al Producto Bruto Interno es apenas del 0,03%, pues aunque abarca 42000 km^2, es un terreno selvático e infértil para cultivos de pancoger, o para generar a corto plazo alguna otra industria diferente a la ganadería vacuna, o el turismo ecológico.

Debido a la intensificación de las acciones terroristas contra la infraestructura civil, la cifra calculada por la ONU pudo haber superado el billón de dólares, equivalente a multiplicar por 25 el monto de la deuda externa acumulada a 2002, o a sumar el acumulado de lo que roban durante 40 años continuos los dirigentes políticos deshonestos en Colombia, según cálculos ela-borados por el Banco Mundial y la Vicepresidencia de la República.

A manera de ejemplo, los títulos de ahorro TES emitidos por el Banco de la República, perdieron valor con la ruptura de las conversaciones de paz, con el consecuente detrimento de las finanzas públicas.

No obstante y a pesar del terrorismo comunista, algunos inversionistas incorporaron nuevos capitales a las finanzas.

El 19 de marzo de 2002, el gobierno nacional expidió títulos de ahorros TES por valor de 5.130 millones de pesos, pero la demanda se triplicó, al alcanzar la cifra de 18.700 millones de pesos. La banca privada fue la más beneficiada, al utilizar esos recursos frescos para efectuar préstamos.

Pese a tener en 2002 apenas el 0,005 de participación en el comercio exterior del planeta, con apenas 13.000 millones de dólares exportados en bienes y servicios, por la cantidad de habitantes y la densidad demográfica, Colombia es el cuarto mercado más grande de América después de Estados Unidos, Brasil y México, con una tasa de crecimiento estable que en términos generales acumulados en la última década, contrasta con la violencia y la corrupción rampantes.

Además, Colombia tiene privilegiada posición geoestratégica al noroccidente de Suramérica, con la potencial posibilidad de convertir sus carreteras y ferrocarriles en la unión de los países de Suramérica con el Mar Caribe y el Océano Pacífico, por medio de los puertos marítimos de Cartagena, Barranquilla, Santa Marta y Buenaventura.

Sector petrolero

Por ser la fuente primaria de la economía nacional, el petróleo se convirtió en un elemento más en la guerra particular entre las guerrillas comunistas y las AUC por el control de amplios espacios geopolíticos.

Con la inmersión de las Farc en el uso de explosivos contra la infraestructura energética, en especial con la duplicación de atentados terroristas contra los oleoductos, creció la avaricia de todos los grupos armados ilegales por apropiarse del robo de combustible.

Durante 2000 y 2001, la Empresa Colombiana de Petróleos (Ecopetrol) acumuló pérdidas por 180 mil millones de pesos, por hurtos de combustibles cometidos por las AUC en 1740 kilómetros del poliducto, puesto que los delincuentes tenían la capacidad de instalar hasta 20 válvulas clandestinas en una noche, en Cundinamarca, Sur de Bolívar y el Magdalena Medio.

A los robos de combustible se suman las pérdidas como resultado de los atentados terroristas contra la infraestructura petrolera y la desaforada guerra de las Farc, el Eln y las AUC, por el control geopolítico y geoestratégico del departamento de Arauca, la producción de crudo estuvo paralizada durante más de 200 días, durante los cuales se dejaron de bombear más de 20 millones de barriles, sin contar otros tres millones de barriles, que se perdieron debido a los atentados al oleoducto.

El balance fiscal de Ecopetrol para el año 2001, arrojó un superávit de 779 mil millones de pesos, cifra que resulta corta si se tiene en cuenta que según cálculos de analistas especializados, Colombia dejó de vender 600 millones de dólares en petróleo, con los cuáles se hubiera oxigenado la economía nacional.

Las estadísticas internas son aún más preocupantes. Durante el periodo 1987-2002, el oleoducto Caño Limón-Coveñas soportó 1.000 atentados terroristas, con los cuáles las Farc y el Eln impidieron que se produjeran cerca de 120 millones de barriles de petróleo.

Dicha situación significó especial ventaja para Venezuela, debido al "efecto malteada" que por no explotar los pozos petroleros dentro de Colombia, la presión del bombeo hecho desde territorio venezolano llevó hacia allá cerca de 40 millones de barriles del crudo.

Por otra parte, los costos de las reparaciones al oleoducto durante el lapso referido superaron los 50 millones de dólares, más los trabajos de descontaminación de las corrientes hídricas y en general los daños al medio ambiente que ascienden a cerca de otros 50 millones de dólares más.

Esto quiere decir que se perdieron 100 millones de dólares que podrían haberse invertido en obras sociales, obras de infraestructura, educación u otras necesidades socio-económicas del país.

Sector agropecuario

Debido al conflicto armado, el agro colombiano ha dejado de producir los alimentos necesarios para satisfacer la de por sí, desigual demanda de bienes de consumo alimentario en el país.

Desde hace varios años se ha incrementado la importación de productos agrícolas, que pudieran ser cultivados dentro del territorio colombiano, que según cálculos analíticos de especialistas en el tema, habrían mejorado el empelo y nivel de vida en todo el país, durante un año, a una población de campesinos equivalente al total de los habitantes del departamento de Antioquia.

Pero la guerra y los desplazamientos de la mano de obra calificada de agricultores, impiden que los inversionistas vuelvan la cara al agro. Durante el año 2001 se importaron siete millones de toneladas de gramos y frutos.

Considerada por los fisiócratas como el símbolo de la riqueza, la devaluación de los precios de la propiedad privada especialmente los terrenos aptos para la agricultura y la ganadería, inclusive la industria de la construcción, entre 1997-2002 el valor de la tierra experimentó en Colombia, un notorio detrimento de precios.

Según la Federación de Ganaderos (Fedegan), como consecuencia de la violencia y el aperturismo económico iniciado por César Gaviria Trujillo, cerca de un millón de hectáreas de alta productividad agropecuaria quedaron cesantes, y por ende disminuyeron el potencial agroeconómico del país.

De esa manera disminuye la mano de obra en el campo y aumentan los habitantes hacinados en los barrios subnormales de las capitales departamentales y ciudades intermedias, circunstancia que aumenta el problema socioeconómico por la ausencia de flujos de capitales, poca demanda de los productos nacionales, alta tasa de desempleo, auge del comercio informal, crecimiento de la inseguridad en las zonas urbanas, con la consecuencia negativa que durante el gobierno de Andrés Pastrana (1998-2002) salieron del país capitales cercanos a los 15 mil millones de dólares.

Infraestructura vial

La guerra planteada por las Farc contra Colom-bia, afecta la totalidad de la infraestructura vial, y repercute con profundidad negativa para el crecimiento económico nacional, en el transporte del 90% de la carga comercial que se moviliza por las carreteras.

Las continuas voladuras de puentes, incineración de vehículos de carga, ataques a poblados, retenes ilegales para cometer pescas diabólicas, extorsiones a compañías transportadoras y piratería terrestre; afectan por parejo el turismo, la industria del transporte, las empresas aseguradoras de fletes y automotores, los costos de bodegaje, la mano de obra de los braceros y empacadores, minimizan la producción industrial agropecuaria, y aumentan el desempleo por recesión en las fábricas.

Cada vez que las Farc o el Eln destruyen un puente, causan retrocesos de muchos años en esa región, acorde con la importancia estratégica que este tenía para la zona afectada.

Por la topografía y los cursos hídricos, Colombia adeuda gran parte del desarrollo integral y del transporte de carga, a la persistente labor del Ministerio de Obras Públicas, para construir puentes en el inacabado deseo de unir ricas regiones, y desarrollan la producción agrícola y ganadera.

La actitud agresiva de las Farc y el Eln contra la infraestructura vial, denominada por los terroristas como sabotaje económico, produce elevados impactos, aún no medidos, contra el flujo corriente de la economía nacional.

La etapa final de la insurrección generalizada supone un escenario de guerra, en el que mientras las guerrillas coordinan la estrategia integral de sitiar las ciudades, por medio del deterioro sistemático de los medios de acceso a las áreas urbanizadas, progresan los desplazamientos masivos de las guerrillas, las milicias y los grupos humanos aterrorizados hacia los centros urbanizados, cada vez menos abastecidas por la ausencia de víveres y elementos de primera necesidad, restricciones para conseguir materia prima y aumento geométrico y matemático del desempleo urbano.

Al finalizar el gobierno de Andrés Pastrana, había constantes desplazamientos forzados de campesinos, carencia de criterio político por parte de los grupos narcoterroristas empecinados en destruir la infraestructura vial, e impedir la construcción de nuevas obras de beneficio comunitario.

La razón de esta crisis provino de la falta de estrategia integral de la administración Pastrana, para analizar escenarios posibles y haber actuado en consecuencia con estos, además del error compartido por la dirigencia política, de no interpretar que significa la paz para las Farc.

Gravedad de la corrupción administrativa

La corrupción administrativa de los dirigentes políticos de turno, es un mal heredado desde la época neogranadina. En la etapa de la colonia, muchos funcionarios realistas incurrieron en sobornos, cohechos, estafas, falsificaciones y tretas, para apropiarse de los recursos públicos.

Tal herencia se extendió a las épocas de la independencia y la república, con el ingrediente que la corrupción administrativa causa más pobreza y subdesarrollo, caldos de cultivo explotados como banderas políticas de las Farc y el Eln para justificar las acciones armadas.

Durante el periodo 1998-2002, los entes de control oficial destaparon varias ollas podridas, para señalar reiterativas formas de indelicadeza administrativa y descarados robos de dineros oficiales.

Una investigación realizada por el Banco Mundial y la Vicepresidencia de la República, determinó que en promedio por año en el lapso 1998-2002, los funcionarios públicos corruptos colombianos robaron 2240 millones de dólares, equivalentes a cinco billones de pesos colombianos, o a multiplicar por 160% los dineros destinados al Plan Colombia, o al 8.5% del presupuesto nacional, o al 7% de la deuda externa.

Por ejemplo, la Fiscalía Seccional adelantó una investigación penal contra Sixto Ramón Romero director de la División Cuenca Fluvial del Orinoco, adscrita al Ministerio de Transporte, por haber celebrado contratos ficticios por valor de 230 millones de pesos, con la empresa Randicom Ltda, gerenciada por su hermano Pedro Helí.

Los contratos legalizaron inexistentes reparaciones y limpiezas sobre las corrientes de los ríos de los Llanos Orientales, con la supuesta intención de hacerlos más navegables.

En otro caso, la Fiscalía investigó al exsenador Juan José García, capturado en el aeropuerto de Cartagena en noviembre de 2000, sindicado de haber presionado a Francisco Marcelo gerente de Telecartagena, para que favoreciera a sus amigos con contratos de trabajos para la entidad, de acuerdo con unas grabaciones entregadas a las autoridades competentes, las cuáles dieron luces para esclarecer irregulares manejos administrativos por valor de tres mil millones de pesos.

En la Universidad Distrital de Bogotá se descubrieron desvíos de recursos por la escandalosa suma de 34.000 millones de pesos, por el pago de pensiones no causadas aún.

A comienzos de 2001, se destaparon unas investigaciones penales en curso en el Congreso de la República, que terminaron con la detención del senador Armando Pomarico.

Nueve meses después se abrió otra investigación por exagerados gastos de telefonía celular de 82 congresistas, la compra sobrefacturada de 191 neveras, y sobrefacturación en el costo del vestuario de los funcionarios del congreso que por ley tienen este derecho.

Juan Hernández secretario privado de la presidencia de la república, fue removido del cargo porque una empresa de su familia era beneficiada con la adjudicación de millonarias licitaciones para adquirir uniformes para la Policía Nacional.

De manera sospechosa, el presidente Andrés Pastrana lo trasladó a otro cargo burocrático en la Casa de Nariño, para tenerlo cerca de él.

Otros hechos notorios de corrupción que afectaron la buena marcha de la economía y sin que esos sean los únicos para resaltar durante este periodo, son las exageradas pensiones de Foncolpuertos y el torvo proceder en la negociación de Dragacol.

O la estafa a unos generales del Ejército en el sonado caso de la Mona Haller, los enredados contratos administrativos del Congreso de la República, la asignación de partidas especiales a congresistas manejadas por Findeter, y el escandaloso sobrecosto de 600 millones de pesos, en el contrato para reparar el puente Alcavarán dinamitado por las Farc.

El narcoterrorismo comunista afecta a todos los componentes de la vida nacional. En consecuencia la respuesta las AUC cayó en la misma oleada de barbarie.

Unos y otros pretendieron legitimarse por medio de la violencia y el terror indiscriminado contra la población civil, que habita las áreas afectadas por ambos grupos delictivos armados.

Drama del Departamento del Huila

El cinematográfico secuestro de 15 personas en el Edificio Miraflores de Neiva-Huila, forzó a los colombianos a volver la mirada sobre el martirizado departamento del Huila, cuya vecindad geográfica con la Zona de Distensión, repercutió en aumento de cifras de desempleo, recesión económica, inseguridad, crecimiento de los cinturones de miseria, desplazamientos masivos de campesinos desde las áreas rurales hacia Neiva, ataques terroristas de las Farc contra los puentes y destrucción con explosivos de la pista del aeropuerto del municipio de Garzón.

El caso del ganadero Ismael Díaz es patético. A los 79 años de edad el corajudo ganadero se preciaba de haber salido ileso de cinco atentados contra su vida perpetrados por las Farc, quienes a comienzos de 2002 ya le habían robado 3.000 cabezas de ganado vacuno, razón por la cual atrajo la atención mundial cuando viajo solo por la carretera y llegó hasta San Vicente del Caguán, a regalarle a Tirofijo un carro antiguo como señal de paz.

Ernesto García presidente del Fondo Ganadero del Huila, calificó la situación de los ganaderos del Huila como una verdadera pesadilla, ya que todo el ganado vacuno robado en el Huila era llevado a la Zona de Distensión, donde Tirofijo tenía grandes hatos y lecherías.

Ante la inoperante continuidad de la Zona de Distensión, Joaquín González presidente de la Federación Nacional de Comerciantes (Fenalco) capítulo Huila, denunció la alarmante cifra del 25.9% de desempleados por efecto de la violencia, e instó a la comunidad de su departamento a pedir la presencia de verificadores internacionales, pero el viento se llevó sus palabras.

En otro escenario del mismo departamento, Rigoberto Ciceri presidente del Comité de Cafeteros del Huila, suministró cifras desalentadoras para las 60.000 familias huilenses que derivan su sustento diario de la economía agrícola, al confirmar que en el lapso 1998-2002, las cinco cuadrillas de las Farc que asedian al Huila robaron a los caficultores 120 mil kilos de café avaluados en más de 300 millones de pesos.

A lo anterior se suma la destrucción del molino de Arroz Flor Huila, acción terrorista de las Farc que dejó a más de 200 familias sin fuente laboral definida.

El secuestro del avión de Aires en febrero de 2002, fue el suceso que rebosó la copa de las acciones criminales de las Farc contra el departamento del Huila.

Sin embargo, rotas las conversaciones de paz, la arremetida terrorista de las Farc contra los huilenses desbordó los índices anteriores, pues la cuadrilla 13 vertió químicos venenosos en las albercas de filtrado del acueducto de Pitalito. La noticia tuvo en vilo al Huila y al país durante varios días.

Drama del Viejo Caldas

Después de alcanzar durante la década de los años setenta del siglo XX los índices más altos del nivel de vida en Colombia, la inesperada baja de los precios internacionales del café, que constituye en el primer renglón de la economía del Viejo Caldas, conformado por los departamentos de Caldas, Quindío y Risaralda, condujo esta zona a los laberintos de la crisis económica que sobrevino a Colombia durante el gobierno de Pastrana.

Entre 1998 y 2002 la pobreza aumentó el 42% en el Viejo Caldas. La cantidad cesada de personas en condiciones de pobreza pasó de 33.169 a 47.185. La ruina económica golpeó a más de 70.000 caficultores y cerca de 280.000 habitantes de la región.

En 1995 los productores vendían la arroba de café a $49.000.oo, y en contraste con la depreciación del peso colombiano, producto de la inflación, en el año 2002, una arroba de café era vendida en apenas $25.000.oo, es decir cerca del 50% del valor nominal de la época inicial, aunado a la disminución de la demanda del café colombiano en los mercados internacionales, debido a la sobreproducción del café vietnamita.

Desde 1998, el Comité de Cafeteros, entidad que asumió importantes funciones de beneficio social y desarrollo sostenible en el Viejo Caldas, no volvió a construir carreteables ni a hacer mantenimiento a la red vial.

Tampoco pudo volver a edificar o mejorar escuelas públicas, ni a aumentar la cobertura de electrificación rural, los acueductos veredales o las redes de telefonía para las veredas, debido que los escasos recursos deben ser destinados para sacar a flote el comercio de los pocos caficultores, que siguen en la lucha contra la adversidad.

A la deficitaria situación económica de la región cafetera, se sumó la aparición de las Farc y la respuesta armada de las AUC, con la consecuente guerra por el control humano, geográfico, político, financiero, y armado de las zonas de cultivos ilícitos en Aranzazu, Samaná, Aguadas, Pácora, Salamina, Riosucio y Pensilvania, situación que revertió en el desplazamiento masivo de 5.000 campesinos forzados a abandonar sus parcelas y demás bienes para salvar sus vidas.

Otra muestra de la grave recesión padecida por el Viejo Caldas, se refleja que en 1998 una hectárea cultivable en la zona costaba entre 150.000 y 200.000 pesos. En el año 2002, los mismos precios habían descendido a un rango comprendido entre 70.000 y 90.000 pesos. Para colmo de males, entre enero y febrero de 2002, las AUC asesinaron en esa región a más de 50 personas señaladas de pertenecer o de auxiliar a las Farc.

La crisis cafetera se infiere de la reducción de la capacidad adquisitiva y la contracción de los flujos comerciales de los habitantes de los tres departamentos, y el consecuente incremento de la delincuencia común en la región, con todos los males conexos con la inseguridad generalizada.

El departamento de Risaralda afectado parcialmente por el terremoto de enero de 1999, incrementó la crisis socioeconómica con alarmantes índices de medición.

La salida de 150.000 risaraldenses hacia Europa en busca de mejores opciones, sustenta que en ese departamento el desempleo supera el 20% de la población en edad productiva, debido a que en diez años la otrora boyante producción cafetera se redujo a la cuarta parte, paralela con el auge y crecimiento de las Farc, las AUC y el narcotráfico en la zona.

Drama del Departamento del Meta

Haber cedido cuatro de los cinco municipios de la Zona de Distensión, no benefició en nada al departamento del Meta. Por el contrario, después de iniciadas las conversaciones de paz, la violencia se incrementó en una región con elevado déficit fiscal, bajo nivel de vida, atraso y corrupción heredada de administraciones anteriores.

En febrero de 2000 los alcaldes del Meta pusieron el dedo en la llaga al requerir en reunión con los cabecillas de las Farc, que suspendieran el boleteo contra las administraciones municipales, que los terroristas materializaban en extorsiones acordes con los presupuestos de cada municipio, obligatoriedad para construir obras públicas donde imponían las Farc, robos de maquinaria pesada llevada luego a la Zona de Distensión, y suministros de combustibles para abastecer los laboratorios de procesamiento de coca de propiedad de las Farc.

El atentado terrorista con un camión cargado de explosivos camuflados entre unos bultos con plátanos, contra el estratégico puente de Alcaraván sobre el río Ariari, causó una incalculable parálisis de la economía del departamento del Meta, ya que el puente derribado permitía la comunicación con Villavicencio y Bogotá, de los municipios de la región del Ariari y los de la Zona de Distensión ubicados en el Meta.

Los continuos atentados terroristas contra la infraestructura eléctrica, dejaron dos semanas sin fluido eléctrico tan pronto fueron suspendidos los diálogos con las Farc.

La agresividad de las Farc desató oleadas de indignación popular en el Meta. Miles de ciudadanos con veladoras encendidas o ruidos de cacerolas realizaron varias manifestaciones para demostrar al país que por culpa de las Farc, la región acumuló pérdidas por 15 mil millones de pesos, debido a los daños del puente Alcaraván y las dos semanas sin energía eléctrica.

El permanente asedio terrorista de las Farc sobre las dos vías que comunican a Bogotá con los Llanos Orientales, causó pérdidas a la industria del turismo y a los comerciantes que compran o venden sus productos agrícolas.

En complemento, la ubicación geográfica del Meta como punto intermedio entre el departamento del Guaviare y el centro del país, estigmatizó a los metenses, como zona coquera y refugio de las AUC.

No existen cifras exactas, pero la pérdida de ingresos y de inversión con la resultante recesión de la ganadería, la agricultura y los altos índices de pobreza en la región, colocaron al departamento del Meta como un enfermo en cuidados intensivos, con urgente necesidad de apoyo para sacarlo del atolladero.

La pobreza campea en el Caquetá

Sede principal de las conversaciones de paz y cuna en buena parte del crecimiento de las Farc, aunque rico en recursos naturales, el departamento del Caquetá es en contraste uno de los más pobres en inversión social y desarrollo económico en Colombia.

Producto del crecimiento de las redes de narcotraficantes y de la necesidad de las Farc para instalar una zona de retaguardia militar y financiera, las selvas del Caquetá, se convirtieron con las del Putumayo y lo que antes constituyera los llamados territorios nacionales, en los escenarios propicios para desarrollar la guerra de guerrillas financiada por el narcotráfico.

A la pobreza del Caquetá se suman la enquistada corrupción de los dirigentes políticos nacionales y locales, que no han permitido ni proyectado inversión social ni mejores perspectivas de desarrollo sostenible. Por esta razón la violencia de todas las vertientes, encontró suelo abonado en el ensangrentado territorio caqueteño.

Primero fue la delincuencia común que iba en tránsito hacia Ecuador y Perú, a traficar pieles y especies de la fauna de la selva amazónica.

Después fue la colonización armada orientada por el Partido Comunista y los bandoleros desalojados de Marquetalia, Riochiquito y El Guayabero.

Posteriormente llegaron el M-19 y los narcotraficantes, a incrementar la violencia contra los nuevos colonos y delincuentes ansiosos de hacer fortuna con dineros fáciles.

Producida la toma militar de Casa Verde en el área rural de Uribe-Meta, las Farc trasladaron la retaguardia estratégica hacia las selvas del Caquetá y los Llanos del Yarí.

Tal coyuntura motivó que San Vicente del Caguán, segundo municipio de ese departamento, se convirtiera en el núcleo estratégico de las conversaciones de paz y de la dirección de la guerra revolucionaria de las Farc en pos de los objetivos del Plan Estratégico, que pretende la toma del poder.

Tener el municipio principal de la Zona de Distensión no aportó nada positivo al desarrollo socioeconómico del Caquetá. Por el contrario cuando se rompieron las conversaciones de paz, las Farc destruyeron parte de la infraestructura vial, que se había acumulado durante la vigencia de la zona despejada.

Los inversionistas se alejaron. Los ganaderos abandonaron la región. Los agricultores quedaron con la expectativa de buscar otras opciones y el desempleo aumentó considerablemente, con la circunstancia agravante que las Farc reclutaron a muchos menores de edad que se fueron con las cuadrillas a recibir entrenamiento terrorista.

El Caquetá presenta bajos índices de escolaridad. Es uno de los departamentos con más adultos analfabetas en el país.

No hay facilidad para establecer la cantidad de población económicamente activa, porque gran parte de los habitantes son colonos, entremezclados con narcotraficantes, buscadores de fortuna relámpago, miembros de las milicias bolivarianas de las Farc y delincuentes comunes.

La cobertura de los servicios de salud es insuficiente. Además de su precariedad, el sistema vial está amenazado con la presencia coactiva de las Farc, realidad que impide el turismo ecológico, o cualquier intento por invertir capitales. La única forma de comunicarse con el resto del país es el aeropuerto de Florencia la capital departamental.

Violencia en El Cesar

El joven departamento del Cesar es otro de los territorios más afectados por la violencia multiforme que asedia a Colombia. De ser el primer productor algodonero del país, cultivador de arroz, centro ganadero y motor de la cultura vallenata, el Cesar se convirtió en una zona donde la violencia recíproca de las Farc y el Eln con las AUC, aumentó la pobreza y la inseguridad.

La configuración geográfica del extenso valle ubicado entre la cordillera oriental y la Sierra Nevada de Santa Marta, convirtió al departamento del Cesar en otro escenario apto para la ambientación de las guerrillas móviles, y a su vez en el terreno ideal para que los ganaderos y comerciantes afectados por las continuas exigencias económicas de las Farc, equiparan y financiaran a las AUC.

Ser departamento fronterizo aumentó las posibilidades para que los agentes generadores de violencia, se asentaran en el Cesar con la facilidad de eludir la persecución de las tropas al cruzar los límites binacionales y utilizar los contactos asentados dentro de Venezuela para incrementar el flujo logístico de las cuadrillas.

Igual que en el resto del territorio colombiano, la corrupción de vieja data, agravó la situación deficitaria presupuestal y acrecentó en el Cesar la brecha de grandes desigualdades socioeconómicas características en Colombia.

A las bonanzas algodonera y marimbera de los años setenta, se sumaron ingentes flujos de dinero obtenidos por el contrabando de bienes provenientes de Venezuela y Centro América. Sin embargo, esos dineros no se quedaron en el Cesar, sino que salieron para otras partes.

La densidad demográfica creció y el nivel de vida de los cesarenses, se redujo a índices dramáticos en un área geográfica que disminuyó la producción agropecuaria y concentró el esfuerzo principal de la economía en el comercio formal e informal.

Para sumar desgracias, fue cerrada la planta de Nestlé en Valledupar, que era una de las pocas industrias que impulsaba el flujo de dinero circulante en la región. El aumento de extorsiones y secuestros por parte de las Farc, trajo consigo la sangrienta respuesta de las AUC.

El sur del Cesar colindante con el sur de los departamentos de Bolívar, Sucre, Magdalena y parte de Norte de Santander, se convirtió en un epicentro geopolítico donde las Farc y las AUC disputan el control de la población cocalera, y la consolidación de un corredor estratégico de movilidad que les abra paso hacia Venezuela y Surinam.

Pobreza, miseria y violencia en el Chocó

En contraste con la posesión de la biodiversidad más extensa del planeta, el departamento del Chocó es el más pobre de Colombia, porque en el confluyen con mayor incidencia todos los males que afectan al resto del país. La corrupción política y administrativa del Chocó, es patética en una zona olvidada desde siempre por los gobiernos centrales.

La cercanía con la frontera panameña y el hecho de ser el único departamento colombiano con dos costas, en lugar de traer importantes réditos económicos disminuyó la posibilidad de inversiones para la explotación de abundantes recursos naturales existentes en su suelo, debido al afán belicoso de los grupos delincuenciales de todas las pelambres, por conquistar el dominio geopolítico de tan importante enclave geoestratégico.

No obstante el potencial de desarrollo minero o turístico, ni las autoridades nacionales ni las regionales, han proyectado planes de desarrollo integrales que coadyuven a eliminar la miseria, y las precarias condiciones de vida en que viven las comunidades chocoanas, donde existen los más altos índices de analfabetismo, morbilidad infantil, desempleo, agravados con la creciente oleada de violencia trasladada a territorio chocoano por las AUC, las Farc, el Eln y los narcotraficantes.

Norte de Santander asediado por la violencia

Norte de Santander comparte en algunos sectores condiciones sociales, políticas y económicas, similares al Putumayo. Ambos son escenarios principales de la guerra que afecta a Colombia, dada la configuración geográfica de mitad selváticos, mitad montañosos, e inundados de cultivos de coca, amapola, con complejos problemas sociopolíticos.

Las comunidades asentadas en la línea fronteriza binacional padecen altos índices de desempleo, sobrepoblados por inmigrantes con intenciones delictivas, asediados por bajos niveles de escolaridad, con la circunstancia agravante que las vías de comunicación entre los municipios son precarias.

El departamento de Norte de Santander es un escenario geoestratégico de gran importancia para los planes de crecimiento armado de las Farc y de las AUC, grupos terroristas que andan en pos de las regalías petroleras, los dineros del narcotráfico y la facilidad que brinda la extensa frontera para buscar refugio o en el caso concreto del gobierno Chávez, la complicidad para pasar al otro lado e instalar campamentos dentro de territorio venezolano.

Durante el laxo gobierno de Andrés Pastrana, se incrementó la guerra por el control de la coca en el Catatumbo, se esfumó buena parte de las regalías petroleras entregadas a algunos municipios, creció la guerra urbana en Cúcuta, y la región se vio afectada por algunas medidas proteccionistas del gobierno venezolano.

Asimismo, las estadísticas demostraron sustanciales aumentos en el número de víctimas de la violencia, el tráfico de armas y de dólares falsos; a lo que se sumó el tráfico de seres humanos hacia Venezuela y la rampante corrupción de algunos funcionarios públicos.

Y como si todo esto fuera poco, en junio de 2000 la Contraloría General de la República inició juicios fiscales contra concejales, exalcaldes, altos funcionarios y contratistas particulares inmersos en diversos casos de inmoralidad administrativa, en contratos para el alumbrado público de Cúcuta, por valor de 3.460 millones de pesos, dinero que hubiera alcanzado para entregar 700 subsidios de vivienda en una de las ciudades más habitadas del país.

Infortunio del Tolima

La cercanía geográfica con la Zona de Distensión resultó costosa para el departamento del Tolima. No hubo un solo municipio de su geoestratégica ubicación, partida por el Valle del Alto Magdalena y dos de las tres cordilleras andinas colombianas, que no haya sufrido agresiones armadas de las Farc, el Eln y las Auc durante el gobierno de Andrés Pastrana (1998-2002)

La presencia de grupos terroristas se triplicó en el Tolima, y las acciones armadas contra la población civil se multiplicaron por cuatro durante ese lapso.

La agricultura, primer renglón de la economía tolimense disminuyó en un 50%. Los arroceros afrontaron el reto de cultivar y vender las cosechas para pagar constantes extorsiones y rescates, so pena de abandonar las propiedades bajo amenazas de muerte.

Los cafeteros del norte del Tolima también fueron afectados por la crisis del grano en todo el país. La industria del turismo experimentó reducciones de visitantes por el riesgo de los secuestros, como consecuencia de las pescas milagrosas en las carreteras principales y secundarias del departamento.

Los municipios del oriente del Tolima, por largos años azotados por la presencia histórica de las Farc en la región, confluyentes con las estribaciones del Páramo de Sumapaz y las montañas del Huila, fueron asediados por todas las acciones terroristas de las guerrillas envalentonadas.

Los habitantes de los municipios del sur del Tolima fueron testigos impotentes del crecimiento cualitativo y cuantitativo de los cultivos de amapola, controlados y dirigidos por la cuadrilla 21 de las Farc, y el denominado Comando Conjunto Central encabezado por Alfonso Cano y Jerónimo Galeano.

El 25 de mayo de 2000, los 21 alcaldes del Tolima, suscribieron un documento dirigido al presidente de la república, al ministro del Interior y al comisionado de paz, mediante la cual solicitaron una visita conjunta a la región, para buscar salidas al problema de la violencia que impedía el desarrollo de su labor administrativa.

En la carta, los burgomaestres aceptaron estar cercados por las guerrillas de las Farc y el Eln, las AUC y los narcotraficantes. En el mismo documento solicitaron al Fiscal General de la Nación que adelantara una exhaustiva investigación para establecer móviles y autores materiales e intelectuales del asesinato del alcalde del municipio de Ataco.

Un claro ejemplo que resume la encrucijada tolimense, situación que llevó a ese departamento a ser uno de los más afectados por la violencia multiforme, la recesión, la pobreza estructural, la falta de inversión social, la escasez de vías de comunicación, y mínimas posibilidades para despegar en términos socioeconómicos, se refleja en la historia de un agricultor residente en Líbano-Tolima, quien en 1997 poseía una finca avaluada en 400 millones de pesos, pero a finales de 2000 la vendía en 32 millones y no encontraba comprador.

Valle del Cauca escenario de la guerra

Después de 1991, al pujante departamento del Valle llegó la época de las vacas flacas. Debido al espejismo del poder corruptor monetario del narcotráfico, Cali se convirtió en un imán para los desempleados y los comerciantes de todos los departamentos y municipios circunvecinos.

El precio de la tierra y de la finca raíz se duplicó en menos de un lustro. La falsa bonanza económica elevó los niveles del costo de vida, hasta el extremo que Cali llegó a ser la ciudad más costosa del país.

Encarcelados los capos fundadores del cartel de Cali, nuevos grupos de narcotraficantes se instalaron en los 19 municipios del norte del Valle y norte del Cauca.

Con el propósito de establecer un corredor estratégico de movilidad hacia el Pacífico, articulado con el sur del Tolima y el Páramo de Sumapaz, a través de la cordillera central y el valle del Alto Magdalena, las Farc que ya operaban como cartel de la coca y tenían contactos con los narcotraficantes de la región, apuraron la ocupación de las dos áreas controladas por los otros carteles.

Y para desgracia de los habitantes del Valle del Cauca, el proyecto expansivo de las AUC, en búsqueda del control de la producción y comercialización de drogas ilícitas, incluyó las mismas áreas geográficas escogidas por las Farc.

El choque de intereses políticos, económicos, estratégicos y financieros de los dos grupos terroristas cayó como la roya sobre el Valle del Cauca. En el centro del departamento el valor de la propiedad raíz se desplomó con celeridad.

Los ingresos por turismo religioso disminuyeron en Buga, debido al temor de los visitantes de ser secuestrados por los terroristas. El precio de las plazas o lotes cultivados con caña de azúcar, producto bandera de la economía departamental, se estancó e inclusive disminuyó a partir de 1999.

Los desplazados de la violencia de los departamentos del Valle, Cauca, Nariño, Putumayo y Chocó corrieron hacia Cali, para agrandar la crisis social y financiera porque en la capital valluna no encontraron ni empleo, ni vivienda digna, con todas las consecuencias negativas que ello implica, en especial con el desmesurado aumento de la delincuencia común.

La marcada corrupción política y administrativa acumulada durante varias alcaldías y el "aburguesado" sindicato de Emcali, condujeron a la empresa estatal a la quiebra e irrecuperable desbalance deficitario, curado de manera populista e irreal por la alcaldía de Cali, luego de un publicitario ir y venir de discusiones entre la empresa de servicios públicos y la Superintendencia del ramo, para proceder a la privatización.

Las barriadas del Distrito de Agua Blanca y otros sectores focalizados de Cali se cundieron de bandas delictivas, redes urbanas de las AUC, de las Farc y del Eln. Con el paso del tiempo la capital del Valle se convirtió en un polvorín de problemas socioeconómicos, con altos índices de analfabetismo, violencia intrafamiliar e inseguridad en todos los sentidos.

Los continuos atentados de las Farc contra la infraestructura vial que une a Cali con Buenaventura, o contra el puente El Piñal cuya reparación costó más de 200 millones de pesos, afectaron el transporte del 60% de la carga comercial, que entra y sale del país por el Valle del Cauca.

Por ende, creció la desconfianza mutua entre exportadores e importadores. Además, se estancaron importantes recursos financieros que pudieron ser envíados desde el interior del país hacia el puerto de Buenaventura, por concepto de comercio de frutos del mar.

Boyacá objetivo geoestratégico

La doble condición de su cercanía geográfica con la capital de la república y ser una de las más importantes despensas agrícolas del país, no ha servido para que el departamento de Boyacá despegue con la intensidad apropiada.

Por el contrario, la acumulada corrupción político-administrativa, coadyuvó para que las cuadrillas de las Farc encontraran terreno abonado para plantar la semilla de la violencia terrorista en Boyacá.

Producto a la cercanía con los extensos llanos orientales, el departamento de Boyacá comenzó desde 1990 a padecer ataques terroristas de las Farc y el Eln contra la población civil, a la par con secuestros, extorsiones, destierros, y, asesinatos de delatores o desertores, o personas que no pagaron a tiempo las cuotas extorsivas.

Pero lo más preocupante para los boyacenses, es que la cercanía con la capital de la república, convirtió a su departamento en un objetivo estratégico de las Farc que se empeñaron en construir sobre Boyacá, el proceso de aproximación táctica y la construcción de corredores de movilidad, hacia el centro del poder político-estratégico de Colombia, objetivo final de la revolución comunista, aprobado en la Octava Conferencia de las Farc en 1993.

Esa realidad implica que por falta de previsión estratégica de sucesivos gobernantes nacionales y departamentales, Boyacá se convirtió en epicentro del despliegue de las milicias bolivarianas, el trabajo sistemático del Movimiento Bolivariano Clandestino y el fortalecimiento del Partido Comunista Clandestino, sin que el gobierno de Andrés Pastrana desarrollara ninguna acción concreta para iniciar a contrarrestar ese problema.

Encrucijada del Sur de Bolívar

Por la correlación humana y geográfica con el puerto petrolero de Barrancabermeja, corazón geopolítico del Magdalena Medio, y la ubicación de la estratégica Serranía de San Lucas, rodeada por bosques, pantanos, caños y ríos; el Sur de Bolívar ha sido a lo largo de la guerra contra el terrorismo comunista en Colombia, uno de los espacios más utilizados por los grupos ilegales armados para incrustar células irrigadas en los departamentos de Sucre, Bolívar, Santander, Norte de Santander, Antioquia y Boyacá.

A las dificultades telúricas, se suman la pobreza estructural de la mayor parte de los habitantes y la baja producción agropecuaria de la zona afectada por la prolongada colonización, pero sin dolientes que alberguen identidad por el terruño; ni mucho menos capacidad política nacional, para cambiar el aspecto de sede clandestina general del Eln, que la región tiene desde la época en que Fabio Vásquez Castaño impuso la barbarie comunista en el sur de Bolívar, con argumentos de romanticismo revolucionario.

La menguada economía de 17 municipios del sur de Bolívar, ha girado en torno a la agricultura, la pesca artesanal, la minería rústica, la explotación desprogramada de recursos madereros, el comercio fluvial, la ganadería incipiente, y a partir de la década de los noventa, el cultivo de la hoja de coca.

Al lado de este tipo de economía desorganizada, la violencia armada fiel compañera de los procesos de colonización en Colombia, encontró en el sur de Bolívar a una masa humana apta para inculcarle ideas de guerra contra el Estado colombiano con la supuesta misión mesiánica de imponer un gobierno de origen campesino.

Cundinamarca y Bogotá: Objetivos finales

El constante envío al centro del país de cuadrillas y terroristas provenientes de la Zona de Distensión, incrustados en las estructuras de las Farc asentadas alrededor de Bogotá, indicaron en 2002, la seria intención que tenían las Farc para completar un progresivo anillamiento militar sobre la capital de la república, para acondicionar la llegada de nuevas cuadrillas traídas de los Llanos Orientales, Huila, Boyacá, Viejo Caldas, Valle del Cauca y Santanderes.

En este proceso jugaron importante rol las milicias bolivarianas incrustadas en los barrios más deprimidos de la capital de la república y los municipios aledaños, a la par con el trabajo político del Movimiento Bolivariano Clandestino y el Partido Comunista Clandestino, cuyos dirigentes nacionales no son tan subrepticios como sería obvio de suponer.

Tal intención estratégica explica las acciones terroristas perpetradas por las Farc en la capital de la república, los secuestros de comerciantes e industriales cerca de Bogotá o en las calles de la ciudad, y las frases claras y directas del Mono Jojoy cuando advirtió a los soldados recién liberados, cuál era el plan de las Farc, al trasladar la guerra a las 30 principales ciudades, donde según sus palabras, más le duele a la oligarquía.

Otros indicadores del desangre económico

Durante la década 1992-2002, el Índice de Confianza en Colombia (ICC) determinado por las variables de seguridad, manejo económico, panorama empresarial, futuro económico, situación política coyuntural, relaciones laborales y trato a la inversión, fluctuó entre el 44y el 47%, lo que para esa época indicaba futuro incierto para Colombia, debido a los altos riesgos que corrían los inversionistas para emprender negocios en el país.

Otro indicador que resume el drama padecido por Colombia debido a las improductivas conversaciones de paz en medio de la guerra, se reflejó en la fuga de capitales acumulada en 15.000 millones de dólares en el lapso 1998-2002.

Dicho monto equivalía al 38.7% de la deuda externa de Colombia, calculada en diciembre de 2001 en 38.752 millones de dólares, la cual o al 47.7% del Producto Interno Bruto del mismo año.

Mientras el presidente Pastrana aseguraba que durante 2001 el desempleo en Colombia, bajó al 13.5%, otras estadísticas indicaban que las cifras alcanzaban el 20.8%, además, que el subempleo oscilaba entre el 30 y el 45% dependiendo de las épocas de cosechas o las temporadas vacacionales, lo disimularon un poco.

Un estudio socioeconómico de 2002 demostró que en ese momento, 25 millones de colombianos vivían en la pobreza y que el 25% de ellos, es decir más de seis millones viven en la miseria absoluta, con ingresos inferiores a un dólar por día.

Producto de las arremetidas terroristas de las Farc y las AUC, más de 12.000 familias perdieron sus viviendas en el periodo 1998-2002. Por esta razón y por el evidente estancamiento de la economía, el gobierno nacional fue forzado a desembolsar 11.000 millones de pesos, para financiar deudas de padres de familia con instituciones educativas privadas.

Otra prueba del estancamiento de la economía es que por primera vez en la última década, ni Julio Mario Santodomingo ni Carlos Ardila Lule fueron mencionados por la revista Forbes entre los hombres más ricos del mundo en 2001.

Estadísticas oficiales indican que 75.000 estudiantes universitarios desertaron de las aulas, lo cual redunda en disminución de la calidad de vida del mayor potencial que tiene la nación en la capacidad intelec-tual de sus asociados, para implementar desarrollo tecnológico e investigación científica.

A manera de ejemplo, tómense los costos de la guerra derivados de un paro armado promovido por las Farc en el departamento de Arauca entre el 28 de septiembre y el 17 de octubre de 2001, con el pretexto de bloquear la entrada de las AUC a la zona, que dejó pérdidas por más de 35.000 millones de pesos del flujo económico normal, la pérdida del 95% de la cosecha de maíz avaluada en 10.000 millones de pesos y siete municipios se quedaron sin víveres.

Al mismo tempo las AUC asesinaron a 13 personas, 1.200 personas fueron desplazadas de las veredas al área urbana de Arauca, situación que aumentó las pérdidas por estancamiento de la producción agropecuaria, hasta cuando los labriegos regresaron a sus parcelas.

Por otro lado, los atentados terroristas contra la infraestructura aumentaron los costos de la guerra. Los ataques con explosivos contra la red ferroviaria de la empresa Drumond que transporta el carbón de la mina El Cerrejón en la Guajira, acumularon pérdidas por 25.000 millones de pesos.

En cada ataque terrorista contra las 650 torres de conducción eléctrica, los contribuyentes colombianos pagaron entre 500 y 1000 millones de pesos diarios por la reparación de los daños, sin sumar los costos por la recesión inherente mientras se reparaban las torres derribadas. La mayor parte de estos ataques ocurrieron en el suroriente antioqueño donde operan las centrales hidroeléctricas de Juanes, Jaguas, Playas y Calderas.

Los dineros que se invierten por las partes comprometidas en la financiación de la guerra, son recursos que se alejan de la inversión social, e incrementan los problemas esgrimidos como argumentos por los terroristas, para levantarse en armas contra el Estado y la respuesta similar de las AUC.

Después de 19 meses de promulgado el cobro extorsivo bautizado con el nombre de "Ley 002 de las Farc", la economía nacional dejó de percibir 75.000 millones de dólares, correspondientes a los pagos por extorsiones o por liberación de secuestrados, dineros que terminaron en manos de las Farc para financiar el terrorismo contra Colombia.

Por razones obvias, la intensificación del conflicto sin planes concretos para alcanzar la paz o hacer la guerra, agregó a la pérdida de vidas humanas y del potencial económico productivo, los daños a los recursos naturales y el incalculable daño a la infraestructura económica.

En primera instancia la productividad descendió a niveles dramáticos. Igual sucedió con la inversión extranjera, debido a que sin seguridad no hay inyección en la economía y viceversa.

Generadas las esperanzas de paz en 1998, el fracaso de las negociaciones en 2002 afectó con negatividad la confianza de los mercados de valores.

Epilogo

Proyeccion del conflicto

Urbanización del conflicto

El Plan Estratégico de las Farc prevé la progresión y el traslado del conflicto armado del campo a la ciudad, como lo confirman las frases desafiantes del Mono Jojoy el día de la liberación de soldados y agentes de policía, debido a que el asalto final de las guerrillas para la toma del poder concibe el ataque coordinado sobre los epicentros urbanos del poder nacional, donde circulan los grandes capitales y se toman las principales decisiones políticas.

Por su parte las AUC incrementaron la presencia y el accionar armado en la cercanía de las grandes ciudades, con la simultánea inclusión de células de combate urbano, capacitadas para combatir contra las guerrillas urbanas del Eln o las Farc.

Si no se hubiera concretado la desmovilización de las AUC durante los primeros años de gobierno de Álvaro Uribe Vélez, la violencia armada ocurrida en la comuna 13 de Medellín, producto de los enfrentamientos entre las AUC y las guerrillas comunistas, este fenómeno habría desbordado los índices de delitos contra la vida y la integridad personal por parte de los grupos terroristas y quizás se habría extendido a todo el país.

A finales del gobierno de Andrés Pastrana había milicias bolivarianas de las Farc y/o milicias populares del Eln en los estratos bajos de Bogotá, Cali, Medellín, Barranquilla, Bucaramanga, Cúcuta, Pamplona, Saravena, Palmira, Manizales, Pereira, Armenia, Tunja, Ibagué, Neiva, Popayán, Ipiales, Pasto, Florencia, Mocoa, Mitú, Villavicencio, Fusagasugá, Santa Marta, Cartagena, Sincelejo, Bello, Quibdó, Sogamoso, Barrancabermeja, Icononzo, Cabrera, San José de Guaviare, Puerto Asís, Villavicencio, Villarrica, Arauca, Fortul, Tame, Caloto, Miranda, Toribio, Buenaventura, Sur de Bolívar, y municipios de Urabá.

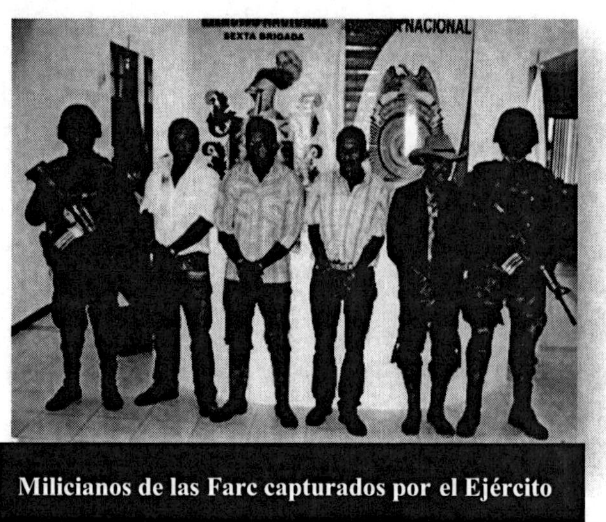

Milicianos de las Farc capturados por el Ejército

Las milicias bolivarianas urbanas existen porque la proyección estratégica de las Farc para la toma del poder político, por medio de la combinación de las formas de lucha, prevé la insurrección generalizada estimulada por las guerrillas y la continuidad coordinada de las guerrillas, que mediante acciones terroristas de sabotaje y proselitismo, para vincular la población civil al asalto final.

Revuelta universitaria en Bogotá

Para el efecto, desde su nacimiento como brazo armado del Partido Comunista, las Farc han incrustado células urbanas en universidades oficiales, mas tarde conocidas con el nombre de guardias rojos y comandos urbanos o red urbana, las cuales trabajan en coordinación permanente con las milicias bolivarianas, encargadas de robustecer la ayuda campesina a las cuadrillas a lo largo de los corredores estratégicos de movilidad hacia las ciudades.

La acción depredadora de las AUC contra las Farc, el Eln o sus cómplices radicó en que los desertores de las guerrillas comunistas que se enrolaron a las cuadrillas de los hermanos Castaño Gil, porque allí si les pagaban salarios, conocían a los terroristas que integraban las Milicias Bolivarianas y las Milicias Populares, obvio objetivo de su intenciones criminales de venganza y de eliminar a todos sus enemigos actuales y potenciales.

Esquema de eventuales negociaciones

En contravía al espíritu guerrerista y en ocasiones revanchista, desatado entre los colombianos después del necesario rompimiento de las improductivas conversaciones de paz con las Farc, durante la criticada administración Pastrana y luego durante ocho años de presión militar por parte de las Fuerzas Militares, se podría pensar en retornar a la mesa de diálogo, pero con objetivos, claros y concretos, sin que sean las Farc quienes imponen la dinámica, los tiempos y la metodología de las conversaciones.

El primer paso es la inversión socioeconómica en las zonas más deprimidas a la par con planes integrales de desarrollo en temas de vivienda, salud, empleo, educación, y obras de infraestructura paralelas con combates frontales contra la enquistada corrupción.

El agro necesita políticas de ejecución a largo plazo, en inversión, tecnificación de los cultivos, ampliación de la cobertura productiva, visión industrial y empresarial, de la mano con la seguridad y educación integral del campesinado.

En industrias el reto exige crear condiciones de favorabilidad y confianza para que los inversionistas inyecten capitales que auspicien el flujo económico, de manera simultánea con el estímulo al consumo interno y externo de los bienes y servicios producidos por las empresas colombianos.

Cualquier negociación de paz con los grupos narcoterroristas colombianos requiere diseñar estrategias integrales, a partir de la premisa que el equipo negociador del gobierno conoce el Plan Estratégico de las Farc, el Plan Vuelo de Águila del Eln o la estructura criminal de las AUC.

El escenario ideal es que las Farc se sienten a negociar porque no tienen otra opción política, no porque la ineptitud del gobierno de turno les permita engatusar de nuevo a Colombia.

No deben llegar a la mesa de diálogos con zonas geográficas despejadas para actuar a sus anchas, ni disfrazados de policías o soldados, ni armados como si fueran a cometer un nuevo acto terrorista, ni mucho menos con alta locuacidad y exigencias descabelladas por delante.

Un proceso de paz en estas condiciones demanda la participación activa de todos los ministros del despacho, del Congreso de la República, los gobernadores, los alcaldes, los gremios y las Fuerzas Militares para que no las negocien al antojo de los terroristas y la debilidad de los representantes del gobierno, etc.; con misiones concretas, calendarios definidos, responsabilidades penales y políticas de los cabecillas terroristas; en paralelo con operaciones militares tácticas contundentes que contengan connotaciones político-estratégicas.

El Estado colombiano está obligado a desplegar intensas campañas de guerra sicológica contra la corrupción y las acciones demenciales de los agentes generadores de violencia. Menos paseos internacionales del presidente como hizo Andrés Pastrana y más administración en casa. Las condiciones deben ser impuestas por el Estado.

La negociación de paz debe apuntar a la desmovilización y desarme de las cuadrillas terroristas, con base en acuerdos concretos, medibles y verificables, para no caer en la retórica y las definiciones inconclusas.

Por lo tanto, los acuerdos de paz deben incluir la obligación de los grupos terroristas para reparar económicamente a las víctimas de sus atrocidades, a la par con el pago de condenas penales.

El manejo del proceso debe correr al ritmo impuesto por el Estado colombiano, no por los terroristas. Los gobernadores y alcaldes deben actuar sujetos a un plan estratégico nacional. Ninguno de ellos puede actuar ni como rueda suelta promotora de diálogos regionales, ni como sujeto indiferente frente a la realidad nacional.

Participación internacional

La participación internacional con capacidad de verificación adjunta a un plan estratégico integral, es el más adecuado garante para que las conversaciones se destraben y avancen, pero sin caer en el estulto error de Andrés Pastrana, de creer que la dictadura cubana o el gobierno extremista de Hugo Chávez son mediadores ideales o sinceros.

Eduardo Cifuentes, Defensor de Pueblo manifestó que urge la mediación de la ONU, como verificador y no sólo como acompañante del proceso. Esa medida es esencial mientras apunte a fortalecer la institucionalidad en Colombia.

Y si las Farc pretenden conseguir reconocimiento político, deben renunciar a la consuetudinaria barbarie narcoterrorista, cortar los nexos con grupos terroristas internacionales, y responder por todos los daños causados a la población civil.

El proceso de paz del gobierno con las Farc es un asunto exclusivo del Estado colombiano, pero por su naturaleza es un tema que implica atención internacional, máxime que la Unión Europea dejó constancia escrita que las acciones terroristas de las guerrillas comunistas afectan a la especie humana y no solo a Colombia.

Koffi Annan secretario general de la ONU recordó a principios de 2002, cuando la comunidad internacional fue invitada a buscar fórmulas para desentrabar los diálogos en ese momento empantanados debido a la posición obstinada de las Farc; que la acción militar no es la única solución al problema, sino que para aclimatar la paz, se requieren mediadas políticas, sociales, económicas y culturales atadas a un proyecto estratégico.

En concordancia con el criterio del industrial antioqueño Nicanor Restrepo, uno de los muchos miembros de los etéreos equipos de negociadores de paz nombrados por Andrés Pastrana, es necesario tener en cuenta que las constituciones políticas, verbigracia la colombiana, que conceden demasiados derechos, pierden el norte si la economía no produce los recursos suficientes, para ejercer los beneficios sociales previos.

En casi seis décadas de narcoterrorismo comunista contra Colombia han muerto más de un millón de compatriotas. Nada ha cambiado el panorama de subdesarrollo existente en 1950, en comparación con los niveles de vida de los países industrializados, lo que significa que prolongar el conflicto armado solo redundará en que Colombia seguirá inmersa en una encrucijada alimentada con violencia politizada por el extremismo ideológico.

ANEXOS

Anexo 1. Cronología de un Fracaso

16 de junio de 1998: En la primera vuelta electoral Horacio Serpa, superó por cerca de 300.000 votos a Andrés Pastrana candidato a la presidencia de Colombia por el Partido Conservador. Con la demagógica intención de captar votos de indecisos, Pastrana anunció su intención de negociar la paz con los grupos narcoterroristas colombianos en caso de ser elegido.

20 de junio de 2012: Fructificó la estratagema publicitaria de Andrés Pastrana en torno a las eventuales negociaciones de paz con los grupos terroristas, sustentada con argucias en que se trataba de un mandato popular derivado de la "séptima papeleta" incluida por un grupo de estudiantes en las elecciones de 1990.

En segunda vuelta, Andrés Pastrana superó a Horacio Serpa por un margen cercano a los 400.000 votos. Sin estrategia concreta de paz ni de guerra, acorde con su personalidad débil de carácter y ansiosa de protagonismo mediático, Pastrana continuó los acercamientos subrepticios con el Secretariado de las Farc, coordinados por el polémico y siempre cuestionado ex ministro conservador Álvaro Leiva Durán.

9 de julio de 1998: Los noticieros de televisión sorprendieron al país con la inusitada noticia, que el recién electo presidente Andrés Pastrana se reunió con Tirofijo y el Mono Jojoy en los Llanos del Yarí en el Caquetá; sin que el entonces presidente en ejercicio Ernesto Samper Pizano, ni los altos mandos militares tuvieran conocimiento del hecho. Igual que el resto de los colombianos, se enteraron del suceso por los medios de comunicación.

3 de agosto de 1998: Despedida a Ernesto Samper y bienvenida a Andrés Pastrana, mediante sendos ataques terroristas contra las bases militares de Uribe-Meta y Miraflores-Guaviare, donde secuestraron a varios militares y policías quienes permanecieron más de 10 años en cautiverio, entre ellos algunos de los liberados en la Operación Jaque.

7 de agosto de 1998: En el discurso de posesión como nuevo presidente de Colombia, Andrés Pastrana anunció su compromiso de iniciar conversaciones de paz con el grupo narcoterrorista y para el efecto comisionó a Víctor Gumersindo Ricardo.

14 de octubre de 1998: La presidencia de la república expidió la Resolución 85, mediante la cual dispuso el retiro de autoridades militares y policiales de cinco municipios: San Vicente del Caguán en Caquetá, La Macarena, Uribe, Vistahermosa y Mesetas en Meta.

1 de noviembre de 1998: En respuesta a la laxitud pastranista, mas de 1.000 terroristas organizados y preparados dentro de la Zona de Distensión por el Mono Jojoy asaltaron Mitú capital departamental del Vaupés; arrasaron todas las instalaciones oficiales, asesinaron varios policías y se llevaron a 62 secuestrados.

Fue necesario coordinar con el gobierno brasileño para desembarcar tropas en su territorio e iniciar la recuperación de Mitú. No obstante esta acción demencial de las Farc, Pastrana hizo caso omiso de la elevada cantidad de secuestrados y del sufrimiento del pueblo colombiano y continuó empecinado en conversar con las Farc, para lograr su deseo personal de ser nombrado Premio Noble de Paz.

7 de noviembre de 1998: Inició el despeje formal, pero surge el primer escollo, dada la insistencia de las Farc para que las tropas desocuparan el batallón Cazadores en San Vicente del Caguán. El general Jorge Mora comandante del Ejército exteriorizó una insípida bravuconada, al afirmar que las tropas se quedaban allí.

13 de noviembre de 1998: En contraste con la pataleta del general Mora, las tropas desocuparon la sede del batallón Cazadores. Debido a la oleada de críticas a la debilidad de carácter del presidente Pastrana, el comisionado Gumersindo Ricardo se anticipó a decir, que los terroristas no tendrían estatus de beligerancia.

14 de noviembre de 1998: Fueron suspendidas las órdenes de captura a los cabecillas de las Farc. Como era obvio de esperarse, los terroristas inician a imponer sus condiciones al exigir que el gobierno nacional no pudiera ejercer ningún tipo de control sobre la Zona de Distensión.

25 de noviembre de 1998: Por medio de otro gesto de debilidad de carácter adornado con el inocultable deseo de ser nominado al Premio Nobel de Paz, similar a la conducta de su antecesor Belisario Betancur, el presidente Andrés Pastrana imploró a los terroristas que cesarán las acciones criminales contra Colombia durante las festividades navideñas.

27 de noviembre de 1998: Las Farc jugaron el primer as de su maquinado Plan Estratégico, con la propuesta del canje de policías y militares secuestrados, por terroristas presos en las cárceles, a quienes denominaron "prisioneros de guerra".

1 de diciembre de 1998: Los gobiernos de Estados Unidos y Colombia anunciaron la activación de un plan conjunto de cooperación civil-militar, denominado el Plan Colombia.

6 de diciembre de 1998: Mientras las AUC ofrecieron una tregua de acciones criminales durante diciembre; mediante otro gesto de debilidad y carencia de conocimiento del Plan Estratégico de las Farc, el presidente Pastrana ofreció una tregua unilateral de las Fuerzas Militares durante la época navideña.

8 de diciembre de 1998: Producto de la incoherencia, la falta de estrategia integral, el desconocimiento del Plan Estratégico de las Farc y de la realidad que se vivía en la Zona de Distensión, con demagogia e irresponsabilidad, Andrés Pastrana anunció al país que la vigencia de la zona despejada no iría más allá del 7 de febrero de 1999.

Pronto quedó demostrado que era una mentira mas del gobierno nacional, incapaz de contrarrestar la acción integral, calculada y preplaneada de las Farc.

23 de diciembre de 1998: Raúl Reyes se reunió en Costa Rica con Philip Chicola, vocero del gobierno de Estados Unidos, para conversar acerca de los cultivos ilícitos.

7 de enero de 1999: Los canales internacionales de televisión enviaron al mundo entero, las imágenes del bochornoso espectáculo derivado de la silla vacía en San Vicente del Caguán, cuando Tirofijo dejó a Andrés Pastrana, solo en el multitudinario acto de inauguración de las conversaciones de paz.

La segunda parte del fiasco fue protagonizada por un grupo de la Policía Nacional, encabezado por el coronel Royne Chávez quien permitió que las armas que portaban los patrulleros encargados de la seguridad presidencial, hubieran sido inspeccionadas por los terroristas, como si se tratara de dos fuerzas regulares representando a dos Estados diferentes.

19 de enero de 1999: Mediante implícita respuesta al anterior anuncio del gobierno de mantener la Zona de Distensión solo hasta el 7 de febrero de 1999, inició el desarrollo de la estratagema de dilatación de las Farc, diseñada para ganar tiempo mientras preparaban las cuadrillas con miras a la insurrección generalizada.

Con calculadas argucias, Raúl Reyes anunció que de manera unilateral, las Farc no irían a la mesa de conversaciones, si el gobierno nacional no demostraba que combatía con decisión a las AUC, es decir para que les quitarán del camino a adversarios ilegales, que podían combatirlos con la misma barbarie que ellos actúan.

25 de enero de 1999: Transcurrida una semana de calculados mensajes y descaradas manipulaciones a la debilidad de carácter del presidente de la república y su impreparado comisionado de paz, las Farc anunciaron que las conversaciones se reiniciarían el 20de abril de 1999, luego de que el Secretariado analizara la evolución de los acontecimientos políticos, sociales y económicos del país.

5 de febrero de 1999: Una vez más Andrés Pastrana peló el cobre. Sin que hasta la fecha hubiera algún resultado concreto, y sin darse cuenta que su gobierno era rehén del Plan Estratégico de las Farc, el laxo mandatario autorizó la prórroga de 90 días de la Zona de Distensión. El alto mando militar guardó silencio cómplice al respecto.

25 de febrero de 1999: Los terroristas expulsaron al Fiscal de San Vicente del Caguán, a sabiendas de que la carencia de unidad monolítica por parte de los tres poderes públicos y la indiferencia crónica del pueblo colombiano, facilitarían la imposición de los abusos de las Farc en la Zona de Distensión.

Las Fuerzas Militares encabezadas por los generales Fernando Tapias y Jorge Mora callaron una vez más, con el argumento que respetaban las decisiones políticas del gobierno, situación que dio luz verde a los terroristas para gobernar de facto y a sus anchas más de 42.000 km^2.

25 de febrero de 1999: Cerca de la frontera binacional con Venezuela, la décima cuadrilla de las Farc encabezada por Granobles hermano del Mono Jojoy, secuestró a tres ciudadanos estadounidenses, dedicados a la investigación antropológica de las etnias colombianas.

6 de marzo de 1999: Se comprobó que los tres indigenistas secuestrados por orden de Granobles, fueron asesinados por los captores. El gobierno de Estados Unidos solicitó la extradición de los terroristas que perpetraron el crimen.

Seguro que una vez más manipularía al presidente Pastrana, Tirofijo se negó a entregar a los asesinos. A partir de ese momento sectores del gobierno estadounidense, exigieron a la Casa Blanca, la inclusión de las Farc en el listado de organizaciones terroristas internacionales, petición que fue concretada después de los ataques terroristas del 11 de septiembre de 2001 en Washington y New York.

El punto de disloque para incluir a las Farc en ese listado, fueron las declaraciones del Mono Jojoy y de Raúl Reyes quienes declararon objetivos de guerra a los ciudadanos y empresas estadounidenses. Populista, Andrés Pastrana ha repetido años después, que el Departamento de Estado calificó a las Farc como terroristas, gracias a su gestión personal.

3 de abril de 1999: Para mantener viva la estratagema de dilatación indefinida de las conversaciones, las Farc impusieron al gobierno nacional la necesidad de crear una comisión internacional de acompañamiento al proceso, que en ningún momento tuviera capacidad de mediación o verificación, en asuntos sensibles que ya eran de conocimiento público acerca de lo que sucedía en la Zona de Distensión, tales como:

Reclutamiento de menores y de indígenas, imposición de trabajos forzados a campesinos, preparación de aviación y artillería guerrillera, nichos de secuestrados, ingresos de armas, cultivos ilícitos, narcotráfico, entrenamiento de células terroristas, adoctrinamiento de campesinos para vincularlos a las Milicias Bolivarianas, el Partido Comunista Clandestino, o el Movimiento Bolivariano Clandestino y fortalecimiento de las redes de apoyo logístico.

8 de abril de 1999: Las AUC acusaron a las Farc de haber convertido la Zona de Distensión en una retaguardia estratégica, conseguida mediante argucias para robustecer su Plan Estratégico.

Ese mismo día reiniciaron los contactos entre las partes, pero no las conversaciones formales, tras superar parcialmente el cuello de botella del combate a las AUC.

9 de abril de 1999: Un día después de la reanudación de los contactos, el presidente Pastrana firmó el decreto de llamamiento a calificar servicios de los generales Rito Alejo del Río y Fernando Millán, sindicados por las Farc y sus organismos de fachada, de tener nexos con las AUC.

La sorpresiva purga fue el producto de la imposición de las Farc, so pena de terminar las conversaciones de paz. En contraste, tal decisión fue quizás la única en que hasta esa fecha, Pastrana aparentó algún asomo de autoridad pues en ese momento ya estaba embelesado por hacer turismo presidencial en diversos lugares del planeta, con la clara intención de autopromocionarse como Premio Nobel de Paz.

12 de abril de 1999: Para complicar más el complejo entorno político y el enredado escenario de guerra y paz con las Farc, una cuadrilla del Eln secuestró en pleno vuelo una aeronave de Avianca que cubría la ruta Bucaramanga-Bogotá.

Pocos meses después, otros terroristas del Eln perpetraron los secuestros masivos de la iglesia La María en Cali y el Kilómetro 18 de la vía que une la capital del Valle con el puerto de Buenaventura.

A esas acciones terroristas se sumaron los secuestros de unos turistas en la Ciénaga del Tono en Atlántico, las reiteradas pescas diabólicas en las carreteras, las incursiones armadas contra indefensos caseríos, los asesinatos selectivos de "enemigos de clase", y la instalación de vehículos cargados con explosivos contra objetivos de importancia táctica o estratégica.

18 de abril de 1999: Cuando ya se reducía el espacio de maniobra del Estado colombiano, y era evidente el fiasco de su etérea política de paz, Andrés Pastrana, recurrió a la salida demagógica de anunciar una nueva prórroga de la Zona de Distensión, sujeta a la reanudación de las conversaciones.

Descarado, Raúl Reyes respondió que las Farc no respetan la Constitución Nacional, porque los terroristas están en contra de ella, por ende es el gobierno quien tiene que negociar y ceder en la mesa de diálogos.

20 de abril de 1999: Nuevo encuentro formal del comisionado Víctor Gumersindo Ricardo con Raúl Reyes, pero se impusieron de nuevo las trabas puestas por los terroristas, atadas a su estratagema de dilatación, y los postulados del Plan Estratégico de las Farc.

2 de mayo de 1999: Por segunda vez y con el deseo de desentrabar el aún no iniciado proceso de paz, Pastrana y Tirofijo se reunieron en El Caguán.

Otra vez quedó demostrado que el anciano terrorista era más astuto, más hábil y estaba mejor preparado que el presidente de la república para sacar ventajas político-estratégicas de las conversaciones de paz.

6 de mayo de 1999: Sin ni siquiera haber conminado a las Farc para que cesaran la barbarie contra Colombia, Víctor Gumersindo Ricardo y Raúl Reyes acordaron las supuestas bases, para por fin iniciar las negociaciones de paz, mediante la firma de un documento titulado Agenda Común por el Cambio hacia una Nueva Colombia.

Ese mismo se prorrogó por 30 días más la vigencia de la Zona de Distensión y se anunció la veeduría internacional al proceso.

7 de mayo de 1999: El gobierno nacional toleró otra imposición calculada de las Farc, con la activación de los cuerpos de policía cívica para la Zona de Distensión, manipulados y controlados por las Farc.

10 de mayo de 1999: Andrés Pastrana anunció que los gobiernos de España, Francia, Cuba, Suiza, Argentina, México y Noruega, enviarían sus delegados para realizar la mediación en el proceso de paz.

26 de mayo de 1999: La súbita renuncia del ministro de Defensa Rodrigo Lloreda Caicedo, generó una extraña crisis de institucionalidad, pues un alto porcentaje de los generales y almirantes en servicio activo, presentaron calculada "renuncia protocolaria".

Nunca se supo quien fue el cerebro de la singular revuelta militar, ni mucho menos quedó claro cuál era el propósito concreto de esa acción mediática, pero sin suficiente carácter.

La segunda bravuconada del general Mora con anuncios de supuesto respaldo irrestricto al ministro de Defensa, terminó con una amistosa charla en la base militar de Tolemaida, luego de aparentes "buenos oficios" del general Fernando Tapias, para mediar en la diferencia de criterios.

Dentro de los niveles medio y bajo de las instituciones militares, quedó el mal sabor de la indecisión y falta de entereza de los generales y almirantes de la república. Así la población civil, observó evidente incoherencia y carencia de estrategia integral entre el gobierno y las Fuerzas Militares.

Y para las Farc quedó la satisfacción de haber demostrado la falta de claridad político-estratégica de su adversario, incapaz de comprender y mucho menos de contrarrestar su Plan Estratégico.

Raúl Reyes afirmó ese día que las Farc seguirían empeñadas en cometer secuestros extorsivos. Entre tanto el general Roso José Serrano director de la Policía Nacional, experto en buscar presencia mediática egocéntrica, inventó una fantasiosa sala de crisis en las instalaciones de la Dirección General, con la folclórica propuesta de tener la fuerza policial acuartelada para defender el gobierno legítimo. Tropicalismo total…

29 de mayo de 1999: En alocución transmitida en simultánea por radio y televisión, el presidente Andrés Pastrana comunicó a los colombianos que su gobierno fijaría nuevas reglas para el funcionamiento de la Zona de Distensión, que buscaría mecanismo de evaluación, por medio de una comisión verificadora encargada de recibir quejas y reclamos de la población civil que se presentaran en el territorio controlado por los terroristas.

9 de junio de 1999: La Sijín de la Policía informó que la Zona de Distensión se convirtió en una guarida de bandidos.

26 de junio de 1999: En la más inusual de las visitas de personajes a la Zona de Distensión, invitados por Andrés Pastrana, altos ejecutivos de Wall Street de New York, estuvieron conversando con los cabecillas de las Farc.

Se especuló que los especialistas en temas de las bolsas internacionales, pretendían captar los ingentes recursos financieros del grupo narcoterrorista. Sin embargo, ya las relaciones iniciadas por las Farc con un funcionario de la administración Clinton, estaban cerca del punto cero, debido al secuestro y asesinato cerca de Venezuela, de los tres indigenistas estadounidenses.

7 de julio de 1999: Una vez más se aplazó la fecha de iniciación de las conversaciones de paz, debido a que las Farc no aceptaron la veeduría internacional.

15 de julio de 1999: Las Farc se llevaron la primera sorpresa estratégica operacional, al cabo de la pretendida mayor escalada terrorista contra los colombianos.

En diversas operaciones militares en el territorio nacional, fueron dados de baja cerca de cien bandoleros, y fracasaron en los asaltos terroristas contra Puerto Lleras-Meta, Puerto Rico y Doncello en Caquetá. Fue el principio del fin de los golpes sorpresivos y contundentes propinados por las Farc a la Fuerza Pública, iniciados antes de pactar conversaciones de paz con Andrés Pastrana.

19 de julio de 1999: Ante la reiterada insistencia de las Farc para rechazar la veeduría internacional, quedó suspendida la iniciación formal de las conversaciones, estratagema dilatoria, que permitía a los terroristas continuar el desarrollo articulado de su Plan Estratégico y la preparación integral del lanzamiento de Movimiento Bolivariano Clandestino.

20 de julio de 1999: Sin tomar ninguna decisión de fondo y como una muestra más de laxitud del presidente Andrés Pastrana, afirmó que la paciencia del gobierno tiene límites. Sin embargo, las Farc continuaron inmersas en la estratagema de dilatación, combinada con descomunales ataques terroristas contra la población civil.

Durante el acto de instalación formal de nuevas sesiones del Congreso de la República, Pastrana aprovechó el escenario para decir que las negociaciones de paz requerían una comisión verificadora.

23 de julio de 1999: Calculadores como siempre los negociadores de las Farc, aplicaron la técnica de aparentar que daban la razón al adversario. Sin ceder nada dieron el visto bueno a la existencia de una comisión verificadora de lo que sucedía en la Zona de Distensión, condición que obviamente incumplirían.

La comisión verificadora fue manipulada por las Farc hasta el extremo que este grupo de observadores se convirtió en una especie de cuerpo diplomático, que para colmo de males, manipulada por las Farc, sugirió la firma de un acuerdo humanitario.

19 de agosto de 1999: Dentro de los ya calculados pasos de la estratagema de dilatación, para evitar precisiones acerca de algún tema y colocar arandelas a todos los asuntos que se dialogaran, las Farc insistieron en la necesidad de canjear soldados y policías secuestrados por terroristas presos.

Entretanto, un terrorista de las Farc residente en Brasil, solicitó al gobierno de ese país autorización para abrir una oficina de propaganda y difusión política, similar a la que Marcos Calarcá operaba en México, pero las autoridades brasileñas negaron la audaz petición.

27 de agosto de 1999: Pese al insistente pedido del presidente Pastrana a las Farc para que cumplieran la palabra empeñada de aceptar una comisión verificadora internacional, Tirofijo envió a los medios de comunicación una carta abierta, en la que desmintió de manera rotunda las afirmaciones del primer mandatario.

31 de agosto de 1999: En contrate con el sonriente optimismo del presidente Andrés Pastrana, quien para esa fecha demostraba su egocéntrico interés del Premio Nóbel de Paz, el general estadounidense Barry Mc Caffrey exteriorizó que existía terrible impunidad dentro de la Zona de Distensión.

Con las argucias de siempre, las Farc sindicaron al gobierno nacional de ser el responsable de la congelación del proceso y de haber inventado una comisión verificadora que no estaba acordada, e inclusive afirmaron que tenían un video que comprobaba esto.

12 de septiembre de 1999: Luego de que en forma inexplicable y poco creíble, el presidente Pastrana aceptó que nunca se acordó el punto de la comisión verificadora. Víctor Gumersindo Ricardo reinició contactos con las Farc pero el proceso siguió estancado.

29 de septiembre de 1999: Surgió la propuesta de crear una subcomisión de quejas, que las Farc rechazaron con vehemencia. Una vez más se impuso la personalidad agresiva de Tirofijo, quien estaba convencido que al dialogar con el comisionado de paz, negociaba con toda la "burguesía colombiana" la liberación de algún secuestrado, por lo tanto las Farc debían ablandar al adversario sin conceder nada, por medio de las amenazas, los chantajes o el terrorismo.

16 de octubre de 1999: Sin corroborar la estratagema de dilatación, las partes firmaron el acuerdo de La Tunia, después de seis meses aprovechados por las Farc, para cualificar las cuadrillas y los cabecillas dentro de la Zona de Distensión.

A partir de ese momento, los comités temáticos manipulados por las Farc incrementaron el trabajo propagandístico del grupo narcoterrorista en las audiencias públicas.

18 de octubre de 1999: Por enésima vez, Raúl Reyes afirmó que las Farc no respetan las leyes colombianas, que desconocen la Constitución Nacional, y de paso aclaró, que para las Farc los diálogos son un instrumento para avanzar en el proceso hacia la toma del poder, porque no van a entregar las armas y según sus palabras, no dejarán de luchar por el pueblo.

Vanidoso y alejado de la realidad, Andrés Pastrana omitió la gravedad de las declaraciones del jefe terrorista, a expensas del drama y el sufrimiento del pueblo colombiano.

24 de octubre de 1999: Más de diez millones de colombianos marcharon por las calles de las principales ciudades del país, para reclamar la paz y el cese de acciones criminales por parte de las Farc, el Eln y las AUC.

Con audacia, los cabecillas de las Farc acompasados por reconocidos dirigentes del Partido Comunista tergiversaron el sentido de la protesta ciudadana y dijeron que esas marchas eran el reclamo del pueblo colombiano, para que el gobierno nacional cesara la guerra contra el campesinado.

Con la intención de tener el control total de los cultivos y laboratorios de procesamiento de cocaína en el Medio y Bajo Caguán, Raúl Reyes pidió que la Zona de Distensión se ampliara hasta las áreas urbana y rural del municipio de Cartagena del Chairá en el departamento del Caquetá, para que las Farc desarrollaran allí un "proceso experimental" de erradicación de cultivos de coca.

Por suerte para Colombia, Andrés Pastrana no cedió ante esta audaz petición de las Farc.

25 de octubre de 1999: En una encuesta de opinión, 408 altos ejecutivos colombianos manifestaron estar de acuerdo con la realización de un proceso de paz, pero sin canjes, ni la prepotente presencia del comisionado de paz Víctor Gumersindo Ricardo, frente al equipo negociador.

Todos los empresarios encuestados calificaron con nota negativa el desempeño del presidente Pastrana durante lo sucedido hasta ese momento con el proceso de paz, porque había cedido en todo a cambio de nada.

El editorial del periódico El Espectador aseguró que las concesiones unilaterales y la falta de liderazgo de Andrés Pastrana, podrían convertirse en semillas de destrucción del proceso, puesto que por el deseo de ganar la confianza de las Farc, el gobierno nacional perdió la confianza del pueblo. El editorialista también cuestionó si sería posible hacer la paz sin consenso.

9 de noviembre de 1999: Mediante otro gesto de debilidad de carácter, el presidente Pastrana, imploró a las Farc que hicieran una tregua a las acciones terroristas durante la época navideña.

21 de noviembre de 1999: En respuesta a la débil petición presidencial, las Farc desataron una arremetida terrorista en todo el territorio nacional, con mayor énfasis en Puerto Inirida-Guainía y Colombia-Huila.

6 de diciembre de 1999: No obstante la falta de resultados tangibles, y la conducta contraria de las Farc al espíritu de la negociación política existente, presa de su veleidad, el presidente Pastrana autorizó una nueva prórroga de la Zona de Distensión.

Ningún ente con poder decisorio o coercitivo, hizo ver al primer mandatario, lo peligroso y grave que estaba resultando para la continuidad de la vigencia institucional, las improductivas conversaciones con los terroristas.

19 de diciembre de 1999: Las Farc anunciaron un cese unilateral de acciones armadas contra Colombia.

17 de enero de 2000: En otra de las reiteradas escaladas terroristas, las Farc derribaron 22 torres de conducción de energía eléctrica, en diferentes puntos de la geografía nacional.

La oleada de atentados ocasionó cortes de fluido eléctrico en 108 municipios de Antioquia, 21 de Chocó, 8 de Cesar y 3 de Magdalena; daños que según especialistas en asuntos económicos, significaron pérdidas acumuladas por más de 10.000 millones de pesos. Además de estos costos, en Medellín los estudian-tes perdieron dos semanas continuas de clases.

18 de enero de 2000: Dentro del ya característico y folclórico proceder cada vez que las Farc han hablado de paz con diferentes gobiernos, toda la cúpula empresarial viajó a la Zona de Distensión, para hablar con Tirofijo, pero desde luego no concretaron nada.

La estratagema de dilatación y de conversar sin comprometerse a nada, favorecía el Plan Estratégico de las Farc.

30 de enero de 2000: Después de ocho meses de estériles intentos de formalizar conversaciones concretas, los equipos negociadores acordaron la supuesta metodología de negociación.

4 de marzo de 2000: El país enteró se movilizó contra las Farc debido al secuestro del popular ciclista Lucho Herrera, ídolo nacional y patrimonio del deporte colombiano. De inmediato, Tirofijo ordenó a la cuadrilla 42, la liberación del deportista, con el obvio pago de una extorsión.

25 de marzo de 2000: Finalizó el Pleno Ampliado de las Farc denominado **Con Bolívar por la Paz y la Soberanía Nacional,** realizado para refinar las tareas del Partido Comunista Clandestino, aprobar los estatutos del Movimiento Bolivariano Clandestino, coordinar el acto publicitario de su lanzamiento y estrechar contactos políticos con el gobierno de Hugo Chávez.

Al cabo de la reunión de cinco días del Secretariado de las Farc con los cabecillas de las cuadrillas y estructuras urbanas, concluyeron que manipular la liberación de los soldados y policías secuestrados, sería la herramienta clave para buscar estatus de beligerancia.

Con base en esa línea guía, secuestrarían a algunos dirigentes políticos para promover la ley de canje, y al mismo tiempo, aplicarían la "ley 002" de las extorsiones y la "ley 003" que ordena a los frentes de las Farc, secuestrar y fusilar a todos los dirigentes políticos que cometan actos de corrupción admi-nistrativa en cada región del país.

7 de abril de 2000: Terroristas de la red urbana Antonio Nariño de las Farc, secuestraron en Bogotá al niño Andrés Felipe Suárez, de tan solo tres años de edad.

El caso conmocionó a todo el país, porque las autoridades presentaron pruebas que el menor estaba en cautiverio dentro de la Zona de Distensión. Cínico, Raúl Reyes respondió que quizás lo tenían unos bandidos, como si las Farc no lo fueran.

8 de abril de 2000: Con la presencia de 30.000 campesinos de los municipios cercanos, a los que les costearon el transporte y la estadía en San Vicente del Caguán, rodeados de 2.500 terroristas armados, Tirofijo y Alfonso cano presidieron el lanzamiento del Movimiento Bolivariano Clandestino, como brazo político desarmado de las Farc, cuya esencia es aparentar que no existen nexos entre las Farc y el Partido Comunista Colombiano.

27 de abril de 2000: Por disposición presidencial, el polémico e ineficiente negociador Víctor Gumersindo Ricardo fue retirado de su cargo, y fue reemplazado por Camilo Gómez.

Los dos jefes de los equipos negociadores del gobierno fueron nombrados para ese cargo, no por sus capacidades o cualidades, sino porque son amigos personales de Andrés Pastrana.

2 de mayo de 2000: Mediante otro gesto de debilidad y de indiferencia por el drama de los colombianos, Andrés Pastrana guardó inexplicable silencio ante la publicación de la denominada "Ley 002 de las Farc", según la cual en cada una de las zonas de injerencia, las cuadrillas cobrarían una cuota extorsiva del 10% del capital, a las personas naturales y empresas nacionales o extranjeras, con patrimonios superiores a un millón de dólares o dos mil millones de pesos.

Fuera de las declaraciones de prensa y de diagnósticos sobre diagnósticos, ninguna fuerza viva del país reaccionó ante tamaño despropósito, ni en defensa de la dignidad nacional.

<u>20 de mayo de 2000:</u> Las AUC secuestraron en Medellín a la senadora Piedad Córdoba, al señalarla como multiplicadora de los intereses de las Farc.

Este secuestro coadyuvó a la disminución del espacio de maniobra político del presidente Pastrana, pues una vez más quedó en claro, que la Fuerza Pública no tenía respaldo jurídico y político, ni suficientes medios logísticos para garantizar la seguridad, la vida y la honra de los colombianos.

<u>23 de junio de 2000:</u> Ante la inminente activación del Plan Colombia, las Farc respondieron desde la Zona de Distensión, que este era un plan de guerra y no de paz.

<u>30 de junio de 2000:</u> En un inusitado espectáculo mediático con remedo de calle de honores militares, las Farc recibieron en el aeropuerto de San Vicente del Caguán a los representantes de 21 países de la comunidad internacional, entre ellos el Nuncio Apostólico quienes viajaron a la Zona de Distensión, para asistir a una audiencia sobre cultivos ilícitos.

Campesinos integrados a las Milicias Bolivarianas, o al Partido Comunista Clandestino, o al Movimiento Bolivariano Clandestino, adoctrinados con antelación por las Farc, explicaron a los asistentes a la audiencia, las razones por las cuales cultivan coca y amapola, y adujeron padecer enfermedades cutáneas derivadas de las fumigaciones con glifosato.

La comunidad internacional aceptó que el narcotráfico es un problema social, pero pidió a los terroristas que demostraran hechos de paz, el cumplimiento de las normas del Derecho Internacional Humanitario y respeto por los derechos humanos, materializados en la suspensión del uso de cilindros de gas cargados con explosivos, y los secuestros.

2 de julio de 2000: Las Farc volvieron a sugerir el tema de la tregua bilateral de acciones armadas y propusieron que el gobierno nacional subsidiara a los terroristas mientras durara el proceso. Fue una sugerencia repetida muchas veces.

Los delegados de ambas partes acordaron presentar las propuestas de cese al fuego en sobres cerrados, pero al poco tiempo las Farc revelaron las suyas, actitud tramposa que de nuevo generó malestar en la opinión pública.

7 de julio de 2000: El consejo gremial en pleno solicitó al gobierno nacional, condicionar el desarrollo de las negociaciones a la liberación masiva de los secuestrados.

El Fiscal General de la Nación Alfonso Gómez Méndez, aseguró que no puede haber indulto para quienes secuestren niños.

13 de julio de 2000: Bill Clinton presidente de Estados Unidos firmó documentos que autorizaron el desembolso de 860.3 millones de dólares, para financiar el Plan Colombia. Las Farc calificaron el hecho como intervencionismo.

17 de julio de 2000: En un detallado informe las Fuerzas Militares señalaron que desde la fecha en que inició la vigencia de la Zona de Distensión, las Farc habían cometido 45 acciones terroristas en 24 municipios periféricos al área despejada, situación que ocasionó el retiro de 10 estaciones de policía.

7 de agosto de 2000: Pese a los daños causados al ecosistema, las Farc dijeron al gobierno nacional que las tres carreteras construidas por ellos dentro de la Zona de Distensión, eran de beneficio comunitario y no para operaciones estratégicas de las guerrillas, por lo tanto no era un tema para incluir en las discusiones del momento.

30 de agosto de 2000: A la sombra de las conversaciones con las Farc, y en complemento del accionar terrorista contra la población civil, el Eln instaló un retén ilegal sobre la vía Santa Marta-Barranquilla, donde fueron incinerados más de 30 vehículos y destruidos dos puentes.

Los costos de los daños causados superaron la suma de 3.000 millones de pesos, además del creciente desprestigio internacional y el amedrentamiento progresivo contra inversionistas y potenciales empresarios nacionales o extranjeros.

7 de septiembre de 2000: Luego de la consustancial incertidumbre del país derivada de los nulos resultados de las conversaciones de paz, las Farc volvieron a llevar a la mesa de conversaciones el tema del canje, con el velado propósito de dilatar aún más el proceso, de ganar tiempo para cualificar las fuerzas guerrilleras, y, de desarrollar más trabajo político con las células del Movimiento Bolivariano Clandestino.

8 de septiembre de 2000: Arnubio Ramos miliciano de las Farc, que se encontraba recluido en una cárcel de Neiva y era conducido a una audiencia en un juzgado de otra ciudad, escapó del control de los guardianes carcelarios del Inpec.

Luego secuestró una aeronave en la que bajo amenaza de muerte obligó al piloto a que lo llevara hasta San Vicente del Caguán, donde fue recibido como un héroe por los terroristas.

Las Farc se negaron a entregarlo a las autoridades porque estaban seguros que manipularían al laxo gobierno de Andrés Pastrana, y que el alto mando militar de ese momento, era incapaz de reaccionar ante esa osadía.

En respuesta a la osadía de Arnubio Ramos, Andrés Pastrana congeló temporalmente los diálogos, pero sin medidas complementarias, por ende de nuevo las Farc impusieron las condiciones.

24 de octubre de 2000: De nuevo se descongeló el proceso sin llegar a nada concreto.

7 de noviembre de 2000: Terminó el primer ciclo de audiencias públicas en San Vicente del Caguán. Esta fue otra estratagema utilizada por las Farc, desde luego no detectada por los negociadores del gobierno, urdida para dilatar las conversaciones sin concretar nada.

Mientras tanto los encargados de las escuelas políticas y militares de las Farc continuaron empeñados en la preparación técnica, táctica y operacional de más combatientes, que luego serían enviados a cometer acciones terroristas fuera de la Zona de Distensión.

8 de noviembre de 2000: De manera sorpresiva y con el fin de ganar adeptos para la campaña presidencial, el candidato Horacio Serpa propuso a Andrés Pastrana la idea de crear una alianza nacional para la paz.

La propuesta se estancó en buenas intenciones de oportunismo demagógico, porque no contribuyó en nada positivo para el desarrollo del proceso de paz.

En respuesta las Farc derribaron con dinamita el puente El Piñal, que une a Buenaventura con el terminal portuario marítimo.

14 de noviembre de 2000: Un terrorista que desertó de una cuadrilla de las Farc secuestró en San Vicente del Caguán una aeronave de la empresa Satena, que cubría la ruta de allí a Bogotá. Dominado por la tripulación el terrorista denunció graves hechos que sucedían a diario dentro de la Zona de Distensión.

Una vez más las Farc jugaron con el tiempo y congelaron las conversaciones con el argumento que no había acción gubernamental para combatir contra las AUC.

Dicha argucia pretendía bajar el perfil a la captura en México del médico Carlos Ariel Charry Guzmán, quien de acuerdo con las versiones de las autoridades mexicanas, fue enviado por el Mono Jojoy a negociar armas y coca con el cartel de Tijuana.

21 de noviembre de 2000: Preocupados por la enorme incidencia del conflicto armado en los indicadores de la economía colombiana, los empresarios solicitaron al gobierno nacional que suspendiera las conversaciones con el grupo narcoterrorista.

Ese mismo día "comandos urbanos" de las Farc secuestraron en las calles de Bogotá a Juliana Villegas, hija de Luis Carlos Villegas presidente de la Asociación Nacional de Industriales (Andi). Con el consabido cinismo, Raúl Reyes exculpó a las Farc de haber cometido este delito.

22 de noviembre de 2000: Sin que correspondiera a un plan inicial, ni a un proyecto estratégico, producto de una coyuntura momentánea, Andrés Pastrana oficializó el Frente Común por la Paz. Otro organismo burocrático que no aportó nada a la solución del conflicto y sirvió a las argucias dilatorias de las Farc.

25 de noviembre de 2000: Jorge Visbal Martelo presidente nacional de la Federación de Ganaderos (Fedegan) despertó el cotarro político al proponer la reactivación de las milicias nacionales, para responder a la agresión terrorista en campos y ciudades.

Los ganaderos que escucharon la propuesta empuñaron el brazo en alto. Las Farc aseguraron que esa medida equivalía a legitimar las AUC. Algunos exconstituyentes aseveraron que esta medida iba en contravía con la carta magna colombina vigente.

7 de diciembre de 2000: En medio del marcado escepticismo de importantes sectores de opinión, el presidente Pastrana decidió prorrogar por 55 días más la vigencia de la Zona de Distensión.

8 de diciembre de 2000: Tropas orgánicas de la Quinta Brigada comandadas por el general Martín Carreño propinaron duros golpes a la cuadrilla Arturo Ruiz de las Farc, en la que militaban cerca de 200 menores de edad enviados por el Mono Jojoy desde la Zona de Distensión a Suratá-Santander, con la misión de recuperar un área controlada por las AUC.

13 de diciembre de 2000: Consecuencia del obvio desespero que causaba en Colombia el desmadre de las Farc y las AUC, la Corte Suprema de Justicia propuso instaurar la pena de muerte, para quienes sean hallados culpables de la comisión de delitos atroces tales como secuestros, terrorismo o masacres.

28 de diciembre de 2000: Integrantes del Bloque Sur de las Farc masacraron en una carretera del departamento del Caquetá, al parlamentario Diego Turbay Cote, a su progenitora Inés Cote y a los escoltas. Pese a las pruebas, como era de esperarse, las Farc negaron la autoría del múltiple crimen.

24 de enero de 2001: Ante la falta de resultados tangibles, diferentes al crecimiento cualitativo y cuantitativo de las Farc, el país político desató un amplio debate en torno a la viabilidad y legalidad de la Zona de Distensión.

La Corte Constitucional se pronunció al respecto, para respaldar las facultades legales del presidente de la república, para decretar la existencia de la Zona de Distensión.

Con base en este respaldo jurídico, el presidente Andrés Pastrana propuso otra reunión con Tirofijo, para buscar la fórmula mágica para desempantanar las conversaciones.

30 de enero de 2001: Fue capturado en la selva del Vichada, el narcotraficante brasileño Fernando D´Costa alias Fernandinho, quien era protegido por el Negro Acacio cabecilla de la cuadrilla 16 de las Farc.

8 de febrero 2001: En un acto populista, el presidente Andrés Pastrana viajó de nuevo a la Zona de Distensión para reunirse por tercera vez con Tirofijo, con el ánimo de reiniciar los estériles diálogos.

Al finalizar la reunión que se prolongó durante 48 horas, las partes firmaron el Acuerdo de Los Pozos, que permitió crear la Comisión de Notables, y la prórroga de la vigencia de la Zona de Distensión hasta el 9 de octubre de 2001.

Esta reunión del mandatario con el principal cabecilla de las Farc, dio pie para todo tipo de especulaciones. Circularon rumores que Pastrana viajó al Caguán para suplicar a Tirofijo que dispusiera la liberación de la joven Camila Villegas, secuestrada por las Farc en Bogotá.

Otra versión sin confirmar incluyó el comentario que Pastrana llevó la mitad del dinero exigido por las Farc, para negociar por ese monto la liberación de Camila Villegas, pero que Tirofijo rechazó tajantemente ese ofrecimiento.

Poco tiempo después la joven fue liberada por los terroristas, con el argumento que la familia no pagó cuotas extorsivas. Las dudas persisten.

15 de febrero 2001: Con el fin de hacer creer a los incautos que el grupo terrorista respetaba las normas del Derecho Internacional Humanitario, mediante una habilidosa maniobra propagandística, las Farc se deshicieron de 62 menores de edad, que presentaban problemas de indisciplina o de capacidad física para adaptarse a la vida guerrillera.

18 de febrero 2001: Luego de tres meses de congelamiento calculado, producto de otra maniobra de la estratagema de dilatación de las conversaciones de paz, las

Farc reiniciaron el proceso con enfoque específico en temas económicos, sin que después de dos años y medio de argucias y engaños, se hubiera alcanzado algún acuerdo tangible entre las partes.

22 de febrero 2001: Veintitrés países aceptaron participar como acompañantes en el proceso de paz.

24 de mayo de 2001: Operación coordinada en Montería por la Policía, el Das, la Fiscalía y la Procuraduría, contra personas sindicadas de pertenecer a las redes de apoyo a las AUC.

Ese mismo día, con presencia de Anne Paterson embajadora de Estados Unidos en Colombia, fue activado en Larandia-Caquetá el tercer batallón de la Brigada Antinarcóticos del Ejército.

16 de junio de 2001: Debido a la presión nacional e internacional, y con el fin de aumentar la capacidad de maniobra, las Farc liberaron a una parte de los integrantes del Ejército y la Policía que se encontraban secuestrados en la Zona de Distensión.

23 de junio de 2001: Se produjo una fuga masiva de presos de la cárcel La Picota en Bogotá. Terroristas de las Farc entrenados en la Zona de Distensión que portaban armas de fuego debajo de las ruanas o chaquetas grandes dispararon contra los guardianes, mientras otros delincuentes activaron varias cargas explosivas y otros lanzaron cilindros de gas con catapultas artesanales, contra los muros de los patios 3, 4, 5 y 6 del centro penitenciario.

Los habitantes de los barrios Danubio Azul, el Portal y los estudiantes del colegio San Agustín quedaron atrapados en medio del fuego cruzado. En la confusión escaparon Olivo Merchán alias Loco Iván, y Rodrigo Caballero. Fue la segunda fuga de Merchán de una cárcel.

Producidas las explosiones, gran cantidad de delincuentes que estaban presos, escaparon e inclusive algunos de ellos que resultaron con armas de fuego, atacaron a las unidades de la Policía que llegaron a apoyar a los guardianes del Inpec.

En inspección posterior al penal, las autoridades determinaron que en la audaz incursión terrorista hubo complicidad de algunos guardianes, debido a que facilitaron el ingreso de las armas de fuego para los reclusos, además de sogas, ganchos de anclaje para escalar muros, y otros elementos que facilitaron la huida de los reclusos.

9 de julio de 2001: En Nueva York el gobierno colombiano pidió ayuda a la comunidad internacional para combatir el tráfico ilegal de armas. Ese mismo día el Ministerio de Justicia firmó un acuerdo con su similar del gobierno de Estados Unidos, con el fin de mejorar la seguridad carcelaria en Colombia.

15 de julio de 2001: Terroristas del Bloque Oriental de las Farc secuestraron a Alan Jara exgobernador del Meta, sacado a la fuerza de un vehículo de la ONU, cuando viajaba en compañía de Lars Franklin coordinador de ese organismo y otros funcionarios con categoría de diplomáticos.

18 de julio de 2001: El Ejército colombiano capturó a tres terroristas irlandeses pertenecientes a la banda Ejército Republicano Irlandés (IRA), quienes participaron en la instrucción y entrenamiento de cientos de "explosivistas" de las Farc dentro de la Zona de Distensión, que luego fueron enviados a cometer actos terroristas en todo el territorio nacional.

Un terrorista desmovilizado del Bloque Sur de las Farc que meses antes ofició como chofer personal de Fabián Ramírez, relató a las autoridades judiciales y a los medios de comunicación, pormenores de la actividad delictiva de los tres terroristas irlandeses en la selva de San Vicente del Caguán.

28 de agosto de 2001: Después de tres años de continuos desaciertos políticos y administrativos en el manejo de la Zona de Distensión, el Senado de la República inició un tibio debate para evaluar los progresos del cuestionado proceso de paz, con base en una demanda penal contra el presidente Andrés Pastrana, formulada por el abogado Fernando Vargas directivo de la ONG Comité Vida.

9 de septiembre de 2001: En abierto desafío al gobierno nacional, y con el fin de sabotear las campañas políticas para las elecciones de cuerpos colegiados y presidente de la república, calificadas de antemano por las Farc como actividades corruptas; terroristas de la cuadrilla Teófilo Forero, impidieron el paso hacia la Zona de Distensión, de una caravana política terrestre encabezada por el dirigente liberal Horacio Serpa Uribe, quien viajó desde Bogotá hacia San Vicente del Caguán con propósitos demagógicos electorales.

29 de septiembre de 2001: Secuestro y posterior asesinato en el departamento del Cesar, de la exministra de Cultura Consuelo Araujo Noguera.

Días después la Fiscalía General de la Nación dictó medida de aseguramiento contra los cabecillas del Secretariado de las Farc, por la autoría intelectual de este crimen, pero sin tener el suficiente poder coercitivo para sacarlos de la Zona de Distensión con el fin de llevarlos ante los jueces de la república.

La contradictoria condición de negociar en medio de la guerra, con la ventaja para los terroristas que manoseaban a su antojo al gobierno nacional para ganar tiempo a largo plazo, marcó así el derrotero del proceso.

2 de octubre de 2001: Algunos congresistas exteriorizaron graves denuncias acerca de lo que ocurría en la Zona de Distensión, pero el debate no dejo de ser la repetición de lo que ya era conocido por todo el país.

Entonces, no hubo juicio de responsabilidades contra Andrés Pastrana.

Sin capacidad de convencimiento ni genuino interés por solucionar el problema, el presidente Pastrana anunció a los medios de comunicación que pronto tomaría una decisión de fondo frente al tema de la Zona de Distensión.

Pero igual que en ocasiones anteriores, Pastrana cedió ante las pretensiones de los terroristas y autorizó otra prórroga de la zona despejada hasta el 20 de enero, además de soportar pullas y críticas de las Farc, incluida la frase de Tirofijo: "Pastrana es un presidente débil".

5 de octubre de 2001: Por obvia imposición de Tirofijo, el gobierno y las Farc firmaron un nuevo acuerdo con prioridad para iniciar una falsa tregua bilateral, que las Farc pretendían aprovechar para refinar su Plan Estratégico.

En esta ocasión el gobierno nacional insistió en el cumplimiento de lo pactado en San Francisco de la Sombra, pero las Farc insistieron en la suspensión de los controles sobre la Zona de Distensión.

23 de octubre de 2001: En contra de las medidas de control aéreo y terrestre implantadas por el gobierno nacional sobre la Zona de Distensión, las Farc dilataron aún más las conversaciones.

Adujeron que no recibirían a los representantes de los países facilitadores del proceso, porque el gobierno nacional había prohibido el ingreso de ciudadanos extranjeros a la Zona de Distensión.

Después de superar varios obstáculos y cuando ya era el supuesto momento de reiniciar las conversaciones de paz, Raúl Reyes entregó al comisionado de paz Camilo Gómez, tres documentos cuyos contenidos tenían el implícito propósito de dilatar mas el proceso, con la calculada trama que algunos medios de comunicación y ciertas personas con poder decisorio, eran los responsables de las constantes dificultades para concretar algún acuerdo.

Uno de los tres documentos, era una carta dirigida por Tirofijo a Simón Trinidad, Joaquín Gómez, y Carlos Antonio Lozada, con instrucciones agresivas para poner al gobierno contra la pared, mediante una serie de imposiciones difíciles de aceptar.

Los negociadores del gobierno nacional regresaron a la capital de la república, para determinar con el presidente Pastrana, el curso de acción a seguir. El proceso de paz entró en etapa terminal.

14 de enero de 2002: El editorial del diario estadounidense The Washington Post, sugirió al presidente George W. Bush que destinara recursos del Plan Colombia no solo para combatir los cultivos ilícitos, sino a las operaciones militares contra los grupos terroristas.

El argumento central del influyente periódico norteamericano, radicó en que 200 millones de dólares del fisco de su país, invertidos hasta esa fecha en la lucha contra los cultivos ilícitos, no habían disminuido la intensidad del terrorismo internacional.

20 de enero de 2002: Se venció el plazo de la vigencia de la Zona de Distensión, rodeado de nuevos choques verbales entre las dos partes. Raúl Reyes calificó como mentiroso al comisionado Gómez.

El presidente Pastrana dio un ultimátum de 48 horas a las Farc para que desocuparan la Zona de Distensión, pero dejó una ventana abierta para resolver el escollo con la participación de los países facilitadores.

John Lemoyne funcionario de la Organización de Naciones Unidas y el embajador de Francia acreditado en Colombia lideraron un equipo de trabajo, que en apariencia desentrabó los obstáculos.

De esa manera fue abortada una gigantesca operación militar, preparada a última hora por las Fuerzas Militares, con el fin de restablecer la soberanía nacional en la Zona de Distensión.

21 de enero de 2002: la teatral acogida por parte de los negociadores de las Farc a la pronta intervención de la comisión facilitadora, arrojó más documentos, protagonismos egocéntricos y declaraciones mediáticas que tampoco contribuyeron a la paz de Colombia.

Por enésima vez el presidente Pastrana cedió ante las actitudes trásfugas de las Farc, al autorizar otra prórroga de la Zona de Distensión con vigencia hasta el 10 de abril de 2002.

Los medios de comunicación, los oportunistas demagogos y los idiotas útiles que pululan en casos similares, reeditaron el optimismo, confiados en que esta vez sí habría una agenda precisa, sin intuir ni comprender, que a Tirofijo le interesaba desatar una oleada terrorista venidera, programada durante los meses anteriores.

El propósito era doblegar la capacidad de respuesta del gobierno en la mesa de diálogos, y de paso dilatar el proceso hasta la cercana finalización del gobierno de Pastrana, con la obvia intención de atar al nuevo mandatario a continuar las etéreas conversaciones.

22 de enero de 2002: Los medios de comunicación mordieron el anzuelo lanzado por las Farc, componente de la estratagema de dilatación del proceso de paz mientras ganaban espacio político y robustecían su capacidad armada.

Las optimistas posturas editoriales, y las noticias favorables al proceso, nuevamente se vieron afectadas por la tendencia de las Farc a manipular el reciente acuerdo. Por segunda vez, el consejo gremial en pleno expresó serias reservas frente al proceso de paz en las condiciones que se desarrollaba.

15 de febrero de 2002: Diálogo de sordos. Las posiciones de las Farc eran cada vez más extremistas. Sin embargo, Pastrana pidió a las Farc que cesaran los secuestros, las extorsiones, los atentados contra la infraestructura económica, y los asesinatos de civiles y militares.

Por su parte, las Farc pidieron la suspensión del Plan Colombia, imposición de altas tasas tributarias a la banca e instauración de un seguro de desempleo.

Con fines politiqueros electorales, algunos candidatos a la presidencia de la república y la Cámara de Representantes, hicieron el juego y coqueteos a tales propuestas. El candidato Horacio Serpa fue más allá del tropicalismo demagógico, al proponer rebajas en los servicios públicos.

17 de febrero de 2002: Ansiosos por obtener el guiño político que cuatro años antes las Farc dieron a Andrés Pastrana, los candidatos presidenciales Horacio Serpa, Noemí Sanín, Ingrid Betancur y Luis Garzón, viajaron a San Vicente del Caguán para reunirse con los cabecillas de las Farc.

Fuera de algunas pullas politiqueras y la abierta zalamería de los cuatro dirigentes políticos ansiosos de obtener la favorabilidad de los terroristas para abanderar la continuidad del estéril proceso de paz, la reunión no aportó nada positivo para el futuro de Colombia.

18 de febrero de 2002: Antanas Mockus el excéntrico alcalde de Bogotá dio una lección de estrategia política para manejar los efectos sicológicos de la guerra, en aras de contrarrestar la acción político-propagandística de los terroristas.

Mediante una sincronizada campaña mediática Mockus rechazó a los violentos e invitó a la población civil a unirse a las instituciones del Estado, en una concentración de miles de manifestantes, reunidos para rechazar el acto terrorista perpetrado por la cuadrilla 52 de las Farc, contra las instalaciones eléctricas de la represa de Chingaza en el Páramo de Sumapaz.

Además Mockus viajó a Estados Unidos donde por medio de denuncias públicas y privadas contra las Farc por el referido atentado terrorista, complementó la campaña sicológica y política iniciada en Bogotá.

También, Mockus invitó a Tirofijo para que viajara a Bogotá y cerciorara por sí mismo, las obras de beneficio social desarrolladas por el equipo gubernamental capitalino.

20 de febrero de 2002: Espectacular secuestro de una aeronave de la línea comercial Aires en el aeropuerto Benito Salas de Neiva, dentro del que viajaba el Congresista huilense Jorge Gechem Turbay.

Al mismo tiempo que la novena cuadrilla de las Farc dinamitó un puente en el área rural de San Carlos Antioquia.

Ese mismo día, el presidente Andrés Pastrana sorprendió al país con la alocución radio-televisada, en la que anunció el fin de la Zona de Distensión y la suspensión indefinida de los diálogos de paz.

Poco tiempo después aviones de la Fuerza Aérea bombardearon instalaciones logísticas, pistas de aterrizaje, campamentos terroristas y otros componentes de la infraestructura de apoyo a las cuadrillas de las Farc que hasta ese día controlaron 42.000 km^2, área total de los cinco municipios de la Zona de Distensión.

Anexo 2. Cuantificación de cultivos ilícitos en el Putumayo

A finales del año 2000 cuando se firmaron los acuerdos entre el gobierno nacional y los cultivadores de coca en el departamento Putumayo, después de un paro de más de dos meses en que el gobierno nacional fue incapaz de proteger la población civil de los abusos de las Farc, la Unidad Regional de Planeación Agropecuaria del Putumayo, presentó cifras que resumen el creciente cultivo de hoja de coca, al principio controlado solo por las Farc, pero luego causa y razón de la guerra a muerte con las AUC en esa zona.

Municipio	Hectáreas cultivadas
Puerto Asís	11.984
Puerto Guzmán	6.015
Valle del Guamuez	6.375
Orito	5.524
San Miguel	4.605
Puerto Leguízamo	4.003
Puerto Caicedo	3.967
Villagarzón	3.978
Total	**46.451**

Según cálculos oficiales de la Gobernación del Putumayo, los cultivadores de coca percibían en 2001, 173.612 millones de pesos colombianos, que si se distribuyeran entre los 13,578 habitantes del departamento, que derivan sustento de los cultivos ilícitos, cada uno recibía dos millones de pesos mensuales.

Por su parte la Policía Nacional publicó otras cifras respecto a las hectáreas sembradas con cultivos ilícitos en diferentes departamentos, incluido el Putumayo donde las estadísticas diferían en cerca de 20.000 hectáreas:

a. Cocaína

Departamento	Hectáreas cultivadas
Putumayo	66.000
Caquetá	22.000
Guaviare	17.000
Meta	11.000
Nariño	9.000
Norte de Santander	6.000
Bolívar	5.000
Vichada	4.000
Total	**140.000**

b. Amapola

Departamento	Hectáreas cultivadas
Nariño	1.600
Cauca	1.500
Cesar	1.500
Tolima	500
Cundinamarca	1.500
Total	**6.600**

Anexo 3. Ingresos de las Farc 1991-2001

Concepto	Ingresos
Narcotráfico	3.9 billones
Secuestro	2.4 billones
Extorsión	1.9 billones
Atracos	1.0 billones
Réditos Financieros	2.7 billones
Total	**11.9 billones**

Anexo 4: Carta de Tirofijo

Camaradas Raúl Reyes, Joaquín Gómez, Carlos Antonio Lozada y Simón Trinidad:

Los saludo cordialmente y aprovecho para enviarles el siguiente punteo (sic), para estudiarlo y analizarlo en profundidad con el Alto Comisionado de Paz y de extraer conclusiones que nos permitan salvar el actual proceso de diálogo y negociación, y en forma colectiva, porque las imposiciones unilaterales por medio de la alocución del 7 de octubre del señor presidente Andrés Pastrana, por presiones o sin ellas, han generado la actual nacional con las Farc.

Si de este punteo (sic), no hay nuevos acuerdos para darle continuidad a la zona desmilitarizada, la situación del proceso será insuperable por el momento, cuya responsabilidad por el momento no es de nosotros.

La arrogante carta de Tirofijo agregó más imposiciones de las Farc al gobierno nacional, que a simple vista eran inaceptables:

1. El gobierno se compromete a suspender los sobrevuelos a cualquier altura en los cinco municipios despejados, teniendo en cuenta las garantías indispensables para continuar hablando sobre la agenda común, cese del fuego y hostilidades y canje de prisioneros de guerra.

2. El gobierno se compromete a hacer una declaración pública sobre si somos o no terroristas y narcotraficantes, para evitar el pretexto de la intervención de los Estados Unidos en los asuntos internos de Colombia.

3. Las tropas instaladas alrededor de la zona despejada, por orden del Presidente se deben comprometer a vestir su respectivo uniforme, y a no actuar en nombre del paramilitarismo y a impedirlo, cuando hagan presencia o alguien los denuncie en carreteras y caseríos.

4. Levantamiento total del bloqueo económico sobre los cinco municipios y sin cobro de impuestos por parte de los retenes militares a nombre de los paramilitares, como ha venido ocurriendo en los últimos meses en Paujil y Montañitas, Puerto Caldas, Granada, San Martín, Cubarral y Acacías en el Meta.

5. Compromiso militar para no realizar ninguna acción en la zona de despeje, tal como ocurrió en Balsillas Caquetá, Tres Filos en Mesetas y

Mortiños en Uribe Meta, donde penetraron 18 kilómetros dentro de la zona desmilitarizada, y destruyeron una maquinaria para la construcción de carreteras al servicio de la comunidad.

Asimismo suspender la entrada de agentes por cuenta del Ejército, como es el caso del batallón Cazadores en San Vicente, mientras mantengamos el diálogo y la negociación con el gobierno.

6. Nombrar un cabildo abierto con un representante de las autoridades municipales, un concejal, un comerciante, un transportador, un miembro de las juntas comunales, un profesor y el cura de la parroquia, que de acuerdo con los bloques de las Farc, comprueben y denuncien ante el gobierno el procedimiento e incumplimiento del acuerdo sobre el paramilitarismo instalado alrededor de los cinco municipios, para buscar correctivos.

7. Suspender la determinación presidencial que prohíbe el ingreso de algunos ciudadanos extranjeros a la zona desmilitarizada. En caso de no aceptar nuestras propuestas, es necesario acordar un día para reunir la mesa en pleno, para hacer el balance de la situación en la zona y entregar las cinco cabeceras municipales con la presencia de los alcaldes, concejos y los representantes de los países facilitadores.

A partir de ese momento el gobierno puede ocupar militarmente los caseríos, para lo cual se requiere expedir una declaración pública anunciando la terminación del acuerdo. De igual manera si hay acuerdo sobre los puntos en referencia, es necesario un comunicado de las partes.

Anexo 5: Municipios atacados por las Farc durante el proceso de paz

Antioquia, Huila, Cauca y Tolima fueron los departamentos ubicados fuera de la Zona de Distensión, más azotados por los ataques terroristas de las Farc contra sus municipios, estadística que coincide con las áreas geográficas de mayor presencia de Milicias Bolivarianas y trabajo político del Partido Comunista y el Movimiento Bolivariano Clandestino, como lo indica el siguiente cuadro.

Los cálculos del los costos aproximados de los daños causados por los terroristas, están expresados en pesos colombianos.

Municipio	Valor
Antioquia	
Granada	10.000.000.000

Dabeiba	3.800.000.000
Vigía del Fuerte	2.300.000.000
Bellavista	1.500.000.000
Frontino	700.000.000
Huila	
Santa María	3.750.000.000
Algeciras	2.700.000.000
San Adolfo	2.450.000.000
Colombia	3.000.000.000
Vegalarga	2.750.000.000
Cauca	
Puerto Tejada	1.350.000.000
Suárez	3.000.000.000
Piendamó	2.475.000.000
Totoró	2.500.000.000
Bolívar	3.000.000.000
Caldono	2.300.000.000
Quindío	
Pijao	3.500.000.000

Caldas	
Pensilvania	2.000.000.000
Arboledas	5.000.000.000
Tolima	
Roncesvalles	3.000.000.000
Villarrica	1.500.000.000
San Bernardo (Ibagué)	500.000.000
Venadillo	1.000.000.000
Prado	2.500.000.000
Dolores	1.600.000.000
Alpujarra	2.350.000.000
Ataco	1.250.000.000
Puerto Saldaña	1.375.000.000
San Antonio	1.750.000.000
Anzoátegui	185.000.000
Santa Isabel	200.000.000
Nariño	
Policarpa	1.000.000.000
San José de Albán	1.830.000.00

Funes	325.000.000
San Pablo	1.800.000.000
Córdoba	
Tierradentro	1.280.000.000
Caquetá	
Puerto Rico	3.000.000.000
Doncello	2.800.000.000
Risaralda	
Santa Cecilia	1.000.000.000
Meta	
Villavicencio	1.000.000.000
Puerto Lleras	3.750.000.000
El Castillo	2.000.000.000
Chocó	
Juradó	1.800.000.000
Capurganá	570.000.000
Cundinamarca	
Pulí	1.345.000.000
Total	**104.575.000.000**

Anexo 6: Costos de puentes derribados por las Farc

Municipio	Valor
Meta	
Alcaraván	3.500.000.000
Caquetá	
Guayas	2.200.000.000
Zanja Honda	420.000.000
Villaraz	350.000.000
Quebradón	200.000.000
Puente Roto	200.000.000
Sucre	180.000.000

Santa Elena	150.000.000
Huila	
La Grandiosa	80.000.000
Gusaimillas	80.000.000
Argelino Durán	80.000.000
Sardinata	10.000.000
Cauca	
Mazamorras	500.000.000
San Nicolás	15.000.000
Antioquia	
Carmaná	800.000.000
Cesar	
Las Ánimas	480.000.000
El Minuto	300.000.000
Cayumba	6.000.000.000
Cundinamarca	
El Naranjal	250.000.000
Guadualito	200.000.000
Pacho-La Palma	250.000.000

Norte de Santander	
Domingo Pérez	700.000.000
Valle	
El Piñal	200.000.000
Guajira	
Mosquezote	100.000.000
Bolívar	
Mancomuján	87.000.000
Putumayo	
Naranjitas	100.000.000
Amararon 2	60.000.000
Vía Mocoa-Pitalito	55.000.000
La Bomba	34.000.000
Villalobos	9.000.000
Nariño	
Guaitara	6.000.000
Total	**1.160.000.000**

Anexo 7. Otros costos de la guerra

Actividad	Costos
Ataques a aeronaves	100.000.000.000
Torres de telecomunicaciones	3.000.000.000
Vehículos incinerados	15.000.000.000
Robo de vehículos	50.000.000.000
Destrucción de fincas	50.000.000.000
Paros armados	900.000.000.000
Robos de productos agrícolas	5.000.000.000
Daños a radioemisoras	10.000.000.000
Daños Hidroeléctrica Salvajina	15.000.000.000
Daños Hidroeléctrica Calderas	15.000.000.000
Daños Hidroeléctrica Guatapé	18.000.000.000
Destrucción Base Cerro Tokio	30.000.000.000
Total	**1.211.000.000.000**

BIBLIOGRAFÍA

Libros

Alape Arturo, Sueños y Montañas, Editorial Planeta, Primera Edición, Bogotá-Colombia, enero de 1995.

Arango Z. Carlos, Farc veinte años de Marquetalia a la Uribe, Ediciones Aurora, Bogotá-Colombia, segunda edición junio de 1985.

Arango Z. Carlos, Los Diálogos por la Paz, Ediciones Alborada, Bogotá-Colombia, primera edición junio de 1991.

Arenas Jacobo, Cese al Fuego, Editorial Abeja Negra, Primera Edición, Bogotá-Colombia, primera edición, agosto de 1986.

Arenas Jacobo, Correspondencia Secreta del Proceso de Paz, Editorial Abeja Negra, Primera Edición, Bogotá

Duque Gómez Diana, Una Guerra Irregular entre dos Ideologías, Intermedio Editores, Bogotá-Colombia, Primera Edición, abril de 1991.

Lara Patricia, Siembra Vientos y Recogerás Tempestades, Planeta Ediciones, Sexta Edición, Bogotá Colombia, Noviembre de 1986.

Leyva Durán Álvaro y otros, ¿Paz? ¡Paz!, Testimonios y Reflexiones Sobre un Proceso, Editorial Oveja Negra, primera edición Julio de 1987.

Marulanda Vélez Manuel, Cuadernos de Campaña, Editorial Abejón Mono, Junio de 1973, Bogotá D.C. Colombia.

Medina Gallego Carlos y otros, Farc-Ep Temas y Problemas Nacionales 1958-2008, Universidad Nacional de Colombia, Bogotá-Colombia, 2009.

Medina Gallego Carlos y otros, Farc-Ep Movimiento Bolivariano por una nueva Colombia y Partido Comunista Clandestino, Universidad Nacional de Colombia, Bogotá-Colombia, 2009.

Molano Alfredo, Trochas y Fusiles, Primera Edición, El Áncora Editores Bogotá-Colombia, noviembre de 1996.

Palacios Alarcón Albert, Colombia: Una mirada al conflicto, Gráficas del Comercio, Primera Edición, Valledupar-Cesar octubre de 1999.

Pardo Rueda Rafael, De Primera Mano, Grupo Editorial Norma, Primera Edición, Bogotá D.C-Colombia, noviembre de 1996.

Pizarro Leongómez Eduardo, Insurgencia sin revolución: la guerrilla en Colombia en una perspectiva comparada, IEPRI, Universidad Nacional, Bogotá-Colombia, 1996.

Reyes Posada Alejandro y otros, Pacificar la Paz, IEPRI, CINEP; CECOIN, Primera Edición Bogotá Colombia, noviembre de 1992.

Rueda Zenaida, Confesiones de una guerrillera, Intermedio Editores, Primera Edición, octubre de 2008.

Santos Caballero Enrique, Fuego Cruzado, Fondo Editorial CEREC, Primera Edición, Bogotá-Colombia, Noviembre de 1988.

Vélez Ramírez Humberto, El Conflicto Político Armado en Colombia, ¿Negociación o Guerra?, Editorial Universidad del Valle, Primera Edición Febrero de 1988.

Villamarín Pulido Luis Alberto, La Selva Roja, Ediciones LAVP, Bogotá-Colombia, Primera Edición, febrero de 1997

Villamarín Pulido Luis Alberto, El Eln por dentro Ediciones LAVP, Bogotá-Colombia, Primera Edición, noviembre de 1999.

Villamarín Pulido Luis Alberto, En el Infierno, Ediciones LAVP, Bogotá-Colombia, Segunda Edición, junio de 2003.

Villamarín Pulido Luis Alberto, El Cartel de las Farc, Ediciones LAVP, Bogotá-Colombia, Segunda Edición, febrero de 2007.

Villamarín Pulido Luis Alberto, Drama, Pesadilla y Espectáculo, Ediciones LAVP, Bogotá-Colombia, Segunda Edición, junio de 2008

Villamarín Pulido Luis Alberto, Complot contra Colombia, Ediciones LAVP, Bogotá-Colombia, Primera Edición, febrero de 2009.

Villamarín Pulido Luis Alberto, Operación Jaque, Ediciones LAVP, Bogotá-Colombia, Segunda Edición, julio de 2009.

Villamarín Pulido Luis Alberto, Operación Sodoma, Ediciones LAVP, Bogotá-Colombia, Segunda Edición, febrero de 2011.

Villamarín Pulido Luis Alberto, Operación Odiseo, Ediciones LAVP, Bogotá-Colombia, Primera Edición, mayo de 2012.

Artículos de prensa

Toma pacífica de la Embajada de Venezuela en Bogotá, Diario El País, Madrid-España, 1 de mayo de 1991.

Cravo Norte sede del diálogo: CGSB, Diario El Tiempo, Bogotá-Colombia, 7 de mayo de 1991.

El Gobierno y la coordinadora guerrillera de Colombia acuerdan negociar en Caracas, Diario El País, Madrid-España, 18 de mayo de 1991.

Rumbo a Caracas, Revista Semana, Bogotá-Colombia, 17 de mayo de 1991.

El optimismo ronda los diálogos de Caracas, Diario El Tiempo, Bogotá-Colombia, 8 de septiembre de 1991.

CG debe abandonar idea de la lucha armada, Diario El Tiempo, Bogotá-Colombia, 20 de noviembre de 1991.

Con Fidel se reunió la CG, Diario El Tiempo, Bogotá-Colombia, 25 de noviembre de 1991.

Anticiparán diálogo de paz con la guerrilla, Diario El Tiempo, Bogotá-Colombia, 28 de diciembre de 1991.

Diálogo de Tlaxcala a receso indefinido, Bogotá-Colombia 3 de mayo de 1992.

Que falló en la mesa de Tlaxcala, Diario El Tiempo, Bogotá-Colombia 10 de mayo de 1992.

Las Farc estudian si se van de la CG, Diario El Tiempo, Bogotá-Colombia 9 de julio de 1992.

Encuentro de Pastrana con Tirofijo, Diario El Tiempo, Bogotá-Colombia 10 de julio de 1998.

En la mesa Pastrana y... Diario El Tiempo, Bogotá-Colombia 9 de enero de 1999.

Entre coloretes, pantis y fusiles, Diario El Tiempo, Bogotá-Colombia 13 de enero de 1999.

Es posible controlar el Caguán, Diario El Tiempo, Bogotá-Colombia 22 de octubre de 2001.

En la era Post-Caguán, Diario El Tiempo, Bogotá-Colombia 22 de febrero de 2002.

Tirofijo en la Constituyente, Iván Marulanda, Recuento de los diálogos de Caracas con las Farc, 30 de noviembre de 2011.

Cronología de los procesos de paz en Colombia, La FM Radio Bogotá-Colombia, 4 de septiembre de 2012

Documentos varios

Conclusiones Conferencia del Bloque Sur o Primera Conferencia de las Farc, 1965

Conclusiones Segunda Conferencia Farc, 1966

Conclusiones Tercera Conferencia Farc, 1968

Conclusiones Cuarta Conferencia de las Farc, 1970

Conclusiones Quinta Conferencia de las Farc, 1974

Conclusiones Sexta Conferencia de las Farc, 1978

Conclusiones Séptima Conferencia Farc, 1982

Conclusiones Octava Conferencia Farc, 1993

Conclusiones Novena Conferencia de Farc, 2007

Nuevo modo de operar de las Farc

Conclusiones Pleno ampliado de las Farc en el Guayabero, 1973.

Reunión de las ayudantías y el Secretariado de las Farc en Casa Verde, 1979

Conclusiones Pleno ampliado de las Farc en Uribe Meta, 1983.

Conclusiones Pleno ampliado de las Farc en Casa Verde, 1984-85.

Conclusiones Pleno ampliado de las Farc en Casa Verde, 1987.

Conclusiones Pleno ampliado de las Farc en El Caguán, 2000.

Estatutos del Partido Comunista Clandestino (PCCC)

XVI Congreso del Partido Comunista Colombiano, febrero de 1991.

Acuerdo de Cravo Norte, 15 de mayo de 1991.

Discurso de Alfonso Cano durante la iniciación de los diálogos en Caracas en 1991.

Acuerdo de Jerónimo Galeano con las comunidades indígenas del Tolima, 1998.

Acuerdo de San Francisco de la Sombra

Ley 001 Programa Agrario de las Farc

Ley 002 de las Farc- Extorsiones

Ley 003 de las Farc- Asesinatos y secuestros de políticos corruptos.

Plataforma Bolivariana para una nueva Colombia

Reglamento de las Milicias Bolivarianas de las Farc

Manual para el manejo de secuestrados por las Farc

Cuadernos incautados a la radio-operadora de la cuadrilla 55 de las Farc en 1995.

Parte de guerra del Comando Conjunto Occidental de las Farc, septiembre 2011

Cronología de la Resistencia, Bloques Martín Caballero e Iván Ríos de las Farc.

Plan Colombia y conflicto interno colombiano, documento publicado por las Farc en 2005.

OBRAS DEL AUTOR

Complot contra Colombia

Ganador del Permio Internacional de Literatura Jairo Hoyos 2009 en Washington D.C. Análisis detallado de los contenidos de los computadores incautados a Raúl Reyes, tras su muerte en combate en territorio ecuatoriano.

Enlace:
http://www.luisvillamarin.com/obras/conflicto-colombiano/1/53-complot-contra-colombia.html

Operación Jaque

Análisis estratégico y recuento histórico del cinematográfico rescate de 15 secuestrados que eran torturados por terroristas de la primera cuadrilla de las Farc en la selva del Guaviare. Ubicado en las preferencias de los lectores en español de Amazon.com, arriba de algunos de los textos de autores como García Márquez, Vargas Llosa, Gordon Thomas y otros.

Enlace:
http://www.luisvillamarin.com/obras/conflicto-colombiano/7-1/54-operacion-jaque.html

Operación Sodoma

Investigación histórica y analítica de la contundente operación militar Sodoma realizada por las Fuerzas Militares de Colombia contra una guarida de las Farc en la selva amazónica, en la cual fue dado de baja el narcoterrorista Víctor Julio Rojas Suarez alias el Mono Jojoy, catalogado como el símbolo del terror comunista contra Colombia

Enlace:
http://www.luisvillamarin.com/obras/conflicto-colombiano/1/491-operacion-sodoma.html

Operación Odiseo

Investigación histórica y analítica de la operación militar Odiseo realizada por las Fuerzas Militares de Colombia contra una guarida de las Farc en las montañas del departamento de Cauca, en la cual fue dado de baja el narcoterrorista Guillermo León Sáenz alias Alfonso Cano, catalogado como el filósofo del terror comunista contra Colombia

Enlace:
http://www.luisvillamarin.com/obras/conflicto-colombiano/1/746-operacion-odiseo.html

El cartel de las Farc

Investigación histórica que demuestra paso a paso la inmersión de las Farc en el narcotráfico y la degradación del conflicto armado en Colombia. Libro estrella del autor, traducido al idioma inglés bajo el título **The Farc Cartel.**

Enlace:
http://www.luisvillamarin.com/obras/conflicto-colombiano/1/27-el-cartel-de-las-farc.html

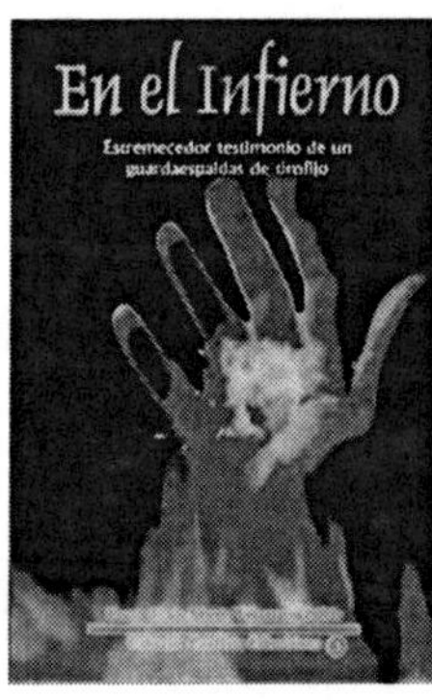

En el Infierno

Estremecedor testimonio de un guardaespaldas de Tirofijo. El texto es un crudo reflejo de la sanguinaria estructura interna de las Farc. Traducido al idioma inglés bajo el título **In Hell**, y tomado como base para una película en Hollywood.

Enlace:
http://www.luisvillamarin.com/obras/conflicto-colombiano/1/47-en-el-infierno.html

La selva roja

Compendio histórico de las Farc desde su nacimiento y claros nexos con el Partido Comunista Colombiano. Traducido a portugués por la Biblioteca del Ejército de Brasil bajo el título **Farc: Terrorismo na America do Sul.**

Enlace:
http://www.luisvillamarin.com/obras/conflicto-colombiano/1/31-la-selva-roja.html

Drama, Pesadilla y Espectáculo

Dramático testimonio de 60 militares secuestrados por las Farc en la base militar de Las Delicias en el Putumayo, el 30 de agosto de 1996, liberados nueve meses más tarde en un espectáculo mediático consentido por el debilitado presidente Ernesto Samper Pizano.

Enlace:
http://www.luisvillamarin.com/obras/conflicto-colombiano/1/32-drama-pesadilla-y-espectaculo.html

Deyanira, canto de guerra y paz

Ilustrador relato de superación personal, escrito a partir del conmovedor relato de una campesina colombiana nacida y criada en medio del narcotráfico y las Farc, en las montañas y selvas del Huila, el Tolima y el Caquetá.

Enlace:
http://www.luisvillamarin.com/obras/conflicto-colombiano/1/43-deyanira-canto-de-guerra-y-paz.html

¿Cesó la horrible noche?

Trágico testimonio de un sobreviviente a una espeluznante masacre cometida por las Farc en el Urabá Antioqueño. Es quizás el ms crudo relato de los múltiples secuestros perpetrados por las Farc en Colombia.

Enlace:
http://www.luisvillamarin.com/obras/conflicto-colombiano/1/44-ceso-la-horrible-noche.html

Cóndor en el aire

Recuento histórico de la Operación Anorí realizada por el Ejército colombiano en 1973, que culminó con la baja en combate de los hermanos Manuel y Antonio Vásquez Castaño, fundadores del Eln.

Enlace:
http://www.luisvillamarin.com/obras/conflicto-colombiano/1/45-condor-en-el-aire.html

La silla vacía

Ganador del Latino Literary Awards 2003 en Los Ángeles California. Texto de historia contemporánea y análisis estratégico del fracasado proceso de paz de la administración Pastrana Arango con las Farc (1998-2002).

Enlace:
http://www.luisvillamarin.com/obras/conflicto-colombiano/1/46-la-silla-vacia.html

Martes de Horror

Testimonio del puertorriqueño William Rodríguez, quien con una llave maestra abrió decenas de puertas y con esta acción humanitaria salvó a más de mil personas en el World Trade Center de New York, el fatídico 11 de septiembre de 2001.

Enlace:
http://www.luisvillamarin.com/obras/terrorismo-internacional/2/48-martes-de-horror.html

Conexión Al Qaeda

Análisis evolutivo de la red terrorista Al Qaeda, desde el nacimiento del islamismo radical, hasta el peligro de un eventual ataque con armas nucleares tácticas. Traducido al idioma polaco bajo el título **Siec Al Kaida**. Utilizado como texto de consulta en la Escuela de Guerra del Ejército de Polonia y la Escuela de Altos Estudios Geopolíticos de París-Francia.

Enlace:
http://www.luisvillamarin.com/obras/terrorismo-internacional/2/50-conexion-al-qaeda.html

Delirio del Libertador

Ganador del Premio Verdadero Orgullo Hispano 2006 en Elizabeth New Jersey, condensa una apasionante biografía del Libertador Simón Bolívar y a la vez constituye un libro de inducción a la superación personal en ambientes de extrema tensión. Traducido al idioma inglés bajo el título **The Delirium of the Liberator.**

Enlace:
http://www.luisvillamarin.com/obras/historia-de-colombia/3/51-el-delirio-del-libertador.html

Mágica Leyenda del Dorado

Novela histórica que condensa la trágica desaparición de la cultura muisca durante la depredadora conquista española a la actual Colombia. Primera parte de la trilogía. Recomendado como texto de lectura para adolescentes.

Enlace:
http://www.luisvillamarin.com/obras/historia-de-colombia/3/52-magica-leyenda-del-dorado.html

Ganar la guerra para conquistar la paz

Compendio analítico de la estrategia integral de guerra política, planteada por la subversión comunista contra Colombia. Utilizado como texto de consulta para tesis de grado, postgrado, maestrías y doctorales en universidades y academias militares en varios países del mundo.

Enlace:
http://www.luisvillamarin.com/obras/conflicto-colombiano/1/24-ganar-la-guerra-para-conquistar-la-paz.html

El Eln por dentro

Análisis y reconstrucción histórica del nacimiento y asentamiento de la cuadrilla Carlos Alirio Buitrago del Eln en el Suroriente de Antioquia, producto del trabajo político-organizativo realizado por el sacerdote católico y terrorista Bernardo López Arroyave.

Enlace:
http://www.luisvillamarin.com/obras/conflicto-colombiano/1/25-el-eln-por-dentro.html

Narcoterrorismo la Guerra del Nuevo Siglo

Obra más leída y comentada de las escritas por el autor, utilizada como texto de consulta y referencia bibliográfica en tesis doctorales y maestrías en universidades como Harvard, Pensilvania State, Georgetown, y Tecana de Estados Unidos; Complutense de España; Leiden y Utretch de Holanda y Autónoma de México. Describe y analiza la incidencia del narcotráfico, el tráfico de armas y el lavado de activos en la estructura del terrorismo, así como los nexos de las Farc con Eta, Ira y Al Qaeda.

Enlace

http://www.luisvillamarin.com/obras/terrorismo-internacional/2/49-narcoterrorismo-la-guerra-del-nuevo-siglo.html

Informes y ventas:

www.luisvillamarin.com

info@luisvillmarin.com, lualvipu@hotmail.com, lualvipu@gmail.com

CPSIA information can be obtained at www.ICGtesting.com
Printed in the USA
LVOW121701140513

333785LV00029B/1523/P